Stundenblätter
Glauben und Wissen

Kornelia u. Ludger
Brinkmann
Steinmetzstraße 13
52454 Aachen

Bernhard Oßwald

Stundenblätter
Glauben und Wissen

Sekundarstufe II

Beilagen:
51 Seiten Stundenblätter
+ 6 Arbeitsblätter zum Kopieren

Ernst Klett Verlag für Wissen und Bildung
Stuttgart · Dresden

Stundenblätter Religion werden herausgegeben von Dr. Uwe Stamer

Als Ergänzung zu den vorliegenden Stundenblättern
sind erschienen:
Materialien Glauben und Wissen
(Hrsg. Bernhard Oßwald)
Klettbuch 26884

Gedruckt auf Papier, welches aus Altpapier hergestellt wurde.

Die Deutsche Bibliothek – CIP-Einheitsaufnahme

Oßwald, Bernhard:
Stundenblätter Glauben und Wissen:
Sekundarstufe II / Bernhard Oßwald. –
1. Aufl. – Stuttgart; Dresden:
Klett, Verlag für Wissen und Bildung, 1994
(Stundenblätter Religion)
ISBN 3-12-926725-5

1. Auflage 1994
Alle Rechte vorbehalten
Der Verlag genehmigt die Vervielfältigung der entsprechend
gekennzeichneten Seiten in der Beilage. Im Kaufpreis ist die
Gebühr für Kopien dieser Seiten zur Ausgabe an Schüler enthalten.
© Ernst Klett Verlag für Wissen und Bildung GmbH, Stuttgart 1994
Satz: G. Müller, Heilbronn; Wilhelm Röck, Weinsberg
Druck: Wilhelm Röck, Weinsberg
Einbandgestaltung: Zembsch' Werkstatt, München
ISBN 3-12-926725-5

Inhalt

Einleitung 7

Übersicht über die Unterrichtseinheit 12

Beschreibung der Einzelstunden 18

Einführung in die Unterrichtseinheit

1. Stunde: Glauben und Wissen in unserer Zeit 18

Zwei geschichtliche Beispiele für das Verhältnis von Glauben und Wissen

2. Stunde: Glauben und Wissen im Konflikt: Christentum und spätantikes Denken 21
3. Stunde: Glauben und Wissen im Konflikt und als höhere Einheit: Das Beispiel der Aufklärung 24

Begriffliche und sachliche Unterscheidung von Glauben und Wissen

4. Stunde: Was ist Glauben, was ist Wissen? 29
5./6. Stunde: Wissen und Glauben: Verschiedene Zugänge zur Welt (Francis Bacon – Albert Schweitzer) 30

Wissen/Wissenschaft

7./8. Stunde: Die Methodik der empirischen Wissenschaften (Beispiel: Aggressionsforschung) 34
9. Stunde: Begrenzte Erkenntnis der Naturwissenschaften 36
10. Stunde: Freiheit der Forschung? 39
11./12. Stunde: Zur Methodik der Geisteswissenschaften: Die Hermeneutik .. 42

Glauben/Theologie

13. Stunde: Glauben als Grundzug menschlicher Existenz 47
14. Stunde: Momente des religiösen Glaubens I: Gott hören / Gott begegnen (Elia) 49
15./16. Stunde: Momente des religiösen Glaubens II: Gott antworten (Jona) 52
17. Stunde: Momente des religiösen Glaubens III: Zeugnis geben durch die Tat (Hermann Stöhr) 59
18. Stunde: Momente des religiösen Glaubens IV: Beten 63
19.–21. Stunde: Theologie: Die Wissenschaft des Glaubens (Beispiel: Christliche Ethik) 66

Die Stellung(nahme) christlicher Ethik im Kontext bioethischer Probleme

Vorbemerkungen zur ganzen Sequenz (22.–27. Stunde) 74
22.–24. Stunde: Wert und Würde des ungeborenen Lebens: Zur ethischen
　　　　　　　　Herausforderung des Schwangerschaftsabbruchs 77
25.–27. Stunde: Wert und Würde der Fortpflanzung: Zur ethischen
　　　　　　　　Herausforderung der Reproduktionsmedizin 85

Vorschläge für Klausuren 95

Literaturverzeichnis 98

Inhalt des Materialienheftes 101

Einleitung

„Glauben und Wissen" gehört nach meiner Erfahrung zu den Lehrplaneinheiten des Religionsunterrichts der Oberstufe, die die Schüler ganz besonders ansprechen. Das Interesse an diesem Thema ist erklärlich. Zwei Gesichtspunkte möchte ich dazu umreißen:

1. Die Schüler haben in der Ausbildung ihres eigenen Glaubens von der späten Kindheit an immer wieder die kritische Wirkung des Wissens erfahren. Phantasie- oder mythosbestimmte biblische Geschichten, die sie im Kindergarten- oder Grundschulalter im Wortsinn aufgenommen hatten, wurden in der Sekundarstufe I zunehmend der intellektuellen Erklärung zugeführt. Dabei konnten die Schüler gelegentlich den Eindruck gewinnen, daß die Bedeutung der Geschichten immer schwächer wurde: die „alte" Wahrheit, die in der Kraft der Bilder begründet war, erschien zerstört, die „neue" Wahrheit, die der nüchterne Blick des Verstandes hervorbrachte, war nicht überzeugend oder attraktiv. Ähnliche Erfahrungen machten die Schüler bezüglich ihres Gottesbildes. Auch hier wurde dem älteren Kind bzw. Jugendlichen oft gesagt oder auch selbst bewußt, daß die bildhaften Vorstellungen in dieser Form keinen Bestand haben; aber nicht immer konnten an die Stelle der alten neue, tragfähige Vorstellungen gesetzt werden.

2. Abgesehen von den Erfahrungen der individuellen Glaubensentwicklung ist das aktuelle Glaubensbewußtsein der Oberstufen-Schüler durch die mehr oder weniger reflektierte Teilhabe am geistigen Horizont unserer Zeit geprägt. Für diesen ist kennzeichnend, daß im Gefolge der fortwirkenden Aufklärung die Rationalität das Kriterium des Wahren ist – und daher auch der Maßstab, mit dem die Akzeptabilität des Glaubens bemessen wird. Absolut gesetzt bewirkt der Wahrheitsanspruch der Vernunft, daß dem „irrationalen" Glauben sein geistiges Recht bestritten wird; er ist eine Fehlform menschlicher Stellungnahme, ein „Holzweg" (vgl. H. Albert, 1973). Relativiert führt der Standpunkt der Rationalität dazu, daß die Vermittlung von aufgeklärtem und gläubigem Bewußtsein gefordert und versucht wird. Die Vermittlung ist – von der Idee her – ein Prozeß kritischer Auseinandersetzung, in dem beide Seiten zwar ihre Einschränkung erfahren, aber auch zu ihrem Recht kommen. Einerseits sind Glaubensinhalte und -aussagen, deren Verständnis dem diskursiv oder empirisch gesicherten Wissen widerspricht, so aufzufassen (zu „interpretieren"), daß der Widerspruch verschwindet. Andererseits muß das „rationale" Wissen seine Grenzen (an)erkennen und „transzendierende" Inhalte des Glaubens so ernst nehmen, daß es sich davon in Frage stellen läßt. Ein Fürsprecher dieses vernünftig-aufgeklärten Glaubens ist Eugen Drewermann. Ihn bestimmt nicht zuletzt die pastorale Sorge um die Jugend, die nach seiner Meinung wegen der mangelnden Rationalität der dogmatischen Lehre die Kirche in Scharen verläßt: „Ich möchte, daß ein äußerstes Ausmaß an Rationalität gewährleistet ist. Daß Denken, auch kritisches Denken so intensiv gepflegt wird, wie es geht. Ich möchte keine Art von Mystizismus. Auf der anderen Seite möchte ich, daß

parallel zur Ernstnahme der menschlichen Rationalität genauso ernst genommen wird das menschliche Fühlen, das Suchen nach Mystik und nach Religion. Ich möchte, daß das aufgeklärte Bewußtsein sich mit dem gläubigen Bewußtsein verbindet. Und was ich nicht länger möchte, ist die faule Mischung zwischen definiertem Aberglauben und reaktivem Unglauben. Das aber ist nach meiner Meinung noch heute der Zustand der kirchlichen Dogmatik. Da wird alles mögliche festgesetzt. Die Folge ist aber, daß der Kirche in Scharen die Jugend wegläuft, wenn sie hört, [...] Jesus ist wirklich zweimal herangegangen und hat Brote vermehrt. Das ist selbst bibelexegetisch ein solcher Unfug, daß derjenige, der das dogmatisch verlangt, abschreckend wirken muß, er ist wie eine geistige Vogelscheuche. Da möchte ich so radikal aufklären, wie es geht." (Info 3, Nr. 4/1992, 6f.)

Die Spannung zwischen Glauben und Wissen, die die Oberstufen-Schüler in ihrer eigenen „Glaubensgeschichte" erfahren haben und die (meist auch) ihr gegenwärtiges – erwachsen gewordenes – Bewußtsein bestimmt, ist das grundlegende Merkmal dieses Verhältnisses. Glauben und Wissen sind unterschiedliche Stellungnahmen des Menschen zur Wirklichkeit, die nicht teilnahmslos nebeneinander und unabhängig voneinander bestehen, sondern sich vielmehr teils wechselseitig ausschließen oder ihr Recht bestreiten, teils sich gegenseitig fordern und ineinander übergehen. Sofern der Glaube durch das Christentum vertreten wird, gewinnt die Spannung eine besondere Schärfe. Schon Paulus spricht davon, daß die Torheit der christlichen Botschaft (des Wortes vom Kreuz) der Weisheit der Welt widerspricht, und Tertullian spricht gar von der „Absurdität" des christlichen Glaubens. Wird die Spannung von Glauben und Wissen in konkreter Auseinandersetzung ausgetragen, sind verschiedene „Lösungen" möglich. Teilweise habe ich sie vom Aspekt der Rationalität her bereits skizziert. Glauben und Wissen können sich gegenseitig ihre Wahrheit absprechen, sie können die dialogische Vermittlung suchen (bei der jede Seite ihre Identität behält) oder sie können sich aufs innigste verschmelzen (so daß sie kaum mehr unterscheidbar sind).

Die „Lösungen" des Spannungsverhältnisses von Glauben und Wissen ließen sich eindrucksvoll in der Geschichte und der Gegenwart belegen. Aber es wäre nicht angebracht, in dieser Unterrichtseinheit die verschiedenen historischen oder gegenwärtigen Beziehungen von Glauben und Wissen jeweils am ausgewählten Beispiel aufzugreifen. Die Konzeption einer Unterrichtseinheit orientiert sich nicht nur an dem, was von der Sache her „logisch" erscheint, sondern sie muß in besonderer Weise auch didaktische Gesichtspunkte im Blick haben. In dieser zweifachen Hinsicht habe ich die Unterrichtseinheit nach folgenden Leitgedanken entwickelt und aufgebaut:

– Die Schüler können gleich zu Beginn der Unterrichtseinheit ihren eigenen Bezug zum Thema finden und artikulieren. Im weiteren Verlauf der Unterrichtseinheit werden die Gegenstände der Stunden unter solchen Fragestellungen und mit solchen Beispielen behandelt, daß die Schüler möglichst gut Gedanken und Erfahrungen, die sie schon haben, „ins Spiel bringen" und ihr Interesse an der „Sache" entdecken können.

– Die beiden Verhältnisse von Glauben und Wissen, die unsere Zeit besonders prägen – die Ablehnung des Glaubens durch das Wissen und die Vermittlung beider (im Interesse eines „aufgeklärten" Glaubens) –, werden nicht von gegenwärtigen, sondern von geschichtlichen Beispielen her erarbeitet und verdeutlicht. Die Analyse geschichtlicher Beispiele hat hier den Vorzug, daß man aus der Distanz heraus Grundstrukturen und -merkmale der beiden Konstellationen von Glauben und Wissen besser erkennt. Blickt man dann von der Vergangenheit auf die Gegenwart, ist der Blick für das Wesentliche geschärft; im scheinbar Neuen der Gegenwart zeigt sich das Typische, das vormals in anderer Gestalt aufgetreten war.

– Bevor Glauben und Wissen differenziert in einzelnen Merkmalen und Aspekten gekennzeichnet und gegeneinander abgegrenzt werden, erhalten die Schüler ein Grundverständnis von der Eigenart und dem Unterschied beider. Hierzu werden erstens Glaubens- und Wissensaussagen über die Wirklichkeit (Theorie) und zweitens eine im Glauben und eine im Wissen begründete Haltung gegenüber der Welt (Praxis) direkt miteinander verglichen.

– Anders als das Grundverständnis wird das differenzierte Verständnis von Glauben und Wissen nicht im direkten Vergleich erarbeitet, sondern in zwei aufeinanderfolgenden Sequenzen (von denen die eine das Wissen und die andere den Glauben zum Gegenstand hat). Die punktuelle Analyse durchgehend in wechselseitiger Spiegelung von Glauben und Wissen durchzuführen, erscheint zwar auf den ersten Blick hermeneutisch sinnvoll zu sein, ist dann aber doch aus didaktischen und sachlichen Gründen eher zurückzuweisen. Didaktisch spricht für eine getrennte Behandlung die einfachere und übersichtlichere Darbietung des „Stoffs". Und sachlich ist zu sehen, daß die Punkte, die beim Wissen zu thematisieren sind, nur teilweise auf der Seite des Glaubens eine (direkte) Entsprechung haben – und umgekehrt.

– Die Sequenz „Wissen" behandelt nicht das Wissen in seinen – den Schülern bewußten – Alltagsformen, sondern das „höhere" Wissen, die Wissenschaft. Es versteht sich, daß hierbei ein Schwerpunkt auf die empirische, experimentelle Wissenschaft (die insbesondere die Naturwissenschaft, aber auch Bereiche z. B. der Soziologie, Psychologie oder Pädagogik umfaßt) gelegt wird. Denn die empirische Wissenschaft bestimmt das Leben des heutigen Menschen in tiefgreifender Weise, und in Gestalt der Naturwissenschaft ist sie es vor allem, die als tatsächlicher oder vermeintlicher „Antipode" des Glaubens auftritt. Freilich: Gerade weil das moderne Bewußtsein – und damit natürlich auch das Bewußtsein der Schüler – die Erkenntnis der empirischen Wissenschaft (und vor allem der Naturwissenschaft) als Inbegriff der wahren oder wahrheitsfähigen Erkenntnis sieht, ist es wichtig, hier den Blick zu weiten und die Methode der Geisteswissenschaften als zwar völlig anderen, aber keineswegs subjektiv willkürlichen Erkenntnisweg vorzustellen.

– Die Sequenz „Glauben" setzt dagegen durchaus bei den Alltagsformen des Glaubens an. Es ist den Schülern nämlich nicht von vornherein bewußt, daß Akte des Glaubens unser ganzes alltägliches Leben durchdringen und insofern der Glaube zurecht als Grundzug der menschlichen Existenz zu bezeichnen ist. Ebensowenig ist den Schülern bewußt, daß der Mensch einen „Transzendenzcharakter" hat, der sich – noch ganz unabhängig vom Religiösen – vielfach in gewöhnlichen, profanen Situationen zeigen kann. Auch dies ist eigens zu thematisieren. Ist die Einsicht in die existentielle Bedeutung von Glaubensakt und Transzendenzerfahrung gewonnen, kann der religiöse Glaube in seinen wesentlichen Momenten analysiert werden. Doch damit ist noch nicht die Höhe erreicht, auf der in der vorhergehenden Sequenz das Wissen behandelt wurde. Dazu muß eigens der reflektierte Glaube, die Theologie als Wissenschaft des Gottesglaubens, zum Gegenstand der Untersuchung werden. Das Problem der didaktischen Umsetzung und Reduktion, das sich bei diesem hochkomplexen Gegenstand stellt, ist offenkundig. Doch wenn die Schüler bei der weiteren Entfaltung der Thematik wirklich verstehen sollen, worin die Schwierigkeiten und die Chancen einer *wissenschaftlichen* Auseinandersetzung zwischen Glauben und Wissen liegen, dann müssen sie auch etwas vom Grundzug der theologischen Wissenschaft verstanden haben. Zu erwarten ist – im günstigsten Fall – dies: Indem die Schüler (anhand eines passenden Beispiels) in einigen Schritten mitvollziehen, auf welchem Weg Theologie zu ihrer Erkenntnis gelangt, begreifen sie (im Kern), daß die Spannung zum Wissen nicht erst von außen her auf die Theologie zukommt, sondern zu ihrem Wesen gehört. Damit wird eine zweite Einsicht möglich: Es ist die immanente Spannung zwischen vorgegebenem Offenbarungsglauben und freier Vernunft, die es einerseits der Theologie schwer macht, sich mit der weltlichen Wissenschaft auseinanderzusetzen, und andererseits sie dazu befähigt.

– Glauben und Wissen, die zwei Sequenzen lang getrennt – jeweils für sich – behandelt worden sind, müssen am Schluß wieder zusammengeführt werden. Zusammenführen heißt hier nicht von vornherein eine Synthese versuchen, sondern zunächst nur: die direkte Begegnung beider betrachten und untersuchen. Aufgrund des bisher Entfalteten ist allerdings klar: Die Begegnungen, die nun konkret durch Beispiele zum Unterrichtsgegenstand werden, müssen durch die Spannung von Glauben und Wissen gekennzeichnet sein. Es muß sich um *Auseinandersetzungen* handeln. Hier liegt das Problem – und nicht etwa bei dem freundlichen, aber letztlich uninteressierten Austausch zwischen beiden. Klar ist auch: die spannungsvollen „Begegnungen" zwischen Glauben und Wissen sind an dieser Stelle der Unterrichtseinheit nur von Bedeutung, wenn sie auf der wissenschaftlichen Ebene liegen.

Von diesen Vorgaben her bleibt freilich noch offen, in *welchem* Spannungsfeld von reflektiertem Glauben und wissenschaftlichem Wissen die Beispiele zu suchen sind. Ich weiche hier bewußt von der eingebürgerten Konzeption ab, die Problematisierung auf das Verhältnis von theologischer Schöpfungslehre und wissenschaftlichen Theorien über die Welt (entstehung) zu konzentrieren. Ich halte es – apodiktisch kurz gesagt – für einen Anachronismus, wenn aus *theologischen* (insbesondere bibelexegetischen) Gründen die Evolutionstheorie bestritten wird (vgl. z. B. die „Studiengemeinschaft Wort und Wissen"). Eine andere Sache ist es, daß aus naturwissenschaftlichen Gründen gegen sie Einspruch erhoben wird. Ähnlich indiskutabel erscheint es mir, wenn im Namen eines rigiden Positivismus der Un-Sinn bzw. die Sinnlosigkeit eines theologisch begründeten Weltverständnisses behauptet wird. Dagegen ist es zugestandenermaßen wichtig, wenn Naturwissenschaftler und Theologen darauf abzielen, die verschiedenen – auf den ersten Blick inkompatiblen – Verständnisse von Welt und Wirklichkeit in einen fruchtbaren Dialog zu bringen. Aber selbst dann scheint mir die Dringlichkeit der theoretischen Auseinandersetzung von Schöpfungsglauben und naturwissenschaftlicher Lehre deutlich zurückzustehen hinter der Brisanz der *bioethischen* Diskussion, bei der es angesichts der signifikanten *Probleme des naturwissenschaftlich-medizinischen Umgangs mit (menschlichem) Leben* gerade auch auf die christliche Stellungnahme ankommt.

Aus der Konkretisierung der Leitgedanken sind sechs Sequenzen entstanden, die, dem zugrundeliegenden Gedankengang entsprechend, ein organisches Ganzes bilden. Die „Stimmigkeit" und Wichtigkeit von einzelnen Stunden oder auch Sequenzen bestimmt sich also nicht unerheblich aus dem Bezug zu den anderen Teilen, aus der Funktion in der Systematik. Gleichwohl können aus diesen Stundenblättern problemlos Segmente herausgelöst und in andere Gesamtentwürfe oder auch andere thematische Unterrichtseinheiten integriert werden. Es wäre ja keineswegs ein Ideal und ist auch gar nicht möglich, ein Unterrichtsmodell *so* stringent zu konzipieren, daß von ihm nur alles oder gar nichts zu übernehmen ist. Aus meiner eigenen Erfahrung weiß ich, daß man mit fertigen Vorlagen nur dann gut unterrichten kann, wenn man sie sich „anverwandelt".

Die Aufgabe des Sich-Anverwandelns stellt sich den Kollegen (und Kolleginnen; s. dazu weiter unten!) hier um so mehr, als die Stunden nach der Maßgabe des „Bestfalls" ausgeführt sind. In der gewöhnlichen Praxis kann die Stofffülle nicht immer in der vorgegebenen Zeit bewältigt werden, können die Schüler die in der Resultatspalte formulierten Ergebnisse *so* nur selten erreichen, ist der Umfang mancher Tafelbilder zu weit gefaßt ... Gewiß hätte ich Abstriche, die die Realität gegenüber der Idee mit sich bringt, schon einplanen können. Dies hätte wenig Schwierigkeiten bereitet, da ich alle Stundenkonzeptionen wenigstens einmal, meist sogar mehrfach „ausprobiert" habe. Aber wäre eine solche Reduktion klug gewesen? Die Einschränkungen, die sich bei meiner Durchführung der Stundenentwürfe ergaben, brauchen für eine andere Unterrichtssituation ja gar nicht oder nur teilweise zuzutreffen. Die Reduktion hätte dann dem Kollegen nicht nur nicht genützt, sondern sie hätte ihn auch um Möglichkeiten und Aspekte gebracht, die in seiner Unterrichtssituation eine konstutitive Bedeutung haben könnten. Es erscheint mir daher richtig, der je verschiedenen Bestimmtheit des Unterrichts dadurch Rechnung zu tragen, daß sie konzeptionell *nicht* berücksichtigt wird. Dem Unterrichtenden wird das Ganze geboten, und davon kann er jeweils soviel ändern und einschränken, wie dies im Falle *seines* Unterrichts nötig ist.

Ich möchte die Einleitung mit zwei Anmerkungen abschließen:

Im Manuskript dieser Stundenblätter habe ich anfangs versucht, bei der Bezeichnung der Lehrenden und Lernenden den „Sexismus" der Sprache zu umgehen; ich bin aber davon abgekommen. Die zweigeschlechtliche Bildung der Substantive (LehrerIn; SchülerIn) erschien mir zwar durchaus passabel, aber infolgedessen die Pronomina oft doppelt setzen zu müssen, beeinträchtigte für mein Sprachgefühl die Lesbarkeit des Textes doch allzusehr. Die Kolleginnen mögen, wenn dieser Grund sie nicht überzeugt, Nachsicht üben.

Dank schulde ich Herrn Diplomtheologen Gerhard Ruff. Von ihm stammt die Grundidee und die Textauswahl der 5./6. Stunde.

Übersicht über die Unterrichtseinheit

Stunde	Inhalt	Lernziele/Wissen	Referatvergabe; Hausaufgaben	Vom Lehrer besonders zu beachten
1. Stunde	– Assoziationen und Reflexionen zu Bildern aus Zeitschriften/Zeitungen	– Artikulieren des Vorverständnisses und des eigenen Interesses – Formen und Wirklichkeitsbereiche von Glauben und Wissen – Überblick – Gegenwärtige (gesellschaftliche) Bedeutung von Glauben und Wissen	Vergabe von Referaten: 1. Francis Bacon (5./6. Stunde) 2. Albert Schweitzer (5./6. Stunde) 3. Hermann Stöhr (17. Stunde)	Bildmaterial aus Zeitungen/Zeitschriften zusammenstellen 4 DIN-A1-Blätter, Klebeband (bzw. Reißnägel), Klebestift und dicke Filzschreiber bereithalten
2. Stunde	– Die verächtliche Christentums-Kritik der spätantiken Intelligenz	– Edler Zeus oder leidender Christus? – Unversöhnlicher Widerspruch zwischen der antiken Gottesvorstellung und der christlichen Verkündigung eines gekreuzigten Gottes – Spätantike und heutige Polemik gegen die „Dummheit" des Christentums		Materialien: Mat. 1, Mat. 2, Mat. 3
3. Stunde	– Thiry d'Holbachs antireligiöse Vernunftbegeisterung – H. S. Reimarus' Programm der „vernünftigen Religion"	– Ideale der Aufklärung: Vernunft, Freiheit, Glück – Biographische Daten zu d'Holbach und Reimarus – Wesentliche Unterschiede zwischen d'Holbachs und Reimarus' aufklärerischer Religionskritik		Vortrag über H. S. Reimarus (Phase 2) vorbereiten Materialien: Mat. 4, Mat. 5

Stunde	Inhalt	Lernziele/Wissen	Referatvergabe; Hausaufgaben	Vom Lehrer besonders zu beachten
4. Stunde	– Zuordnung vorgegebener Sätze zu „Glauben" oder „Wissen" – Vergleichende Analyse einer Glaubens- und einer Wissensaussage	– Klären der Begriffe „Glauben" und „Wissen" – Differenzieren zwischen Glaubens- und Wissensaussagen (Erfahrungsbereich, Sprachebene, Kommunikationsinteresse)	Hausaufgabe für zwei Schüler: Vorbereiten einer Pro- und Contra-Diskussion „Pelztierjagd – ja oder nein?" (5./6. Stunde, Phase 1)	Rücksprache mit den „Bacon/Schweitzer"-Referenten Materialien: <u>Arbeitsblatt 1</u>
5. und 6. Stunde	– Naturbeherrschung oder Ehrfurcht vor dem Leben? Vergleich von Bacons und Schweitzers Mensch-Welt-Auffassung	– Grundhaltungen in unserem Verhältnis zur Um-Welt – Hauptdaten von Bacons und Schweitzers Biographie – Grundsätze von Bacons Wissensethos und Schweitzers Glaubensethos – Urteilsbildung/Bewerten der beiden diametral verschiedenen Zugänge zur Welt		Tafelbild zu Phase 3 bei der Stundenvorbereitung gründlich durchgehen Materialien: Mat. 6, Mat. 7
7. und 8. Stunde	– Verschiedene Projekte zur Erforschung der Aggression	– Problem: Herkunft/Entstehung von Aggression? – Drei unterschiedliche Theorien zur Erklärung des Problems – Selbständiges Entwerfen von Forschungsprojekten (jeweils auf der Grundlage einer Aggressionstheorie) – Entdecken der Methodik empirischer Forschung		Vortrag über die „Methodik der empirischen Wissenschaften" (Phase 5) vorbereiten Für die Gruppenarbeit (Phase 3 u. 4) und den Lehrervortrag Folienstifte, Folien und Overheadprojektor bereithalten Beim Lehrervortrag evtl. das fertige Folienbild auflegen (Kopiervorlage s. Stundenblätter) Materialien: Mat. 8, Mat. 9 I–III, Arbeitsblatt 2

Stunde	Inhalt	Lernziele/Wissen	Referatvergabe; Hausaufgaben	Vom Lehrer besonders zu beachten
9. Stunde	– Naturwissenschaft und Wirklichkeit	– Aspekthaftigkeit menschlicher Erkenntnis – Begriff des „Erkenntnisinteresses" – Subjektivität der Naturwissenschaften: Erkenntnis eines „projektiven Abbilds" der „eigentlichen" Wirklichkeit		Arbeitsblatt 3 (für Phase 1) kopieren Folienbild (Kopiervorlage s. Stundenbeschreibung) und Overheadprojektor für Lehrervortrag (Phase 3) bereithalten <u>Materialien:</u> Mat. 10, Mat. 11, Arbeitsblatt 3
10. Stunde	Die Gestalt heutiger Forschung: Verschmelzung von Theorie und Praxis	– Anspruch der „Forschungsfreiheit" als Ideologie – Praxisbestimmtheit und Praxiswirkung des wissenschaftlichen Fortschritts – Ethische Verantwortung in den (Natur-)Wissenschaften		Tafelbild zu Phase 2 bei der Stundenvorbereitung gründlich durchgehen <u>Materialien:</u> Mat. 12, Mat. 13
11. und 12. Stunde	– Text-Verstehen als dialogischer Prozeß	– Bedingungen einer glückenden Verständigung – Verstehen von Literatur (und Kunst) als eine Art „Gespräch" – Der „hermeneutische Zirkel" – Unterscheidung zwischen der naturwissenschaftlichen und der geisteswissenschaftlichen Erkenntnis		Platten- bzw. CD-Spieler und Overheadprojektor bereitstellen Platte (bzw. CD) von L. Hirsch (für Phase 1) besorgen Folienbild für Lehrervortrag (Phase 2) kopieren Folienstifte und Leerfolie (für Phase 4) bereithalten <u>Materialien:</u> Mat. 14, Mat. 15, Mat. 16
13. Stunde	– Glaubensakte im Alltag – Transzendenzerfahrungen	– Bestimmen und Klassifizieren alltäglicher Glaubensakte – Merkmale der Transzendenzerfahrung – Der Mensch als Wesen der Transzendenz		Platte bzw. CD von R. Mey und Spieler (für Phase 2) bereithalten <u>Materialien:</u> Mat. 17, Mat. 18

Stunde	Inhalt	Lernziele/Wissen	Referatvergabe; Hausaufgaben	Vom Lehrer besonders zu beachten
14. Stunde	– Elias Gottesbegegnung am Horeb (1 Kg 19,9–16)	– „Prozeßcharakter" und „Unscheinbarkeit" von Elias Gottesbegegnung – Kontrast zur „naturgewaltigen" Gottesbegegnung des Mose am selben Ort – „Beliebigkeit" der Manifestationen Gottes		Materialien: Mat. 19, Mat. 20
15. und 16. Stunde	– Die Jona-Handlung als äußerer und innerseelischer Vorgang	– Die biblische Jona-Erzählung: Grundkenntnisse – Die Dramatik der „Geschichte" zwischen Gott und Jona – Tiefenpsychologische Auffassung des Jona-Geschehens – Archetypische Motive der Jona-Geschichte im Spiegel unseres Lebens		Folien, Folienstifte und Overheadprojektor bereithalten Arbeitsblatt 4 für Phase 2 kopieren Evtl. exemplarische Lösung zu Phase 2 (s. Stundenbeschreibung) auf Folie kopieren Vortrag über die tiefenpsychologische Jona-Deutung (Phase 3) vorbereiten Rücksprache mit dem „Stöhr"-Referenten Materialien: Mat. 21, Mat. 22, Mat. 23, Arbeitsblatt 4
17. Stunde	– H. Stöhr: Christlicher Kriegsdienstverweigerer im 2. Weltkrieg	– Kriegsdienstverweigerung im 2. Weltkrieg – Hauptdaten der Biographie H. Stöhrs – Stöhrs Begründung seiner Kriegsdienstverweigerung – Reaktionen aus Stöhrs Umgebung auf seinen Pazifismus – Bewertung von Stöhrs pazifistischer Haltung/Handlung		Overheadprojektor und Folienbild (Kopiervorlage s. Mat. 24) für Phase 1 bereithalten Materialien: Mat. 24, Mat. 25, Mat. 26

Stunde	Inhalt	Lernziele/Wissen	Referatvergabe; Hausaufgaben	Vom Lehrer besonders zu beachten
18. Stunde	– Situationen und Formen des Gebets	– Bedeutung des Gebets für die eigene Person – Anlässe, Sprachformen und körperlicher Ausdruck des Gebets – Vergleich von „freiem" und „formelhaftem" Gebet	Vergabe von Referaten („Expertenvorträgen") für die 22.–24. Stunde: 1. E. Blechschmidt (Mat. 35) 2. EKD/Dt. Bischofskonferenz (Mat. 36) 3. K. Kirschfeld (Mat. 37) 4. H.-M. Sass (Mat. 38) 5. P. Singer (Mat. 39)	Zettel (DIN A6; Klassensatz) für Phase 1 vorbereiten Für Phase 2 – Overheadprojektor bereithalten – Arbeitsblatt 5 kopieren (Klassensatz und ein Folienbild) An jeden der 5 Referenten („Experten") eine Leerfolie und einen Folienstift austeilen Materialien: Mat. 27, Mat. 28, Arbeitsblatt 5
19. bis 21. Stunde	– Die Begründungsproblematik christlicher Ethik bei der Beurteilung von Homosexualität	– Eigene Einstellung zur Homosexualität – Kirchliche Urteile über Homosexualität – Bewertung von Homosexualität als Beispiel für die Urteilsbildung christlicher Ethik – Spannung zwischen humanwissenschaftlichen Erkenntnissen und theologischen Aussagen über Homosexualität – Modelle christlicher Ethik (Erkenntniskräfte und -quellen; Faktoren der Urteilsbildung)	(Evtl.) Vergabe eines Referats: Die Methoden der Reproduktionsmedizin (25.–27. Stunde)	Für Phase 4 – Overheadprojektor und Schaubild auf Folie (Kopiervorlage s. Stundenblätter) bereithalten – Lehrervortrag über das ethische Modell der „Autonomen Moral" vorbereiten – Rücksprache mit den 5 Referenten (= „Experten" für das Thema „Fötales menschliches Leben") Materialien: Mat. 29, Mat. 30, Mat. 31, Mat. 32 I u. II, Mat. 33

Stunde	Inhalt	Lernziele/Wissen	Referatvergabe; Hausaufgaben	Vom Lehrer besonders zu beachten
22. bis 24. Stunde	– Fünf wissenschaftliche Auffassungen über den Beginn des Menschseins und den Wert des ungeborenen Lebens	– Eigenes Vorverständnis zu Wert/Würde des fötalen menschlichen Lebens – Kontroverse Ansichten und Urteile bei den „Experten"-Auffassungen – Kritik an Sass', „Hirnleben"-Definition und Singers „Antispeziesismus"-Argumentation vom christlichen Standpunkt aus – Maxime christlicher Ethik: „Im Zweifel für das Leben"		Thesen-Papiere der „Experten" vervielfältigen Overheadprojektor (für Phase 2) bereithalten Materialien: Mat. 34, Mat. 35, Mat. 36, Mat. 37, Mat. 38, Mat. 39, Mat. 40
25. bis 27. Stunde	– Die „assistierte Zeugung": Ausweg oder Irrweg aus der Kinderlosigkeit?	– Die Situation kinderloser Paare – Die grundlegenden Methoden der Reproduktionsmedizin: Insemination und In-vitro-Fertilisation – Seelische und körperliche Belastung durch künstliche Befruchtung – Richtlinien für die künstliche Befruchtung in der Kieler Universitätsfrauenklinik – Ethische Beurteilung der künstlichen Befruchtung aus christlicher Sicht		Overhead- und Filmprojektor bereithalten Für Phase 2 – Folienbild kopieren (Kopiervorlage s. Stundenblätter) – Vortrag „Methoden der Reproduktionsmedizin" vorbereiten (falls nicht ein Schüler diese Aufgabe übernommen hat) Für Phase 4 – Film „Kinder-los" ausleihen – Arbeitsblatt 6 (4 Seiten) zum Film kopieren Materialien: Mat. 41; Arbeitsblatt 6

Medien, die vom Lehrer auszuleihen / zu besorgen sind:

Für die 11./12. Stunde: Ludwig Hirsch, Komm großer schwarzer Vogel, LP oder CD, Polydor.
Für die 13. Stunde: Reinhard Mey, Die Zwölfte, LP, Intercord 1983 (oder: Reinhard Mey, Live '84, Doppel-CD, Intercord 1984)
Für die 25.–27. Stunde: Film „Kinder-los: Eltern, Ethik und die Zeugung im Glas", 1985; 31 min. (Landesbildstelle: Nr. 4200703)

Beschreibung der Einzelstunden

Einführung in die Unterrichtseinheit

**1. Stunde:
Glauben und Wissen in unserer Zeit**

A Methodisch-didaktische
  Vorbemerkungen

Was diese erste Stunde zu leisten hat, ist abstrakt so zu bestimmen: sie muß der Klasse das Thema der Unterrichtseinheit affektiv und rational nahebringen. Die Schüler sollen das Gefühl erhalten – oder in ihrem Gefühl bestärkt werden –, daß der zu behandelnde Inhalt sie wirklich betrifft, und sie sollen einen „Durchblick" durch die Sache gewinnen, indem wesentliche Aspekte angesprochen und aufgezeigt werden.

Diese Aufgabe kann methodisch auf verschiedene Weise gelöst werden. Die Faktoren, die den Lehrer letztlich in der Wahl der Methode bestimmen, brauchen hier nicht im einzelnen bedacht werden. Nur ein wichtiges Kriterium ist zu nennen: es ist allgemein in der Frage ausgedrückt, welches Verhältnis die Schüler *vorweg* zum Thema haben. Konkret ist zu fragen: Welches Vorwissen oder Wissen haben sie darüber? Gehört das Thema – wenigstens teilweise – in ihren Erfahrungs-, Denk- und Sprachhorizont? Stehen sie offen oder mit Vorurteilen der Sache gegenüber? Hat das Thema für sie Brisanz, oder erscheint es ihnen als „alter Hut" ...?

Für das Thema „Glauben und Wissen" ist davon auszugehen, daß die Schüler ein nicht unerhebliches, gerade auch in der Schule erlerntes Wissen mitbringen und – vor allem mit Blick auf die Spannungsfelder – zur Auseinandersetzung bereit sind. Weiter ist anzunehmen, daß die Schüler von ihrer Grundhaltung her, wie es der Eigenart unserer Zeit entspricht, dem „Wissen" mit all seinen Implikationen zuneigen.

Den Kenntnissen und dem Interesse der Schüler gemäß könnte die Unterrichtseinheit so begonnen werden, daß das gespannte Verhältnis von Glauben und Wissen anhand einiger aktueller Beispiele aus dem Stegreif zunächst in Gruppen, dann im Plenum diskutiert würde. Formal könnten die Beispiele durch kurze Zitate (= Textimpulse) vergegenwärtigt werden. Inhaltlich kämen von seiten des Glaubens katholische und evangelische Verlautbarungen zu Schutz und Würde des menschlichen Lebens (Schwangerschaftsabbruch, Gentechnik, Reproduktionsmedizin, Euthanasie) oder zur Verantwortung gegenüber der Schöpfung in Betracht, von seiten des Wissens kritische bis negative Äußerungen von Wissenschaftlern über Gott, den Schöpfungsglauben oder das christliche Personverständnis bzw. Menschenbild (S. W. Hawking, P. Davies, H. v. Ditfurth, P. Singer ...).

Bei diesem Verfahren fühlten sich die Schüler sofort angesprochen, weil ihnen das Thema auf der Ebene entgegenkäme, die sie von sich aus schon vorrangig mit ihm assoziieren. Trotzdem wird hier anders vorgegangen. Der Ansatz bei aktuellen Konflikten oder Kontroversen im Verhältnis von Glauben und Wissen wäre in seiner Zuspitzung doch eine Engführung, die von der Dialektik zwischen Glauben und Wissen hauptsächlich den Gegensatz beider, kaum ihre Komplementarität, ihr Ineinanderspielen und Ineinanderübergehen zeigte. Die Schüler würden weitgehend in ihrem Vor-Urteil bestärkt, daß Glauben Nicht-Wissen sei – und umgekehrt. Natürlich könnte dann in den späteren Stunden das verstärkte Vorurteil gerade methodisch genützt werden, indem es – in einer die Schüler überraschenden Weise – aufgebrochen würde. Wie dem auch sei – mir erscheint es jedenfalls besser, wenn ein offener Zugang zum Thema Glauben und Wissen gefunden wird. Der offene Zugang läßt Festlegungen und Abgrenzungen der bekannten Art durchaus zu, aber zugleich ermöglicht er Gedankenspiele und freie Gedankenkombinationen und bezieht Glauben und Wissen auch auf Bereiche, mit denen sie selten verbunden werden.

Die Methode, die ich im Sinne der Offenheit gewählt habe, ist eine Bildbetrachtung. Sie unterscheidet sich von der sonst üblichen Form allerdings deutlich: Den Schülern wird eine Fülle von Bildern aus Zeitungen und Zeitschriften (Zahl der Bilder = Zahl der Schüler, jedoch höchstens zwanzig) vorgelegt, die für das Thema Glauben und Wissen „etwas hergeben". Aus dieser Fülle muß sich jeder Schüler *sein* Bild, das ihn am meisten zum Nachdenken anregt und zu dem er sich äußern will, aussuchen. Die Methode zielt nicht darauf ab, den Sinn- oder Aussagegehalt der Bilder herauszuarbeiten und auszuschöpfen. Nicht auf die Bilder selbst kommt es primär an, sondern auf die Gedanken, die die Schüler mit ihnen – auch scheinbar willkürlich – assoziieren können. Die Bilder werden hier weitgehend – als Impulsgeber, Auslöser – benützt und haben insofern wenig Eigenrecht.

Die Vielzahl der Bildmotive führt zu einer Vielzahl von *Sach*-Aspekten. Aber das ist nur der objektive Vorzug. Der subjektive Vorzug besteht darin, daß jeder Schüler *seinen eigenen* Aspekt oder Beitrag zur Sache nennt und darin *seinen* (ersten) Bezug zum Thema findet.

B Ziele dieser Stunde

Die Schüler

– sehen und besprechen viele verschiedene Aspekte des Themas „Glauben und Wissen" und können hierbei ihr Vorverständnis und ihr eigenes Interesse artikulieren;

– bringen in die Vielfalt der Aspekte eine erste Ordnung (indem sie Formen und Wirklichkeitsbereiche von Glauben und Wissen benennen);

– überlegen/erkennen vorläufig, welche Bedeutung Glauben und Wissen in unserer Gesellschaft haben und in welchem Verhältnis beide gegenwärtig zueinander stehen.

C Stundenverlauf

Phase 1: Der Lehrer veranlaßt die Schüler, sich auf Stühlen im Halbkreis vor die Wand zu setzen, die sich zum Aufhängen von Papierbogen eignet. Der Abstand zur Wand sollte so weit sein, daß die Schüler, die auf den äußeren Plätzen sitzen, noch einen guten Blickwinkel haben.

Wenn die Schüler sitzen, legt der Lehrer wortlos das von ihm aus Zeitungen und Zeitschriften zusammengetragene Bildmaterial auf dem Boden in der Mitte des Halbkreises aus und heftet vier DIN-A 1-Blätter nebeneinander an die Wand. Auf das eine innere Blatt schreibt er fett GLAUBEN, auf das andere WISSEN.

Bei der Vorbereitung der Stunde sucht der Lehrer die Bilder nicht vorrangig nach ästhetischen Kriterien zusammen, sondern nach dem Gesichtspunkt, daß ihr Sujet für die Thematik „Glauben und/oder Wissen" anregend wirkt. Es ergibt sich so eine recht bunte Mischung von künstlerischen Photos, Photomontagen, dokumentarischen Photos, Werbephotos, Cartoons, Illustrationen usw. Seiten, die außer den Bildern auch Texte enthalten, müssen zurechtgeschnitten werden, damit die Texte bei der Bildbetrachtung nicht stören.

Phase 2: Der Lehrer erklärt den Schülern ihre Aufgabe. In Stille sehen sie sich zunächst alle ausgelegten Bilder an und konzentrieren sich darauf, welche Eindrücke, Stichworte, Aussagen ihnen die Bilder zu Glauben und/oder Wissen vermitteln; danach überlegen sie – noch immer in Stille –, welches Bild sie unter dem Blickpunkt des Themas am meisten anspricht, und sie formulieren für sich die Gedanken, zu denen das Bild sie inspiriert.

Das stille Betrachten und Überlegen sollte ungefähr fünf Minuten dauern. Dann fordert der Lehrer die Schüler auf, „ihre" Bilder vorzustellen. Er erläutert kurz das Verfahren: einer beginnt damit, das Bild seiner Wahl aufzunehmen, auf das Blatt GLAUBEN oder das Blatt WISSEN zu kleben und seine Gedanken zu formulieren; der nächste macht auf dieselbe Weise weiter ... Kommt einer an die Reihe, dessen Bild bereits ein anderer gewählt hat, so macht das nichts aus. Er geht nach vorne, zeigt auf das Bild und äußert sich ebenfalls – aus seiner vermutlich neuen Sicht – dazu. Evtl. muß er darauf hinweisen, daß er das Bild anders – also nicht dem GLAUBEN, sondern dem WISSEN, oder umgekehrt – zugeordnet hätte. Die Gedanken, die die Schüler formulieren, notiert der Lehrer in Stichworten auf den beiden äußeren DIN-A 1-Blättern, und zwar je nach Zuordnung der Bilder rechts oder links.

Phase 3: Im Unterrichtsgespräch wird nun schrittweise die Reflexion auf die Bildbetrachtung zur grundsätzlichen Reflexion entwickelt. Der erste Schritt weitet den Horizont der Bildbetrachtung. Der Lehrer gibt den Impuls, zu den aufgeklebten Bildern ergänzende, widersprechende oder einfach neue Eindrücke und Gedanken zu äußern und damit weitere Ansichten und Gesichtspunkte ins Spiel zu bringen. Im zweiten Schritt wird analysiert, welche Formen von Glauben und Wissen die Beiträge der Schüler zum Inhalt hatten und welche Wirklichkeitsbereiche Gegenstand der Bilder sind. Im dritten Schritt werden die bis dahin angesprochenen und besprochenen Aspekte konzentriert auf einen Punkt, das aktuelle Verhältnis von Glauben und Wissen in unserer Gesellschaft. Bei diesem letzten Schritt kann der Lehrer selbst einiges beitragen, weil jetzt das Gespräch auf einer Ebene geführt wird, die außer Einschätzungen und Meinungen Wissen erfordert.

Vergabe von Referaten:
Referat 1 (5./6. Stunde): Francis Bacon – Skizze seines Lebens und Werks.
Literatur: L. Schücking, Nachwort, in: Francis Bacon, Essays oder praktische und moralische Ratschläge. Stuttgart 1986 (= Reclam UB 8358 [3]).

Referat 2 (5./6. Stunde): Albert Schweitzer – Skizze seines Lebens und Werks.
Literatur: H. Steffahn, Albert Schweitzer in Selbstzeugnissen und Bilddokumenten. Reinbek bei Hamburg 1985 (= rowohlts monographien 263).

Referat 3 (17. Stunde): Hermann Stöhr – Skizze seines Lebens.
Literatur: E. Röhm, Sterben für den Frieden. Spurensicherung: Hermann Stöhr (1898–1940) und die ökumenische Friedensbewegung. Stuttgart 1985.

Zwei geschichtliche Beispiele für das Verhältnis von Glauben und Wissen

**2. Stunde:
Glauben und Wissen im Konflikt:
Christentum und spätantikes
Denken**

A Methodisch-didaktische
   Vorbemerkungen

Daß das Thema „Glauben und Wissen" auch geschichtlich betrachtet und analysiert wird, bedarf eigentlich keiner weiteren Begründung. Es sei daher nur auf einen Gesichtspunkt hingewiesen: die verschiedenen Konstellationen, in denen das Verhältnis von Glauben und Wissen heute erscheint, haben alle ihre historischen Vorbilder. Beschäftigt man sich mit den Vorbildern der gegenwärtigen Erscheinungen, so hat dies immer den Vorzug, daß man Distanz hat und aus der Distanz heraus genauer sieht, was kennzeichnend oder wesentlich ist. So gewinnt man aus der Vergangenheit einen Verständnishorizont, in dem das Nahe und unmittelbar Gegenwärtige auf seine prägenden Strukturen hin durchscheinend wird und eine Tiefendimension erhält.
Es kann nun freilich nicht darum gehen, alle gegenwärtigen Konstellationen im Verhältnis von Glauben und Wissen von der Vergangenheit her zu bespiegeln. Vielmehr ist es sinnvoll, sich zu beschränken und nur die zwei Verhältnisse von Glauben und Wissen am geschichtlichen Beispiel zu analysieren, die unsere Zeit in besonderer Weise prägen: In dieser Stunde ist es der unversöhnliche oder jedenfalls unversöhnte Konflikt zwischen Glauben und Wissen, in der nächsten Stunde die Spannung beider, die zur höheren Einheit vermittelt werden soll.
Das geschichtliche Beispiel, das hier den Konflikt von Glauben und Wissen vertritt, hat sachliche und didaktische Vorzüge. Sachlich gesehen ist die Auseinandersetzung der gebildeten Spätantike mit dem Christentum nicht ein Konflikt unter vielen, sondern sie ist herausgehoben durch ihr Reflexionsniveau und ihre Schärfe. Gegen die neue Lehre des Christentums wird seit langem gedachtes genuin philosophisches Denken gestellt, und der Konflikt zwischen beiden wird von der heidnischen Spätantike zugespitzt auf den Gegensatz von Vernunft und Wider-Vernunft. Diese Zuspitzung ist polemische Verzerrung, aber sie hat auch ihre Wahrheit. Sie zeigt, daß es mit zum Wesen des Christentums gehört, der Vernunft (als „Weltweisheit") zu widersprechen. Paulus nennt diesen Wesenszug „Torheit", Tertullian „Absurdität".
Unter didaktischem Aspekt besteht ein erster Vorzug des gewählten Beispiels darin, daß es nicht wie der sonst behandelte „Fall Galilei" zum wiederholten Mal im (Religions-)Unterricht thematisiert wird, sondern neu (und dadurch interessant) ist. Zweitens stellt es – wieder im Unterschied zum „Fall Galilei" – den Konflikt von Glauben und Wissen nicht so vor Augen, wie er in unserer Zeit wohl am auffälligsten und daher den Schülern am meisten bekannt ist: als Konflikt von Naturwissenschaft und Religion. Vielmehr hebt es auf die grundlegende Seite des Konflikts ab, in der die Schüler auch ihre eigenen Pobleme erkennen können: daß nämlich der Glaube (in Form christlicher

Religion) dem reflektierten, durch sich selbst oder die Empirie begründeten Denken als Zumutung bis hin zur Lächerlichkeit oder Verrücktheit erscheint. Die Problempunkte, die ich in diesem Zusammenhang meine, kennt jeder Religionslehrer aus dem Unterricht. Ich nenne nur „kirchliche Sexualmoral", „Jungfrauengeburt", „Auferstehung".

Methodisch wird die Stunde von zwei Formen bestimmt, von einer Bildbetrachtung und einer schriftlichen Textarbeit. Die Bildbetrachtung bereitet die Textarbeit vor und führt zu ihr hin. Da die Schüler im Denken der Spätantike selten zu Hause sind und noch weniger von deren Kritik am Christentum wissen, brauchen sie eine Verständnisgrundlage. Diese gewinnen sie dadurch, daß ihnen vor der eingehenden Analyse der spätantiken Kritik der Unterschied zwischen spätantiker und christlicher Gottesvorstellung als entscheidender Differenzpunkt sinnenfällig deutlich wird. Die beiden abgebildeten Skulpturen – der edle Zeus zum einen, der gemarterte Christus zum anderen – verkörpern als anthropomorphe Darstellungen Gottes für die Schüler zunächst zwei grundverschiedene Menschenbilder, sodann sehen sie darin die kaum überbrückbare Kluft zwischen dem idealen Gott der Antike und dem gekreuzigten Gott der Christen. Die anschließende Textanalyse gliedert sich in vier Aufgaben, die nicht allzu schwer zu beantworten sind; daher ist Einzelarbeit angebracht.

B Ziele dieser Stunde

Die Schüler
- erkennen den Widerspruch zwischen der antiken Gottesvorstellung („Ideal des Menschen") und dem christlichen Glauben an einen gekreuzigten Gott;
- begreifen, daß der Widerspruch sich für den spätantiken Gebildeten als Gegensatz von Vernunft und Unvernunft darstellt;
- verstehen (differenziert), auf welche Weise der Platoniker Kelsos gegen die christliche Verkündigung eines gekreuzigten Gottes argumentiert;
- machen sich (anhand einiger Beispiele) deutlich, wie der spätantike Angriff auf die „Torheit" des Christentums von heutigen Kritikern fortgeführt wird.

C Stundenverlauf

Phase 1: Die Schüler betrachten die Bilder von zwei Skulpturen, die in äußerstem Kontrast zueinander stehen (Mat. 1 u. 2). Die eine Skulptur (entst. um 460 v. Chr.) stammt aus der klassischen Periode der griechischen Kunst und verkörpert den Gott Zeus (oder Poseidon) als Ideal des Menschen, die andere Skulptur hat der brasilianische Künstler Guido Rocha 1975 geschaffen und zeigt Christus in der Gestalt des niedergetretenen, des gequälten Menschen.

Die Bildbetrachtung verläuft in mehreren Schritten. Die Schüler schauen sich zunächst die beiden Bilder nacheinander an, ohne die Titel zu kennen oder sonst eine Information vom Lehrer erhalten zu haben. Sie notieren sich in Stichwörtern ihre Eindrücke. Damit ihre Rezeption nicht sofort von religiösen Assoziationen bestimmt wird, gibt der Lehrer den Impuls, das jeweils erscheinende Menschenbild ebenfalls stichwortartig zu umreißen. Nach ca. fünf Minuten sammelt der Lehrer die Stichwörter an der Tafel.

Anschließend werden die beiden Skulpturen unter dem entscheidenden Gesichtspunkt verglichen: Beide sind Gestaltzeichen für „Gott", aber sie sind für das „normale" Denken nicht gleichermaßen akzeptabel. Trotz einer nun zweitausendjährigen Verkündigung des gekreuzigten Gottes verbindet die Vernunft – Feuerbach würde sagen: das menschliche Selbst-Bewußtsein – die Vorstellung „Gott" noch immer lieber mit dem edlen Zeus (bzw. Poseidon) als mit dem „Schmerzensmann". Um die Schüler auf diese „Präferenz" der Vernunft zu führen, schreibt der Lehrer als stummen Impuls in Großbuchstaben unter die gesammelten Stichwörter: GOTT. Wenn dies die Schüler – wider Erwarten – zu keinen Äußerungen veranlaßt, muß der Lehrer eine entsprechende Frage formulieren.

Phase 2: In einem kurzen Vortrag, der auf die Widervernünftigkeit des christlichen Glaubens an einen gekreuzigten Gott aus der Sicht der antiken Gottesvorstellung abhebt, leitet der Lehrer zur Textlektüre und Textanalyse über. Der Text (Mat. 3) stellt die heidnische Auseinandersetzung mit der „Torheit des Wortes vom Kreuz" in den ersten drei Jahrhunderten dar. Da der Standpunkt und die entsprechende Kritik der gebildeten Heiden mir leicht verständlich erscheint – einzig das reflektierte Denken des Philosophen Kelsos könnte einige Mühe bereiten –, untersuchen die Schüler den Text in Einzelarbeit. Der Lehrer diktiert vier Aufgaben; diese sollen stichwortartig beantwortet werden. Falls der Lehrer es für nötig hält, die im Text zitierten heidnischen Kritiker des Christentums etwas näher zu charakterisieren (oder wenn die Schüler Fragen stellen), können die folgenden Informationen Verwendung finden:

Plinius d. Jüngere: 62 – ca. 113 n. Chr.; Anwalt und Staatsmann. Seine Ämterlaufbahn führt ihn bis zum Consulat, danach ist er kaiserlicher Statthalter der Provinz Bithynien. In der Nachwelt berühmt durch sein literarisches Werk: „Panegyricus", Dankrede an den Kaiser für das verliehene Consulat. Sammlung „Briefe" in 9 Büchern (Pl. hat diese „Briefe" von vornherein für die Veröffentlichung geschrieben und entsprechend stilisiert. Herausragend sind in der Sammlung die beiden Briefe, in denen Pl. den Vesuvausbruch schildert). „Briefwechsel" mit Kaiser Traian aus der Zeit der bithynischen Statthalterschaft, vermutlich aus dem Nachlaß des Pl. herausgegeben (hierin von besonderem historischen Wert die Korrespondenz über die Frage, wie die Christen zu behandeln seien).

Porphyrios: um 233 – 305 n. Chr.; stammt aus Phönizien, lebt die meiste Zeit seines Lebens in Rom; Schüler des großen Philosophen Plotin, des Hauptvertreters des Neuplatonismus; hochgelehrt („docetissimus philosophorum" nennt ihn Augustinus), schriftstellerisch einer der Produktivsten seiner Zeit. Von seinem Werk, das rund 80 Titel umfaßt, ist wenig erhalten, das meiste verloren. Vollständig überliefert ist P.' „Einführung" (Eisagogé) in die aristotelische „Kategorien"-Schrift. Sie gehört zu den bekanntesten Texten der abendländischen Schulphilosophie. Erhalten ist auch seine „Vita Plotini", die einzige Quelle, in der über das Leben Plotins historisch Verläßliches zu entnehmen ist. Dagegen ist sein Hauptwerk, die Streitschrift „Gegen die Christen" (Katà Christianōn) nur noch in wenigen Fragmenten (die in der christlichen Apologetik zitiert sind) bekannt. (Bereits 325 hat Kaiser Konstantin die Vernichtung der Schrift verfügt; 448 erneuern Theodosius II. und Valentinian III. Konstantins Proskription. Seitdem gibt es keinen sicheren Hinweis mehr auf ein vollständiges Exemplar.)

Epikur: 341 v. Chr. auf Samos geboren, 270 in Athen gestorben; studiert seit früher Jugend Philosophie; kauft 306 in Athen ein größeres Grundstück mit

Wohngebäuden und Garten und gründet eine philosophische Schule, im Volksmund genannt die Schule der „Philosophen vom Garten". Epikurs Lehre ist eine Philosophie der Freude. Die Freude, in der er das „Lebensziel" des Menschen sieht, meint nicht den raffinierten Genuß und die sexuelle Ausschweifung, sondern bedeutet „keine Schmerzen haben im körperlichen Bereich und im seelischen Bereich keine Unruhe verspüren" (Brief an Menoikeus). Ein freudvolles Leben gelingt allein durch ein klares Denken oder die Vernunft, die Maß hält und richtig abwägt zwischen dem, was man verlangen, und dem, was man meiden soll. Die Denunziation des Epikureismus als „Lehre vom bedenkenlosen Genuß aller materiellen Freuden" beginnt bereits im Altertum und setzt sich bis heute fort.

Lukian: aus Samosata in Syrien, etwa 125–180 n. Chr.; studiert Philosophie und Rhetorik, ist dann ein erfolgreicher Wanderredner, lebt anschließend als Schriftsteller in Athen und hat im Alter ein gut besoldetes Amt in der ägyptischen Verwaltung. Lukian zählt zu den „witzigsten und geistreichsten" Autoren der Kaiserzeit (Lamer, 453). Zu seinem Werk gehören zahlreiche satirische „Dialoge" (z. B. „Totengespräche", „Göttergespräche", „Hetärengespräche"), aber auch die parodistischen Romane „Tod des Peregrinus Proteus" und „Wahre Geschichte". Vor allem wegen seiner Religionsspötterei wird Lukian in der Aufklärung des 18. Jh.s viel bewundert und gelesen.

Kelsos: platonischer Philosoph; verfaßt 178 n. Chr. eine Schrift „Der wahre Logos" (Alethès Lógos), in der er die althergebrachte Philosophie und Bildung des Hellenentums der neuen Lehre der Christen entgegenstellt; sonst ist von Kelsos' Leben nichts bekannt. Kelsos' Werk teilt das Schicksal der beiden anderen großen spätantiken Kritiken des Christentums, Porphyrios' und Kaiser Iulians „Gegen die Christen": die vorhandenen Exemplare wurden so gründlich vernichtet, daß kein Exemplar erhalten geblieben ist. Gleichwohl konnte die Schrift des Kelsos in Teilen rekonstruiert werden – dank Origines, der in seiner Gegenschrift „Contra Celsum" lange Textstellen zitiert.

Phase 3: Die Ergebnisse der Textarbeit, die zu Ende der Phase 2 an der Tafel gesammelt worden sind, werden nun besprochen. Zuerst fragt der Lehrer die Schüler, wie nach ihrer Meinung oder ihrem Wissen die Christen auf die literarischen Angriffe des Heidentums reagiert haben, dann lenkt er den Blick auf unsere Gegenwart, in der dem Christentum freilich nicht nur von außerkirchlichen Kritikern (z. B. H. Albert; F. Buggle), sondern auch von innerkirchlichen (z. B. E. Drewermann) seine Unvernunft vorgehalten wird.

3. Stunde:
Glauben und Wissen im Konflikt und als höhere Einheit: Das Beispiel der Aufklärung

A Methodisch-didaktische Vorbemerkungen

Der Konflikt zwischen Glauben und Wissen kann vom Standpunkt des Wissens aus auf wenigstens zweifache Weise gelöst werden: Entweder spricht das Wissen dem Glauben seine Gültigkeit ab und ignoriert ihn oder versucht, ihn gar zu zerstören, oder das Wissen strebt danach, den Glauben mit sich, d. i. mit der Vernunft, zu vermitteln. Beide Formen der Aufhebung des Konflikts können am Beispiel der Aufklärung nachvollzogen werden.

Die Konzeption der Stunde ist inhaltlich dadurch bestimmt, daß zwar beide Formen der Konfliktlösung thematisiert und in ihrem Unterschied anhand von zwei Texten reflektiert werden, daß aber die Beschäftigung mit der zweiten Form – der Vermittlung zur höheren Einheit – klar im Mittelpunkt steht. Der Text von P. H. Thiry d'Holbach, der die Forderung der Vernunft nach Zerstörung des Glaubens repräsentiert, dient zugleich als Stundeneinstieg. Er ist durch seine lyrisch-feierliche Art recht wirkungsvoll und damit auch motivierend, außerdem gibt er einen sehr guten Eindruck von der Vernunftbegeisterung, der Freiheitsliebe und dem Glücksverlangen der Aufklärung. Die wesentlichen Gesichtspunkte des d'Holbach-Textes werden im Unterrichtsgespräch herausgearbeitet. Dagegen erhalten die Schüler für den zweiten Text, der von H. S. Reimarus stammt, einen schriftlichen Arbeitsauftrag und analysieren ihn selbständig in Partnerarbeit. Dieser Text ist nicht nur länger, sondern überhaupt von anderer Art: trotz rhetorischer Stilmittel und emphatischem Ton ist er diskursiv. Obgleich die Beschäftigung mit dem d'Holbach-Text das Verständnis des Reimarus-Textes vorbereitet hat, bedarf es vor der selbständigen Partnerarbeit noch einiger spezieller Informationen. Vor allem muß der Text vom Lehrer in seinen historischen Zusammenhang gestellt werden. Nach meiner Erfahrung ist es so, daß hier keine ausreichenden Kenntnisse aus dem Deutschunterricht vorausgesetzt werden können. Gewiß sind den Schülern oft Schlagwörter wie „Wolffenbüttler Fragmente", „Fragmenten-Streit" oder „Anti-Goeze" geläufig, aber inhaltlich wissen sie dazu wenig. Außer der literaturgeschichtlichen Information, die der Lehrer im kurzen Vortrag zu vermitteln hat, ist es auch notwendig, nach der lauten Textlektüre unbekannte bzw. nicht verstandene Begriffe (Arianer, Photinianer ...) zu erklären.

Die Aktualität, die Reimarus' Programm einer „vernünftigen Religion" und die seinerzeitige Auseinandersetzung mit diesem Programm haben, wird in der von mir konzipierten Stunde – aus zeitlichem Grund – nicht thematisch. Wenigstens hier – in den „Vorbemerkungen" – möchte ich aber darauf hinweisen, daß ein großer Streit der Gegenwart, der sog. „Fall Drewermann", von der Sache her in den Kontext des „Fragmenten-Streits" zu stellen ist. Drewermann selbst spricht den Zusammenhang immer wieder an, so etwa in einem ZDF-Streitgespräch mit Bischof Walter Kasper: Der Moderator (Wolfgang Herles) hält – zu Drewermann gewandt – fest: „Sie sind in der Tat der Auffassung, all diese Dinge, die Jesus bewirkt hat, sind nicht historisch im strengen Sinne." Darauf antwortet Drewermann: „Das ist nicht der Punkt. Der Punkt ist, daß ich versuche, die Aufklärung in den letzten zweihundert Jahren, die in weiten Teilen der Bevölkerung bis zum Atheismus geführt hat, aufzugreifen. Sämtliche Fragen, die historisch ernst zu nehmen sind, versuche ich historisch ernst zu nehmen, und (ich versuche), zwischen Aberglauben und Unglauben einen vernünftigen Mittelweg zu finden, wo Kenntnis, Reflexion und Frömmigkeit und Glaube eine Einheit bilden. Und ich denke, daß ich dabei einen Weg gefunden hab', der scheunentorweit offen zeigen könnte, auch für die Menschen heute, wie die kirchliche Botschaft sich so vollziehen läßt, daß es dem Leben hilft."

B Ziele dieser Stunde

Die Schüler
– gewinnen einen Eindruck von der Begeisterung und den Ideen der Aufklärung;

- lernen beide Formen aufklärerischer Religionskritik kennen:
  a) die rigorose Form, die im Namen von Vernunft, Freiheit und Glück die Vernichtung der Religion fordert,
  b) die vermittelnde Form, die auf eine Versöhnung von Vernunft und Glauben abzielt;
- machen sich den Unterschied der beiden Formen aufklärerischer Religionskritik ausdrücklich bewußt.

C Stundenverlauf

Phase 1: Der Lehrer nennt zu Beginn der Stunde das Thema: das Verhältnis von Glauben und Wissen in der Aufklärung. Dann liest er – ohne weitere Vorbemerkungen – Thiry d'Holbachs Lobpreis der „neuen Religion" (Mat. 4) vor. (Einen Schüler sollte er nicht lesen lassen, weil der feierlich-erhabene Ton des Textes nur bei gutem Vortrag richtig zur Geltung kommt.) Nach der Lektüre werden die Wirkung, die Form und der Inhalt des Textes im Klassengespräch herausgearbeitet. Die Ergebnisse hält der Lehrer in Stichwörtern an der Tafel fest. Anschließend kann er noch kurz über die Person d'Holbachs informieren:

Paul Thiry d'Holbach: geb. 1723 in Edesheim (Pfalz), gest. 1789 in Paris; deutscher, seit 1749 französischer Staatsbürger. Hervorragender Repräsentant der französischen Aufklärungsphilosophie und Vertreter einer materialistischen Naturauffassung. Er vertieft die Kritik an Klerus und Kirche zur grundsätzlichen Kritik der Religion, die ihm als eine „Kette von Absurditäten" erscheint. Beteiligt sich mit Hunderten von Artikeln (vorwiegend naturwissenschaftlichen Charakters) an Diderots „Encyclopédie ou dictionnaire raisonné des siences, des arts et des métiers"; d'Holbachs Pariser Haus und sein Landsitz sind Arbeits- und Diskussionszentren der „Enzyklopädisten". Hauptwerke: Le christianisme dévoilé (1761); Lettres à Eugénie (1768); Système de la nature (1770).

Phase 2: Der Lehrer bemerkt, daß d'Holbachs entschiedene Zurückweisung des Glaubens nur die eine Linie aufklärerischer Religionskritik vertritt, die andere Linie dagegen auf die Vermittlung von Glauben und Wissen abzielt. Er nennt H. S. Reimarus als einen Exponenten dieser anderen Linie. Im ausführlichen Vortrag informiert er dann über Reimarus' „Apologie" und die Auseinandersetzung, die Lessings Veröffentlichung dieser Schrift auslöste:

Hermann Samuel Reimarus: geb. 1694, gest. 1768; Professor für orientalische Sprachen am Akademischen Gymnasium in Hamburg.
Seit ca. 1735 bis zu seinem Lebensende arbeitet er an dem religionskritischen Werk „Apologie oder Schutzschrift für die vernünftigen Verehrer Gottes". Er bestreitet darin den Offenbarungscharakter der Bibel und rüttelt damit am Fundament des (kirchlichen) Christentums. Eine namentliche Veröffentlichung zu Lebzeiten hätte für R. schärfste Anfeindungen und das Ende seiner bürgerlichen Existenz zur Folge. So gibt er die Entwürfe bzw. die verschiedenen Fassungen der Schrift nur engsten Freunden zu lesen.
R. will den vernunftwidrigen oder unwahren Glauben zerstören, nicht den Glauben überhaupt. Sein Ziel ist die vernünftige Religion, die in der Mitte steht zwischen blindem Glauben an die Offenbarung und reflektiertem Atheismus. Entsprechend wendet er sich in seiner 1745 erschienenen Schrift „Abhandlungen von den vornehmsten Wahrheiten der natürlichen Reli-

gion" ausdrücklich gegen zeitgenössische Formen der gott-losen „Freydenkerei", insbesondere gegen den philosophischen Materialismus eines La Mettrie und gegen jene „grübelhafte Atheisterey", die aus der verzerrten Auffassung der christlichen Gottesvorstellung folge.

Nach R.' Tod kommt G. E. Lessing – über die Kinder des Verstorbenen – an eine unvollständige vorläufige Fassung der „Apologie". Obwohl Lessing R.' Kritik am Offenbarungsglauben in ihrer Form nicht teilt, erscheint ihm der Geist der Handschrift doch im besten Sinne aufklärerisch. Von einer Veröffentlichung erwartet er eine Wirkung, die sich ganz mit seinem eigenen Anliegen deckt: die Verwalter des Christentums, die die Wahrheit als ihren *Besitz* betrachten, in ihrer gedankenlosen Sicherheit zu erschüttern.

Lessing, der zu dieser Zeit Leiter der herzoglichen Bibliothek in Wolffenbüttel ist, benützt seine Stellung und gibt unter dem Vorwand, es handle sich um eine anonyme Handschrift aus der Bibliothek, in den Jahren 1774 ff. „Fragmente eines Ungenannten" (= sieben Ausschnitte aus der „Apologie" des R.) heraus.

Die Veröffentlichung ist tatsächlich erschütternd und löst den sog. „Fragmentenstreit" aus, ein Hauptereignis der dt. Aufklärung. Die Polemik, die sich zunächst auf den „Ungenannten" richtet, zielt schon bald auf Lessing selbst, obgleich dieser sich mit „Gegensätzen des Herausgebers" vom Autor der „Fragmente" distanziert hat. Lessing antwortet auf die Publikationen der Gegner in rhetorisch und sachlich glänzender Weise. Berühmt wird sein „Anti-Goeze", eine Serie von Streitschriften (1777/78) gegen den Hamburger Hauptpastor Johan Melchior Goeze. Goeze hat nach Erscheinen der „Fragmente" wortgewaltig den Angriff auf die Bibel zurückgewiesen und Lessing als Herausgeber vorgeworfen, er habe die „ärgerliche Schrift" des Anonymus „durch öffentlichen Druck gemein (= allgemein zugänglich B. O.)" gemacht. Auseinandersetzungen um die christliche Religion und die Bibel seien, so Goeze, in lateinischer Sprache, d. h. unter Gelehrten, und nicht „vor den Augen des ganzen christlichen Publici" zu führen. Formal gesehen bleibt Goeze in der Kontroverse mit Lessing der Sieger, weil der Herzog von Braunschweig-Wolffenbüttel seine Lessing gewährte Zensurfreiheit aufhebt und Lessing dann die literarische Auseinandersetzung abbrechen muß.

(Literatur: Art. Reimarus, Apologie, in: Kindlers Neues Literatur-Lexikon, Bd. 13, 1991, 1025 ff.; Viktor Žmegač [Hrsg.], Geschichte der deutschen Literatur vom 18. Jahrhundert bis zur Gegenwart, Bd. I/1, ²1984, 139 ff.)

Nach dem Vortrag läßt der Lehrer den Text „Für die vernünftigen Verehrer Gottes" (Mat. 5) laut lesen. (Diesen Auszug aus Reimarus' „Apologie" habe ich nicht Lessings Veröffentlichung der Schrift, sondern der kritischen Ausgabe des von Reimarus nachgelassenen Manuskripts entnommen. Die Überschrift, die ich dem Auszug gegeben habe, stammt aus dem Untertitel der Schrift.) Bevor der Text analysiert wird, müssen im Klassengespräch unbekannte (bzw. nicht verstandene) Begriffe erklärt werden:

Arianer: Anhänger der Auffassung des Arius (2. Jh. n. Chr.). Nach Arius ist Jesus Christus als Gottes Sohn nicht Gott gleich, sondern nur Gott ähnlich. Er ist erstes Geschöpf, das alles andere geschaffen hat.

Photinianer: Anhänger der Lehre des Patriarchen Photius (9. Jh. n. Chr.), die besagt, daß der Hl. Geist nicht aus dem Vater *und* dem Sohn, sondern *allein aus dem Vater* hervorgeht (Filioquestreit!).

Naturalisten: Vertreter/Anhänger des Naturalismus. Naturalismus: Anschauung, daß die Natur ein und alles ist. Die Natur selbst ist das schöpferische Prinzip; es gibt keinen Gott außer der Natur.

Deisten: Vertreter/Anhänger des Deismus. Deismus: Anschauung, daß Gott und die Welt seit der Schöpfung ohne Beziehung zueinander sind. Gott hat die Welt geschaffen und in Bewegung gesetzt; seither läuft die Natur- und Menschheitsgeschichte ohne Gottes Eingreifen ab.

Die Textanalyse erfolgt – dem Schwierigkeitsgrad des Textes entsprechend – in Partnerarbeit. Die Arbeitsfragen sollen knapp, aber in ganzen Sätzen beantwortet werden. (Bei einem komplexeren Text kann es das Verständnis fördern, wenn die Schüler nicht nur Stichwörter, sondern zusammenhängende Sätze formulieren.) Der Lehrer sammelt die Ergebnisse an der Tafel. Aus ökonomischen Gründen muß er die Lösungsvorschläge „syntaktisch reduzieren".

Phase 3: Im Unterrichtsgespräch wird nun der Unterschied zwischen d'Holbachs und Reimarus' Stellung zum Glauben betrachtet und festgestellt. (Der Lehrer hat ja bereits zu Beginn der Phase 2 darauf hingewiesen, daß die beiden zwei – gegensätzliche – Linien aufklärerischer Religionskritik repräsentieren.) Auf der Grundlage der Gesprächsbeiträge entwirft der Lehrer ein Tafelbild, das das jeweils Eigene und damit die Differenz der beiden auf den Punkt bringt.

Begriffliche und sachliche Unterscheidung von Glauben und Wissen

4. Stunde:
Was ist Glauben, was ist Wissen?

A Methodisch-didaktische
   Vorbemerkungen

Bisher steht es noch aus, Glauben und Wissen zu definieren und ihre Sachbereiche ausdrücklich zu fassen. Durch die behandelten Themen ist natürlich implizit schon viel bestimmt, und dies könnte jetzt herausgearbeitet werden. Aber eine solche Analyse wäre methodisch nur schwerlich interessant zu gestalten, und überdies forderte die Vielschichtigkeit der Aspekte das Verständnis der Schüler erheblich heraus.
Statt dessen wird in dieser Stunde versucht, Glauben und Wissen spielerischleicht, aber keineswegs leichtfertig voneinander abzugrenzen. Die benützten Methoden bringen dabei immer wieder in den Blick, daß eine scharfe Abgrenzung problematisch ist, weil Glauben und Wissen sich nicht einfach distanziert oder gegensätzlich gegenüberstehen, sondern vielfältig ineinander übergehen und zusammenwirken können.
Am Anfang der Stunde wird ein Satz als Impuls verwendet, den die Schüler selbst öfter im Religionsunterricht zitieren: „Glauben heißt nicht wissen". Das so angeregte Gespräch zielt darauf ab, die unreflektierte Auffassung, die sich in diesem Satz ausspricht, durch Differenzierungen in Bewegung zu bringen.
Danach erhalten die Schüler die Aufgabe, auf einem Arbeitsblatt vorgegebene Sätze dem Glauben oder dem Wissen zuzuordnen. Die Aufgabe wird mit Sicherheit von den Schülern unterschiedlich gelöst, teils weil sie noch keinen hinreichend klaren Begriff von Glauben und Wissen haben, teils weil einige Sätze nicht eindeutig festlegbar sind. Die Sozialform der Partnerarbeit hat hier gegenüber der Einzelarbeit den Vorteil, daß bei Mehrdeutigkeit über die Entscheidung diskutiert werden kann und dadurch die anschließende Diskussion im Plenum abgekürzt wird. Vom Lehrer ist in dieser Phase besonders zu beachten, daß nach dem Sammeln und Besprechen der Arbeitsergebnisse möglichst genau im Unterrichtsgespräch geklärt (und an der Tafel festgehalten) wird, welcher Begriff von Glauben und Wissen der (endgültigen) Zuordnung der Sätze zugrundelag.
Den Schluß der Stunde bildet der Vergleich einer Glaubens- und einer Wissensaussage nach drei Gesichtspunkten: Erfahrungsbereich – Sprachebene – Kommunikationsinteresse. Damit die Ergebnisse die nötige Schärfe und Klarheit gewinnen, muß sich der Lehrer mäeutisch beteiligen; die angezeigte Methode ist daher das „fragend-entwickelnde Verfahren".

B Ziele dieser Stunde

– In einer Reihe vorgegebener Sätze wird zwischen Glaubens- und Wissensaussage unterschieden. Hierbei soll deutlich werden, daß Glauben und Wissen sich zum Teil scharf gegeneinander abgrenzen lassen, zum Teil auch ineinander übergehen.
– Mit Blick auf die Zuordnung der Sätze wird geklärt und ausdrücklich benannt,

welcher Begriff von Glauben und Wissen in unserem Verständnis maßgeblich ist.
– Durch die vergleichende Analyse einer Glaubens- und einer Wissensaussage werden die Differenzen im angesprochenen Erfahrungsbereich, in der Sprachebene und im Kommunikationsinteresse beispielhaft bewußt gemacht.

C Stundenverlauf

Phase 1: Der Lehrer schreibt ohne Vorbemerkung an die Tafel: „Glauben heißt nicht wissen". Falls die Schüler sich zu diesem stummen Impuls nicht spontan äußern, fordert der Lehrer sie zu Äußerungen auf („Stimmen Sie diesem Satz zu?"). Wenigstens ein Teil der Schüler wird den Satz nicht unbesehen gelten lassen, sondern differenziert beurteilen.

Phase 2: Die Schüler arbeiten nun mit dem Arbeitsblatt 1. Darauf sind zwölf Sätze formuliert, die eine Wissens- oder eine Glaubensaussage enthalten. In Partnerarbeit ordnen die Schüler die Sätze dem Wissen oder dem Glauben zu. Eine (beabsichtigte) Schwierigkeit liegt darin, daß einige Sätze nicht eindeutig bestimmbar sind. Die Schüler behelfen sich in der Regel von selbst, ohne Anweisung des Lehrers, damit, daß sie zwischen „Glauben" und „Wissen" eine dritte Rubrik setzen: „Glauben und Wissen". Um die Ergebnisse auszuwerten, werden die Lösungen von drei oder vier Schülern an der Tafel notiert. Da die Lösungen nur teilweise übereinstimmen, müssen im Klassengespräch die Abweichungen diskutiert werden. Je nach Argumentationslage werden dann die endgültigen Zuordnungen vorgenommen. Die Auswertung der Ergebnisse kann damit freilich noch nicht abgeschlossen werden. Es muß jetzt noch im Unterrichtsgespräch reflektiert und ausdrücklich benannt werden, von welchem unausgesprochenen (bzw. nur teilweise entfalteten) Begriff des Glaubens und des Wissens die (vorläufige) Zuordnung der Partnerarbeit und die gemeinsame (endgültige) Zuordnung bestimmt gewesen sind.

Phase 3: In einem letzten Unterrichtsschritt wird der Unterschied zwischen einer Glaubens- und einer Wissensaussage durch genaue Analyse exemplarisch zu erfassen versucht. Der Lehrer stellt an der Tafel die Sätze gegenüber: „Ich habe Fieber" – „Ich liebe Dich". Die Analyse dieser Sätze kann nur dann zufriedenstellend ausfallen, wenn der Lehrer die Untersuchungskategorien vorgibt und das Gespräch durch gezielte Fragen entwickelt. Die Ergebnisse hält der Lehrer stichwortartig in einem übersichtlich gegliederten Tafelbild fest.

Hausaufgabe für zwei Schüler: Vorbereiten einer Pro- und Contra-Diskussion „Pelztierjagd – ja oder nein?" (genaue Formulierung des Themas siehe Stundenblätter).

5./6. Stunde:
Wissen und Glauben:
Verschiedene Zugänge zur Welt
(F. Bacon – A. Schweitzer)

A Methodisch-didaktische Vorbemerkungen

Die vorhergehende Stunde hat den Unterschied von Glauben und Wissen unter theoretischem Aspekt behandelt. Die Frage hieß: wie erfassen und artikulieren Glauben und Wissen die Wirklichkeit, und auf welche Bereiche der Wirklichkeit beziehen sie sich? Nun soll der Blick auf die Praxis gerichtet werden. Die entsprechende Frage lautet: wie geht der vom Wissen oder vom Glauben bestimmte Mensch auf die Welt zu, und wie geht er mit ihr um?

Die praktische Differenz von Glauben und Wissen hat für die Geschichte der Menschen größte Bedeutung, seit sich das Wissen als Naturforschung vom religiösen Glauben abgesetzt hat und beansprucht, die Erschließung und Gestaltung der Welt voranzutreiben. Der erste, der dem Wissen den „fortschrittlichen" Auftrag gab, Herrschaft über die Natur zu gewinnen und dadurch die materiellen Verhältnisse zu verbessern, war Francis Bacon (1561–1626). Wenn er in dieser Doppelstunde die Seite des Wissens im Umgang mit der Welt repräsentiert, dann wegen seiner historischen Stellung, aber auch wegen der historisch überraschenden „frühreifen" (H. Jonas) Modernität, mit der er die Idee des Fortschritts durch Forschung, Technik und Erfindungen aussprach.

Für die Seite des glaubensbestimmten Handelns an der (nicht-menschlichen) Welt (Natur) ließen sich verschiedene Repräsentanten finden, doch als fast genaues Gegenteil zu Bacons Ideal der Naturbeherrschung durch Wissen bietet sich vor allem Albert Schweitzers berühmte Ethik der „Ehrfurcht vor dem Leben" an. Der ausgewählte Text erscheint in Teilen sogar wie der gezielte Kommentar zu Bacons Standpunkt.

Methodisch bemerkenswert ist bei dieser Doppelstunde der Einstieg. Ausgehend vom Bewußtseinsstand der Klasse, sollen die beiden gegensätzlichen Stellungen zur Umwelt im Grundsatz verdeutlicht werden, für die Bacon und Schweitzer exemplarisch einstehen. Dazu erhalten zwei Schüler in der Stunde vorher den Auftrag, zu einem fernliegenden, aber deshalb nicht uninteressanten Problem eine Pro- und-Contra-Diskussion vorzubereiten: „Pelztierjagd – ja oder nein?" Als eine Art von Rollenspiel macht dieses Streitgespräch Spaß und motiviert die Klasse. Die sachliche Einführung leistet es dadurch, daß die Kontroverse auf die zugrundeliegenden Einstellungen hin befragt wird.

B Ziele dieser Doppelstunde

Die Schüler
– erkennen, daß Grundhaltungen unser Verhältnis zur Umwelt bestimmen;
– kennen die Hauptdaten von Francis Bacons und Albert Schweitzers Biographie;
– begreifen die Grundsätze von Bacons Wissensethos und Schweitzers Glaubensethos;
– verstehen am Beispiel Bacons und Schweitzers, daß Wissen und Glauben diametral entgegengesetzte Zugänge zur Welt begründen können;
– beurteilen Bacons und Schweitzers Mensch-Welt-Auffassung und bilden sich eine eigene Meinung.

C Stundenverlauf

Phase 1: Zwei Schüler führen eine Pro- und Contra-Diskussion zum Thema „Pelztierjagd" (genaue Formulierung siehe Stundenblätter). Da sie ihre Argumentation zu Hause vorbereitet haben, entwickelt sich das Streitgespräch meist flüssig und auf sachlicher Ebene. Die Aufgabe des Lehrers ist dann damit erschöpft, daß er in das Streitgespräch eingeleitet, d. h. das Thema und die dem Thema zugrundeliegende fiktive Situation dargestellt hat. Nur wenn die Diskussion wider Erwarten nicht richtig in Gang kommt, muß er „moderierend" eingreifen. Nach ca. fünf Minuten wird die Diskussion abgebrochen und im Unterrichtsgespräch reflektiert, welche grundlegende Einstellung zur Umwelt (hier in Gestalt der Tierwelt) die Kontrahenten vertreten haben.

Phase 2: In zwei Schülerreferaten wird die Klasse über die Biographien F. Bacons und A. Schweitzers informiert. Die wichtigsten Daten haben die Referenten auf einem Blatt zusammengestellt.

Francis Bacon
Englischer Philosoph und Schriftsteller; Begründer des englischen Empirismus

1561	Geb. in London
1573–75	Studium in Cambridge
1579–82	Juristische Studien
1582 ff.	Advokat und (seit 1584) Parlamentsmitglied
1607	Generalstaatsanwalt
1613–21	Steiler Aufstieg: Generalfiskal (1613); Siegelbewahrer (1617); Mitglied des Geheimen Rates, Lordkanzler (1618).
	Geadelt zum Baron von Verulam (1618) und Viscount of St. Alban (1621)
1621	Wegen passiver Bestechung angeklagt und seiner Ämter enthoben
1621 ff.	Zurückgezogenes Leben; wissenschaftliche Untersuchungen
1626	Gest. in Highgate/London (an den Folgen einer Bronchitis, die er sich bei einem Experiment im Schnee zugezogen hatte)

Hauptwerke: Advancement of Learning (1605); Novum Organum (1620); The Essays or Counsels, Civil and Moral (1597/1625); Nova Atlantis (1626).

Albert Schweitzer
Evangelischer Theologe, Philosoph, Musiker, Mediziner („Urwalddoktor")

1875	Geb. in Kaysersberg/Elsaß
1893 ff.	Studium der Theologie und Philosophie in Straßburg. Orgelunterricht in Paris
1896	Pfingsten: Entschluß, nach dem 30. Lebensjahr das Leben „einem unmittelbaren menschlichen Dienen zu weihen"
1898 ff.	Vikar an St. Nicolai in Straßburg; seit 1902 (Habilitation!) zugleich Privatdozent für Neues Testament an der Universität Straßburg
1905–10	Medizinstudium neben Vikars- und Dozententätigkeit. Veröffentlichung musikwissenschaftlicher Arbeiten
1912	Eheschließung mit Helene Breßlau
1913–17	Als „Urwalddoktor" in Lambarene (Gabun); Gründung eines Tropenhospitals
1918–24	Erneutes Vikariat an St. Nicolai in Straßburg und Assistenzarztstelle an der Hautklinik des Bürgerhospitals.
	Vorträge und Orgelkonzerte, um Geld für den Ausbau des Tropenhospitals zu sammeln
1924–65	In Lambarene; zwischendurch immer wieder zu Vorträgen und Konzerten in Europa
1953	Friedensnobelpreis rückwirkend für 1952
1965	Gest. in Lambarene

Hauptwerke: Geschichte der Leben-Jesu-Forschung (^{2}1913); Kultur und Ethik (1923); Aus meinem Leben und Denken (1931)

Phase 3: Die Texte von F. Bacon und A. Schweitzer (Mat. 6 u. 7) werden laut vorgelesen. Anschließend werden unbekannte Begriffe erklärt (evtl. auch grundlegende Verständnisschwierigkeiten durch Interpretationshinweise ein Stück weit ausgeräumt). Aus dem Bacon-Text sind auf jeden Fall die Begriffe „Antizipation" und „Dialektik" zu bestimmen, aus dem Schweitzer-Text der Begriff „Ethik".

Antizipation: wörtl. Vorgriff, Vorwegnahme; hier: Verfahren, in dem das Denken seine Erkenntnis aus vorausgesetzten Aussagen und Urteilen ableitet.

Dialektik: wörtl. die Kunst/Fertigkeit/Methode, ein Gespräch in Rede und Gegenrede zu führen; hier: die im Mittelalter bestimmende und z. Zt. Bacons noch übliche Methode der Wissenschaften, durch Sic et Non (Ja und Nein), Gründe und Gegengründe das Denken voranzutreiben und zur Erkenntnis zu führen.

Ethik: wissenschaftlich-philosophische Reflexion des menschlichen Verhaltens, soweit es unter der Perspektive von Richtig und Falsch, Gut und Böse betrachtet werden kann; oder: Erkenntnis des praktisch Guten in Theorieform.

Die beiden Texte werden arbeitsteilig und in Partnerarbeit weiter untersucht. Der Arbeitsauftrag ist so angelegt, daß das Verständnis sich entfalten kann: Zunächst sollen die Schüler nur Schlüsselbegriffe „ihres" Textes herausschreiben, erst dann müssen sie gezielte Fragen zum Text beantworten. Beim Sammeln der Ergebnisse fällt dem Lehrer eine besondere Rolle zu: er soll die Lösungen der Schüler nicht einfach in der Reihenfolge der Aufgaben untereinander an die Tafel schreiben, sondern nach einem überlegten Schema, das die wesentlichen Punkte in Bacons und Schweitzers Auffassung parallelisiert und dadurch die Differenz augenfällig macht.

Phase 4: Im Unterrichtsgespräch beurteilen die Schüler von ihrem Verständnis her Bacons und Schweitzers Auffassungen. Es ist wahrscheinlich, daß die Schüler beide Auffassungen relativieren, z. B. in dem Sinne, daß der Ansatz beider „nicht ganz richtig" oder „übertrieben" sei. Möglich ist aber auch eine klare Stellungnahme zugunsten Schweitzers, etwa so: „Bacon gilt heute, Schweitzer sollte sein". Der Lehrer muß – mit Blick auf die Klassensituation und den eigenen Standpunkt – entscheiden, wie deutlich er Schweitzers Ethik als wahrhaft christliches Denken herausstellt.

Wissen/Wissenschaft

**7./8. Stunde:
Die Methodik der empirischen Wissenschaften (Beispiel: Aggressionsforschung)**

A Methodisch-didaktische Vorbemerkungen

Von dieser Doppelstunde an werden Glauben und Wissen nicht mehr zusammen behandelt, sondern in zwei selbständigen Sequenzen jeweils für sich betrachtet. Die getrennte Analyse beider hat didaktisch den Vorzug, daß das Verständnis ohne Rücksicht auf die Komplexität der Beziehungsaspekte sich ganz auf die eine oder die andere Form menschlicher „Stellungnahme" konzentrieren und sie sich erschließen kann.

In der Sequenz „Wissen" wird nur das höhere Wissen – das Wissen als Wissenschaft – thematisiert. Es gründlich zu untersuchen, ist von der Konzeption der Unterrichtseinheit her unabdingbar; dagegen können die Alltagsformen des Wissens, soweit sie nicht schon in den ersten Stunden zur Sprache gekommen sind, vernachlässigt werden.

Zu Beginn beschäftigt sich die Sequenz mit der Form höheren Wissens, die heute als Inbegriff der Wissenschaft gilt: mit der empirischen oder experimentellen Wissenschaft. Ursprünglich war ich der Meinung, daß den Schülern die Methodik dieses wissenschaftlichen Wissens aus dem Biologie-, Chemie- und (insbesondere) Physikunterricht bewußt sei. Überrascht stellte ich dann fest, daß selbst Schüler mit naturwissenschaftlichem Leistungskurs die Experimente des Unterrichts (eher) isoliert und nicht (ohne weiteres) als Teil eines methodisch klar strukturierten Verfahrens sehen. Es muß also die Methodik der experimentellen Wissenschaften durchaus erarbeitet werden.

Verschiedene mir bekannte Unterrichtsmodelle gehen an dieser Stelle von einem (berühmten) Beispiel naturwissenschaftlicher Forschung aus, etwa Galileis Entdeckung der Fallgesetze. Durch Lehrervortrag oder Textvorlage werden die einzelnen Schritte des Forschungsvorgangs dargelegt; zugleich bzw. anschließend werden die konkreten Forschungsschritte ins Allgemeine gewendet, so daß man daraus das Schema naturwissenschaftlicher Methodik gewinnt. Gegen dieses Vorgehen ist nichts einzuwenden, außer daß es für die Schüler lustvoller, wenn auch nicht in jedem Fall effizienter ist, statt durch Rezeption durch eigenes Entdecken zu lernen. Nun ist es, von der Effizienz abgesehen, auch aus einigen anderen Gründen im Schulunterricht oft nicht möglich oder angebracht, „entdeckendes Lernen" zu organisieren. Aber hier, wo es thematisch um das wissenschaftliche Entdecken geht, erscheint didaktisch doch der Versuch anziehend, die Schüler selbst in die Rolle des Forschers zu rücken und sie in Überlegungen zum „eigenen Forschungsprojekt" die Schritte vollziehen zu lassen, die die Methode der Naturwissenschaften bzw. der experimentellen Wissenschaften ausmachen.

Der Versuch kann nur gelingen, wenn für die Schüler eine „Forschungsaufgabe" gefunden wird, die keine besondere Qualifikation verlangt und doch anspruchsvoll und interessant ist. Den naturwissenschaftlichen Bereich (im engeren Sinne) hielt ich unter dieser Prämisse für nicht geeignet. Die Aufgabe, die ich ausgesucht habe, gehört in den Bereich der Psychologie und betrifft die Aggressionsforschung. Wenn die Schüler „ihr Forschungsprojekt" in Gruppenarbeit entworfen und dann im Plenum vorgestellt haben, ist aber doch wieder der Lehrer gefordert. Ich habe die Doppelstunde mehrfach „ausprobiert", und es hat sich gezeigt, daß die Schüler zwar mit Eifer die Rolle des Forschers übernehmen, daß aber „ihr Forschungsvorhaben" eher fragmentarisch bleibt als in allen Teilen methodisch stringent aufgebaut ist. Der Lehrervortrag am Ende hat die Aufgabe, das aufzugreifen, was die Schüler selbständig geleistet haben, und durch Ergänzungen, Präzisierungen und vor allem Erläuterungen die Methodik der empirischen Wissenschaften umfassend darzustellen.

B Ziele dieser Doppelstunde

Die Schüler
- werden durch eine konkrete – im Photo dokumentierte – aggressive Handlung auf die Frage nach der Herkunft oder Entstehung von Aggression aufmerksam;
- lernen drei verschiedene Aggressionstheorien kennen;
- entwerfen in Gruppenarbeit Projekte, die die unterschiedliche Ausprägung von Aggression bei Kindern erforschen wollen, und „entdecken" dabei von selbst (implizit) die Methodik empirischer Forschung;
- erkennen beim Vergleich der Projekte, daß
    a) die Forschungshypothesen und die Experimente verschieden sind,
    b) die Form des Vorgehens gleich ist;
- begreifen mit Hilfe eines Lehrervortrags und Schaubildes die Komplexität der Methodik empirischer Forschung.

C Stundenverlauf

Phase 1: Die Schüler betrachten ein Photo (Mat. 8). Es zeigt drei Jungen (zwei Jungen und ein Mädchen?) auf einem Abenteuerspielplatz. Zwei der Jungen sind ungefähr gleich alt. Einer der beiden Jungen steht und holt mit einem Stock zum Schlag aus; der andere Junge hockt am Boden und hält den linken Arm schützend vor seinen Körper, um den Schlag abzuwehren. Der dritte Junge (das Mädchen?) ist jünger, er scheint an der Kampfszene nicht beteiligt zu sein. Die Bildbetrachtung verläuft in drei Schritten: Zunächst äußern die Schüler ihre spontanen Bildeindrücke. Danach wird die vom Photo festgehaltene Szene im Klassengespräch analysiert. Die Schüler beschreiben den Körperausdruck der Jungen und versuchen zu entscheiden, ob es sich bei der Kampfszene um Spiel oder Ernst handelt. Schließlich wird darüber nachgedacht, was den stehenden Jungen zum Angriff veranlaßt haben könnte. Hierbei sollte deutlich werden, daß die genannten Gründe (zum Teil) nur die nächste Ursache (= das Motiv) der aggressiven Handlung ergeben, aber die Aggressivität selbst nicht erklären können.

Phase 2: Der Lehrer unterstreicht, daß die Kampfszene zwischen den Jungen die grundsätzliche Frage nach der Herkunft von Aggression aufwirft: Warum sind wir in bestimmten Situationen überhaupt fähig und bereit, aggressiv zu handeln? Woher kommt unser aggressives Potential, das von Fall zu Fall in die Tat umgesetzt wird? Dann kündigt der Lehrer an, daß in Gruppenarbeit drei Projekte zur Erforschung der Herkunft von Aggression entworfen werden sollen. Nähere Angaben zum Inhalt macht er noch nicht. Die drei Gruppen werden nach Sympathie gebildet („Wer will mit wem zusammen?"), da dies die Effizienz der Arbeit fördert. Anschließend weist der Lehrer jeder Gruppe ihren Text (Mat. 9/I–III) zu und erklärt die organisatorischen Bedingungen der Gruppenarbeit. Ihre Aufgaben finden die Gruppen auf dem Arbeitsblatt 2.

Phase 3: Die Gruppenarbeit gliedert sich – der Aufgabenstellung entsprechend – in vier Schritte: Textlektüre – Besprechen des Textes – Planung des „Forschungsprojekts" – schematische Darstellung des geplanten „Projekts" auf Folie. Der Lehrer betreut die Gruppen in der üblichen Weise: er beobachtet ihre Arbeit und greift bei Bedarf mit Hinweisen und Ratschlägen ein, oder er gibt Antwort, wenn die Gruppen Fragen haben.

Phase 4: Die Gruppensprecher stellen nacheinander die ihrer Gruppe zugedachte Theorie vor und erläutern den von ihrer Gruppe geplanten Verlauf des „Forschungsvorhabens". Die schematischen Darstellungen, auf die sich die Gruppensprecher beziehen, werden mit dem Overhead-Projektor gezeigt.

Phase 5: Im Klassengespräch werden die drei vorgestellten „Forschungsvorhaben" miteinander verglichen. Unterschiede sind bei den Hypothesen und den Experimenten festzustellen. Sie können damit erklärt werden, daß die Gruppen aufgrund der ihnen zugewiesenen Theorien für ihr „Forschungsvorhaben" einen verschiedenen Verständnishorizont und ein verschiedenes Erkenntnisinteresse hatten. (Den Fachbegriff „Erkenntnisinteresse" braucht der Lehrer an dieser Stelle freilich noch nicht einzuführen; er wird eigens in der nächsten Stunde thematisiert). Dagegen müßten die „Forschungsvorhaben" eine gemeinsame methodische Grundstruktur haben: Der Anspruch, ein Objekt unter kontrollierten Bedingungen wissenschaftlich exakt zu messen, erzwingt eine bestimmte Form des Vorgehens, die nicht verändert werden kann, ohne die Sache zu verfehlen. Es versteht sich, daß die Aussagekraft des Vergleichs wesentlich davon abhängt, wie „gut" die Gruppen gearbeitet haben. Für den Fall, daß die Gruppen mit ihrer Aufgabe nicht ganz zurecht gekommen sind – und das ist bei dieser Art entdeckenden Lernens durchaus möglich –, muß der Lehrer im abschließenden Vortrag das verdeutlichen, was als Erkenntnis aus dem Vergleich hätte gewonnen werden sollen. Davon abgesehen hat der abschließende Vortrag aber hier die Aufgabe, das bis dahin erarbeitete Wissen zu ordnen und zu präzisieren, d. h. die „Methodik der empirischen Wissenschaften" in einem Schema übersichtlich und in allen Teilen stimmig darzustellen. Das Schema kann der Lehrer entweder an der Tafel oder auf Folie entwerfen. Er kann für seinen Vortrag auch das fertige Folienbild benützen, das er Schritt für Schritt aufdeckt.

9. Stunde:
Begrenzte Erkenntnis der Naturwissenschaften

A Methodisch-didaktische Vorbemerkungen

Das unreflektierte Bewußtsein hält die Erkenntnisse der Naturwissenschaften für schlechterdings objektiv. Es erscheint ihm so, daß hier die Wirklichkeit, wie sie an sich ist, erfaßt wird.
Auch die Schüler haben, von Ausnahmen abgesehen, an diesem Bewußtsein teil. Daher ist es wichtig, ihnen die *Subjektivität* der Naturwissenschaft klar zu machen. Sie sollen begreifen, daß menschliches

Denken und Handeln der Bestimmungsgrund der naturwissenschaftlichen Erkenntnis sind. Was dem Forscher von der Wirklichkeit erscheint und wie es ihm erscheint, hängt von seinen Fragestellungen, Prämissen, Instrumenten und Experimenten ab.

Didaktisch setzt die Stunde so an, daß zunächst die Aspekthaftigkeit (subjektive Begrenztheit) jeder Erkenntnis verdeutlicht wird. Die Schüler erhalten die kreative Aufgabe, mit Blick auf eine Wasserlandschaft sich in die Sichtweisen eines Anglers, Biologen, Dichters und Theologien zu versetzen. Im anschließenden Gespräch werden die Unterschiede der Gedanken und Gefühle reflektiert und zu erklären versucht. Der Sache nach führt das Gespräch auf den Begriff des „Erkenntnis-Interesses". Da den Schülern dieser Begriff aber nicht geläufig ist, muß ihn der Lehrer (mit Bezug auf J. Habermas und dessen Definition) einführen.

Nach dieser „Vorübung" sind die Schüler darauf vorbereitet, sich mit dem „objektivistischen Schein" (Habermas) der Naturwissenschaften auseinanderzusetzen. Die wesentlichen Informationen erarbeiten sie sich selbständig und einzeln anhand eines anschaulichen, leicht faßlichen Textes von H.-P. Dürr. Insbesondere die berühmte Eddingtonsche Parabel vom Ichthyologen, die Dürr in seinem Text aufgreift, ist für die Schüler sehr einprägsam und verständnisfördernd.

B Ziele dieser Stunde

Die Schüler
- machen sich (anhand eines konkreten Beispiels) die Aspekthaftigkeit menschlichen Erkennens bewußt;
- lernen den Begriff „Erkenntnisinteresse" kennen und können ihn anwenden;
- erkennen allgemein, daß auch die Erkenntnis der Naturwissenschaft(en) – trotz des Anspruchs auf Objektivität – subjektiv begrenzt ist;
- begreifen in den Grundzügen, wie die Naturwissenschaft das Objekt ihrer Erkenntnis definiert und auf welche Weise (= mit welchen Methoden und Instrumenten) sie es erkennt;
- verstehen, daß die Naturwissenschaft
  a) nicht das „Was" (= das Wesen), sondern das „Wie" (= die Maßstruktur) der Wirklichkeit,
  b) nicht die „eigentliche" Wirklichkeit, sondern ein „projektives Abbild" der „eigentlichen" Wirklichkeit erfaßt.

C Stundenverlauf

Phase 1: Die Schüler betrachten das Photo eines Sees (Mat. 10) und äußern ihre Bildeindrücke. In den spontanen Äußerungen kommen verschiedene Sichtweisen zur Sprache. Hierauf nimmt der Lehrer Bezug, um zur schriftlichen Einzelarbeit hinzuleiten: Er bemerkt etwa: „Alle haben dasselbe Bild einer Wirklichkeit vor Augen, aber die Wahrnehmung ist unterschiedlich. Dieses Phänomen soll näher untersucht werden. Dazu dient die Fiktion, daß sich ein Angler, ein Biologe, ein Dichter und ein Theologe an diesem Gewässer aufhalten."

Die Schüler erhalten das Arbeitsblatt 3. In der Mitte ist die Wasserlandschaft des Photos skizziert. Drumherum sind die genannten Personen dargestellt. Sie haben alle eine „Denkblase". Die Aufgabe der Schüler ist es, darin die möglichen Gedanken und Gefühle jeder Person stichwortartig zu notieren.

Die Ergebnisse werden so gesammelt, daß der Lehrer an die Tafel vier Denkblasen malt und die Stichwörter der Schüler ein-

Beziehung der „naturwissenschaftlichen" Wirklichkeit zur „eigentlichen" Wirklichkeit

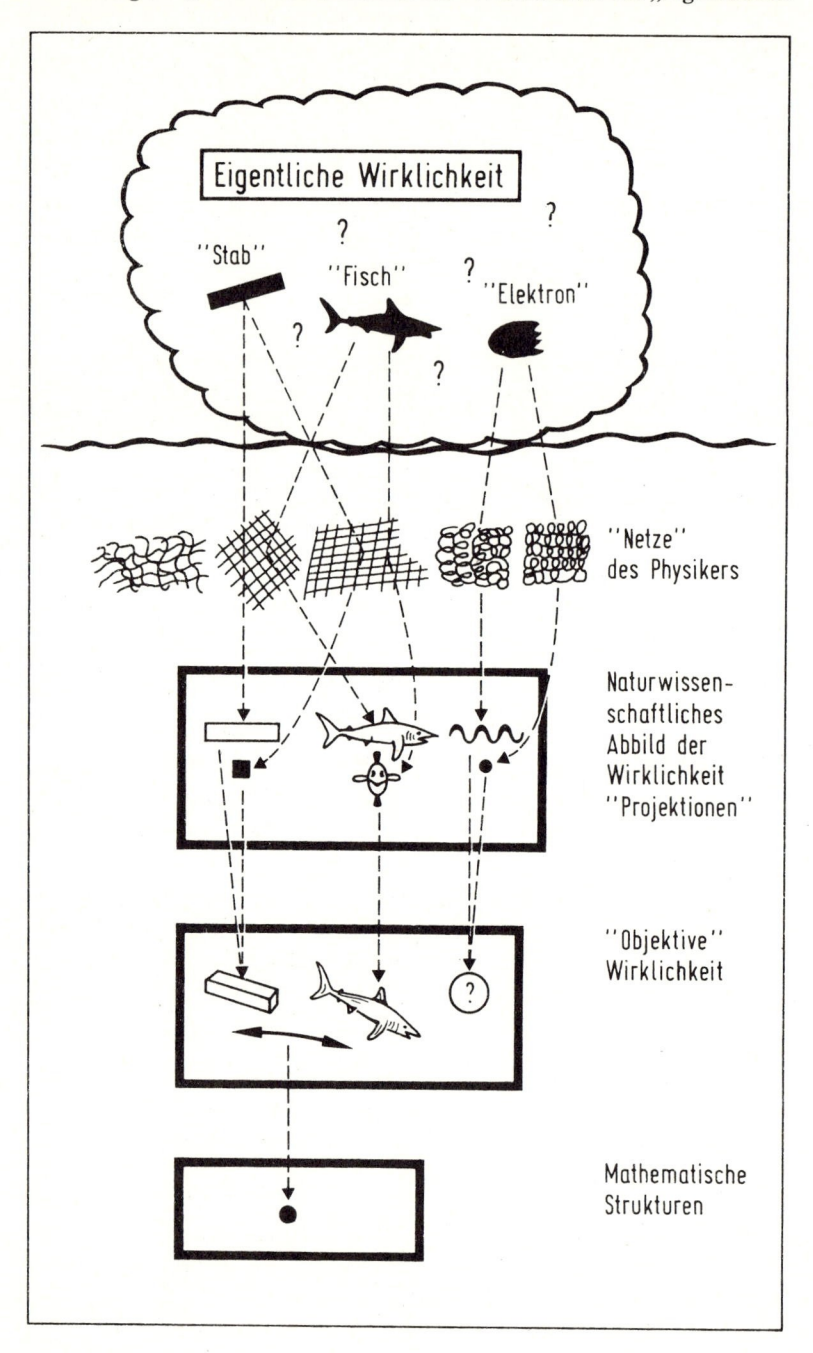

Aus: Hans-Peter Dürr, Das Netz des Physikers. © 1988 Carl Hanser Verlag München – Wien

trägt. Anschließend werden im Gespräch die Unterschiede des Denkens und Fühlens festzustellen und zu erklären versucht. Dies dürfte den Schülern nicht ganz leicht fallen, weil ihnen die hierzu nötigen Kategorien und Begriffe nicht gerade geläufig sind. Mit Umschreibungen werden sie den Sachverhalt aber doch zureichend erfassen. Der Lehrer führt dann einen Begriff ein, der besonders aussagekräftig und einprägsam ist: den Begriff des „Erkenntnisinteresses". In einem kurzen Vortrag erklärt er die Implikationen dieses Begriffs, der von Jürgen Habermas stammt (vgl. seine Frankfurter Antrittsvorlesung „Erkenntnis und Interesse", 1965):

Erkenntnis vollzieht sich immer innerhalb eines „subjektiven" Bezugssystems, das gebildet wird durch Faktoren wie Lebenserfahrungen, Beruf, politische Einstellung, Bildung und Wissen, Weltanschauung ... Das Bezugssystem bestimmt die Interessen der Erkenntnis („erkenntnisleitende Interessen"). Von den jeweiligen Interessen hängt ab, *wie* auf die Wirklichkeit (das Zu-Erkennende) zugegangen (Methode) und unter welchen Aspekten sie betrachtet und erkannt wird (Erkenntnisinhalt).

Phase 2: Der Lehrer setzt seinen Vortrag fort und lenkt dabei den Blick auf die Naturwissenschaften:

Ihr Anspruch, die Natur objektiv, d. h. frei von subjektiver Determination, zu erkennen, erweist sich vom Begriff des „Erkenntnisinteresses" her als „objektivistischer Schein" (Habermas).

Der Lehrer kündigt an, daß der „objektivistische Schein" der Naturwissenschaften anhand eines Textes von H.-P. Dürr näher erarbeitet werden soll. Mit einigen Informationen über H.-P. Dürr schließt er seinen Vortrag ab.

Hans-Peter Dürr, geb. 1929 in Stuttgart, Kernphysiker. Schüler Werner Tellers (des „Vaters" der Wasserstoffbombe), langjähriger Mitarbeiter Werner Heisenbergs (des Mitentdeckers der Quantenmechanik). Direktor des Werner-Heisenberg-Instituts am Max-Planck-Institut für Physik und Astrophysik in München. 1987 mit dem Alternativen Nobelpreis ausgezeichnet.

Der Text („Naturwissenschaft und Wirklichkeit", Mat. 11) wird laut vorgelesen. Bei der folgenden Textanalyse beantworten die Schüler in Einzelarbeit vier Fragen. Die Ergebnisse werden in Stichworten an der Tafel gesammelt.

Phase 3: Die komplexen Arbeitsergebnisse haben die (meisten) Schüler – erfahrungsgemäß – noch nicht völlig begriffen; manches ist nicht klar genug erfaßt oder erst oberflächlich verstanden. Hier kann durch eine graphische Veranschaulichung die nötige Einsicht erreicht werden. Daher projiziert der Lehrer mit Folie ein von Dürr entworfenes Schaubild (siehe Seite 38) und erläutert es. Oder er läßt das Schaubild von einem Schüler erklären, der sich das zutraut, und gibt selbst nur ergänzende bzw. verdeutlichende Hinweise, soweit sie nötig sind. Didaktisch gesehen dürfte dieser zweite Weg der bessere sein.

10. Stunde:
Freiheit der Forschung?

A Methodisch-didaktische Vorbemerkungen

„Freiheit der Forschung" zählt zu den großen Idealen der westlichen Welt. Als Idee und Anspruch wird sie traditionell damit begründet, daß die Forschung sich selbst

Zweck sei und als reine Theorie nichts anderes tue, als das Wissen zu mehren. Die Hochschätzung der Forschungsfreiheit hängt freilich weniger von diesem Gedanken als vielmehr von der praktischen Wirkung des freien Forschens ab. Damit ist ein Widerspruch angezeigt. Dem freien Forschen verdankt die westliche Welt ihre Sonderstellung in der Menschheit, aber da diese Sonderstellung wesentlich materieller und speziell technischer Natur ist, wird hier gerade offenkundig, wie die Forschung entgegen ihrem Anspruch, sich selbst Zweck zu sein, für die Zwecke des Handelns nutzbar gemacht wird. Das Forschen, das frei sein will, kann sich der Praxis nicht entziehen und ist daher – nur bedingt frei. Die bedingte Freiheit der Forschung hat heute natürlich eine ganz andere Brisanz als etwa noch zu Bacons Zeiten, als der Kenntnisstand der Wissenschaften die praktische Anwendung des erforschten Wissens von selbst im Rahmen hielt. Gewiß gibt es auch heute Wissenschaften oder Wissenschaftsbereiche, die praktisch (fast) bedeutungslos und die daher frei (im Sinne äußerer Zwecklosigkeit) sind. Aber bei den Naturwissenschaften ist in so gut wie jedem Zweig die Verschmelzung von Theorie (= erforschtem Wissen) und Praxis (= Ökonomie; Technik) in einem Maß fortgeschritten, daß sich kaum eine theoretische Leistung denken läßt, die nicht praktisch benützt wird – und umgekehrt: daß fast jede theoretische Leistung ihrerseits mit Hilfe einer fortgeschrittenen Technik und dank finanzieller Förderung von außen (öffentliche Hand; Industrie) zustande kommt. Die tiefgreifende Verwicklung der Forschung in das gesellschaftliche Handeln nimmt sie ethisch in die Pflicht. Da die praktischen Auswirkungen wissenschaftlicher Erkenntnis immer die Rechte anderer betreffen, steht der Forscher in seinem Tun nicht jenseits von Gut und Böse, sondern er muß es von den möglichen sozialen Folgen her ethisch beurteilen und entsprechend ausrichten.

Der Vordenker solcher Überlegungen, die an die Stelle der vermeintlichen „Unschuld" der Wissenschaft das „Prinzip Verantwortung" setzen, ist der Philosoph Hans Jonas. Ursprünglich auf die Erforschung der spätantiken Religions- und Geistesgeschichte ausgerichtet, konzentriert sich sein Denken seit der Mitte der 50er Jahre zunehmend auf philosophische Fragen im Zusammenhang von Forschung und Technik. Der Text von H. Jonas, der in dieser Stunde gelesen und analysiert wird, zeichnet sich trotz seines Reflexionsniveaus durch eine auch für Schüler akzeptable Verständlichkeit aus. Er stammt aus der redigierten Fassung eines Vortrags, den der Autor an der Hochschule in St. Gallen gehalten hat.

In ihrem Aufbau ist diese Stunde ähnlich der vorhergehenden. Vor der Erarbeitung der thematischen Hauptgedanken wird die Sache vom Bewußtseinsstand der Schüler her aufgerissen und verdeutlicht. Dieses Mal dient ein zupackendes Zitat des berühmten Biochemikers (und Fortschrittskritikers) Erwin Chargaff als Impuls. Nach der Textanalyse, die hier in Partnerarbeit erfolgt, werden die Ergebnisse ebenfalls durch eine schaubildartige Darstellung visualisiert und einem komplexeren Verständnis zugänglich gemacht. Allerdings schließt sich in dieser Stunde dann noch eine Diskussion des erarbeiteten Inhalts an, da dies seine existentielle Bedeutung für das Leben der Schüler erfordert.

B Ziele dieser Stunde

Die Schüler
– lernen das „Dogma" von der Freiheit der Forschung kennen;

– werden befähigt, dieses „Dogma" zu kritisieren, indem sie
  a) seine bloß „territoriale" – auf die Wissenschaft als reine Theorie beschränkte – Gültigkeit begreifen,
  b) die faktische Gestalt heutiger Forschung als Verschmelzung von Theorie und Praxis erkennen;
– sehen ein, daß die Praxisbestimmtheit und Praxiswirkung des wissenschaftlichen Fortschritts eine „Verantwortungsethik" erfordert;
– bilden sich eine Meinung darüber, inwieweit der Fortgang der Forschung ethisch gesteuert werden kann.

C Unterrichtsverlauf

Phase 1: Der Lehrer (oder ein Schüler) liest einen Text von Erwin Chargaff (Mat. 12) vor, in dem pointiert-polemisch die Gewissenlosigkeit und Abhängigkeit des Forschers bloßgestellt wird. (Es handelt sich bei dem Text um einen kleinen Auszug aus dem Essay „Aufforderung an die Bäume, nicht in den Himmel zu wachsen".)

Erwin Chargaff, geb. 1905, seit 1952 Professor der Biochemie und von 1970 bis zu seiner Emeritierung Direktor des Biochemischen Instituts der Columbia University, New York, gehört zu den namhaftesten Biochemikern unserer Zeit. Er war maßgeblich an der Entdeckung und Entschlüsselung der Erbsubstanz DNA beteiligt und hat über dreihundert Arbeiten meist wissenschaftlichen, aber auch allgemeinen Inhalts veröffentlicht. Er erhielt zahlreiche wissenschaftliche Auszeichnungen, so 1975 die National Medal of Science, die höchste wissenschaftliche Auszeichnung der USA. Zugleich ist Chargaff einer der schärfsten – und kompetentesten – Kritiker des wissenschaftlich-technischen Fortschritts. Von ihm stammt der Satz: „Es scheint ein Fluch der Gegenwart zu sein, daß fast jeder Edelstein der Wissenschaft ein Grabstein der Menschheit wird."

Die Schüler nennen ihre spontanen Gedanken zum Text, dann wird im Klassengespräch über die Aussagen des Textes nachgedacht.

Phase 2: Der Lehrer stellt den bisherigen Überlegungen, die die Unfreiheit des (naturwissenschaftlichen) Forschers betrafen, das „Dogma" von der Freiheit der Forschung gegenüber (zum Inhalt s. die methodisch-didaktischen Vorbemerkungen). Anschließend informiert er über Hans Jonas, der sich von philosophischer Seite aus mit diesem „Dogma" und seinen Konsequenzen auseinandergesetzt hat.

Hans Jonas, geb. 1903 in Mönchengladbach, gest. 1993 in New York, Philosoph und Religionswissenschaftler. Im Nachruf des „Spiegel" (6/1993) heißt es: „Verantwortung ist dringender nötig als Hoffnung – für diesen einfachen Begriffsabschnitt wird er am längsten in Erinnerung bleiben. Es war eine bewußt scharfe Antwort, eine kategorische Absage an den Utopisten Ernst Bloch und sein ‚Prinzip Hoffnung', als Hans Jonas 1979 seinem Hauptwerk den Titel ‚Das Prinzip Verantwortung' gab. So plakativ, wie er persönlich nie aufgetreten wäre, legte der jüdische Denker darin Widerspruch ein gegen alle philosophischen Fortschrittsträume, Heilserwartungen und Projekte vom neuen Menschen [...]
Über die Rolle des mahnenden Propheten [...] wußte er wissenschaftlich nur allzugut Bescheid: Lange hatte der Schüler Rudolf Bultmanns und Martin Heideggers als Religionsphilosoph geforscht, hatte sich mit einer Studie über ‚Augustin und das paulinische Freiheitsproblem' (1930) und dem Standardwerk ‚Gnosis und spät-

antiker Geist' unter Kollegen einen guten Ruf als Fachmann für die Ideengeschichte des Altertums erworben.

Vom Gnosis-Werk erschien 1934 nur der erste Band – bald nach der Machtergreifung durch die Nationalsozialisten hatte Jonas erkannt, daß er emigrieren mußte. Das stille Gelehrtenleben, das er angestrebt hatte, wurde immer wieder schmerzlich unterbrochen: Jonas floh nach Palästina, diente während des Zweiten Weltkriegs als britischer Soldat und mußte erfahren, daß seine Mutter im Konzentrationslager Auschwitz ermordet worden war.

Lange wirkten die Greuel des Krieges in ihm nach. Und 1954, als Jonas, inzwischen Dozent in Ottawa, endlich den zweiten Gnosis-Band abschließen konnte, stand sein Entschluß fest, das menschliche Denken fortan nicht mehr nur historisch zu untersuchen [...] Als Professor an der New School for Social Research in New York begann Jonas an einer Seinslehre zu arbeiten, die dem Machbarkeitswahn seine Grenzen zeigen sollte.

Es war nur konsequent, daß der Schlußstrich dieses Unternehmens eine Ethik für das technische Zeitalter wurde. Doch auch der bescheidene Jonas selbst war überrascht, als das ‚Prinzip Verantwortung' – nach Jahrzehnten das erste Buch, das er wieder auf deutsch schrieb, weil es ihm so leichter fiel – ihn schlagartig weltberühmt machte, lange nachdem sein akademisches Lehrerdasein beendet war. Sein Appell zu verzichten, ‚dem galoppierenden Vorwärts' Zügel anzulegen, da sonst ‚die Natur es auf ihre schrecklich härtere Weise tun' würde, sei schließlich ‚nicht mehr als kluge Vorsicht, gepaart mit schlichtem Anstand gegen unsere Nachkommen' [...]"

Nach der Lektüre des Jonas-Textes „Freiheit der Forschung?" (Mat. 13) erhalten die Schüler einen zweiteiligen Arbeitsauftrag, der das Verstehen schrittweise entfalten will: In Partnerarbeit sollen sie zuerst die Schlüsselbegriffe und die Kernsätze des Textes unterstreichen und dann Fragen zum Text (stichwortartig) beantworten. Um die Ergebnisse zu sammeln und zu sichern, entwirft der Lehrer an der Tafel ein Grundschema und läßt sich für die Rubriken die zugehörigen Begriffe, Stichwörter und Sätze nennen.

Phase 3: Die erarbeiteten (und im Tafelanschrieb „gesicherten") Gedanken werden dadurch vertieft und weitergeführt, daß im Unterrichtsgespräch die Notwendigkeit und die Möglichkeit der von Jonas geforderten Verantwortungsethik erörtert wird. Wahrscheinlich betonen die Schüler einhellig und entschieden die Wichtigkeit ethischer Verantwortung im wissenschaftlich-technischen Fortschritt, aber zugleich bezweifeln sie ebenso einhellig und entschieden die Einflußchance der Ethik. Da die skeptisch-pessimistische Beurteilung der Schüler „realistisch" ist, kann sie der Lehrer nicht leicht in Frage stellen; aber er sollte doch eine zuversichtliche Perspektive aufzeigen, indem er Wege und Instrumente ethischer Einflußnahme (z. B. Ethikkommission; Politikberatung) anspricht.

11./12. Stunde:
Zur Methodik der Geisteswissenschaften: Die Hermeneutik

A Methodisch-didaktische Vorbemerkungen

Trotz Deutschunterricht hält sich bei den Schülern hartnäckig das Vorurteil, daß das Verstehen von Texten, jedenfalls dann, wenn es sich um Dichtung handelt, ein recht willkürlicher Vorgang sei. „Das kann man auch anders interpretieren", ist oft zu hören, und gemeint ist damit, daß der Standpunkt und die Vorstellungskraft des Lesers jeweils bedinge, wie ein Text verstanden werde. Auch im Religionsunterricht begegnet es dem Lehrer immer wieder, daß er an einem biblischen Text durch eine methodisch entwickelte Deutung neuen Sinn aufzeigt und die Schüler ihm dann entgegenhalten, daß ihnen das doch sehr „gekünstelt" vorkomme.

Angesichts dieser Erfahrungen ist es gewiß nicht verfehlt, hier – im thematisch passenden Zusammenhang – einmal mehr zu versuchen, den Schülern das reflektierte Verstehen von (literarischen) Texten (wie überhaupt das Verstehen „kunstvoller" Geistesäußerungen) als einen dialogisch-systematischen Prozeß zu verdeutlichen.

Die Beschäftigung mit der Hermeneutik ist aber auch für eine spätere Teilsequenz (19./21. Std.) von Bedeutung. Dort soll die Theologie als Wissenschaft des Glaubens am Beispiel der christlichen Ethik behandelt werden, und dabei wird es dann wichtig sein, angesichts einer kontroversen Bibelauslegung die hermeneutischen Implikationen nachvollziehen zu können.

Didaktisch gebe ich wieder – wie in der vergleichbaren Doppelstunde zur Methodik der empirischen Wissenschaften – der Form des entdeckenden Lernens den Vorzug. Die andere Möglichkeit, den Schülern das Wissen der Hermeneutik (als Theorie und vor allem Methode des Verstehens) durch wissenschaftlich-sachliche Texte (z. B. Auszüge aus Gadamers „Wahrheit und Methode") zu vermitteln, ist hier keine Alternative. Es fehlt diesem Verfahren die Anschaulichkeit oder Konkretheit, die bei dem Thema „Hermeneutik" erst zum wirklichen Verstehen des Verstehens führt. Es ist nicht statt des entdeckenden Lernens, sondern – im Sinne einer Ergänzung – nach ihm am Platz.

Das Lernexperiment, das durch das schrittweise entwickelte Verstehen eines literarischen Textes zugleich das Verstehen des Verstehensvorgangs selbst (als eines dialogischen und methodisch strukturierten Prozesses) vermitteln soll, benützt ein Gedicht von D. Wellershoff: „Der Schütze liegt in sich gerade". Dieses Gedicht spricht die Schüler thematisch und ästhetisch unmittelbar an. Vor allem seine mehrdeutigen, befremdlichen oder gar anstößigen Stellen fordern ihr Verstehenwollen heraus. Das Verstehen gestaltet sich hier freilich nur dann zum hermeneutisch planvoll geordneten Prozeß, wenn der Lehrer die Leitung übernimmt. Andernfalls kämen die Schüler auf ihre Weise gewiß auch zu einem Verständnis, aber nicht dieses selbst, sondern die ausgeübte „Kunst" des Verstehens ist im Zusammenhang der Doppelstunde das Entscheidende.

B Ziele dieser Doppelstunde

Die Schüler
– machen sich bewußt, unter welchen Bedingungen ein Gespräch mißglückt bzw. – umgekehrt – glückt;
– erkennen, daß das Verstehen von Literatur und Kunst mit einem Gespräch vergleichbar ist;
– vollziehen am Beispiel eines Gedichts (unter Anleitung des Lehrers) den Verstehensprozeß des methodisch kontrollierten Dialogs zwischen Leser und Text;
– veranschaulichen sich den Vorgang der Gedichtinterpretation als eine kreisförmig-spiralige Bewegung, die sich (in einer Art Frage- und Antwort-Spiel zwischen Leser und Text) vom Vorverständnis des Lesers zum sachgemäßen

Verständnis des Sinnganzen entwickelt;
– kennen die Begriffe „Hermeneutik"/ „hermeneutischer Zirkel" und können sie anwenden bzw. erklären.

C Unterrichtsverlauf

Phase 1: Die Schüler hören das Lied „Herbert". Darin singt Ludwig Hirsch davon, wie ein „Ich" zu einem „Du" spricht, das „sitzengelassen" worden ist und Trost braucht. Das „Ich" hat im Grunde kein Verständnis für das „Du", es redet an ihm vorbei. Das „Du" kommt, das ist der Rede des „Ich" zu entnehmen, fast gar nicht zu Wort. Dem Hörer des Lieds erscheint es so, daß das angesprochene „Du" eine Frau ist. Die Schlußpointe besteht darin, daß das „Du" vom „Ich" als „Herbert" verabschiedet wird.

Das Lied ist u. a. auf folgender – im Handel erhältlichen – Platte bzw. CD enthalten: „Komm großer schwarzer Vogel" (Polydor). Wenn der Lehrer das Lied nicht verfügbar hat (und die Platte bzw. CD nicht kaufen will), kann er den Liedtext (Mat. 14) lesen lassen.

Es dürfte sinnvoll sein, vor dem Hören des Lieds (bzw. von der Textlektüre) den Schülern eine Kurzinformation zu L. Hirsch zu geben:

Ludwig Hirsch, geb. 1946 in der Steiermark, aufgewachsen in Wien. Graphikstudium an der Hochschule für angewandte Kunst. Seit 1973 Schauspieler in verschiedenen Ensembles (Wiener Theater in der Josefstadt; Salzburger Festspiele ...) und im Film. Seit 1977 „Macher" und Sänger eigener Lieder. 1980 Dt. Schallplattenpreis „für seine Texte voll poetischer Kraft und zynischem Biß, deren unpopuläre Mahnung sich bewußt mit einschmeichelnden Noten verkauft" (Jurybegründung).

Nach dem Hören des Lieds (bzw. nach der Textlektüre) nennen die Schüler ihre ersten Eindrücke. Dabei sprechen sie gewiß auch das Mißglücken des im Ich-Monolog vergegenwärtigten Gesprächs und das – das Geschlecht des Du betreffende – Mißverständnis des Hörers an. Diese beiden Gesichtspunkte werden dann im Klassengespräch eingehend untersucht. Außerdem setzen sich die Schüler mit der weiterführenden Frage auseinander, unter welchen Bedingungen ein Gespräch – die Verständigung zweier Menschen – glückt. Die Antworten hierauf hält der Lehrer an der Tafel (linke Spalte) fest.

Phase 2: Der Lehrer legt kurz dar, daß das Verstehen von Literatur und Kunst einer Gesprächssituation ähnlich ist:

Der Sinn eines (sprachlichen oder anderen) Kunstwerks ist nicht einfach schon da, d. h. er ist nicht einseitig im Kunstwerk enthalten, so daß er ihm nur entnommen zu werden bräuchte, sondern er bildet sich heraus im dialogischen Wechselspiel zwischen dem Sinn entwerfenden Leser, Hörer, Betrachter und dem sinnvoll zur Sprache gebrachten und in seinem Sprechen vernommenen Kunstwerk. Die Bedingungen des Verstehens, die für das Gespräch erarbeitet worden sind, gelten daher auch – mit den nötigen Abänderungen – für das Verstehen eines Textes, Bildes, einer Plastik ...

Was der Lehrer noch sehr abstrakt formuliert hat, wird nun am Beispiel des Textverstehens konkret in einigen Schritten vollzogen. Gegenstand der Interpretation ist Dieter Wellerhoffs Gedicht „Der Schütze liegt in sich gerade" (Mat. 15). Es ist für die Schüler thematisch interessant und hat den besonderen Vorzug, daß befremdliche Stellen und ein irritierender Gesamteindruck zur Auseinandersetzung im Sinne eines wechselseitigen Verstehensprozesses herausfordern. Der Lehrer protokolliert den Interpretationsverlauf an der Tafel (mittlere Spalte).

Im ersten Schritt wird das *Vorverständnis* der Schüler zum Thema des Gedichts festgestellt. Das Gedicht spricht vom Töten im Krieg und von den Kriegstoten. Entsprechend erhalten die Schüler die Aufgabe, ihre Gedanken zum Stichwort „die im Krieg Gefallenen" zu notieren.

Im zweiten Schritt begegnen die Schüler erstmals dem Gedicht. Das Gedicht wird vom Lehrer vorgelesen. Hierbei trifft das Vorverständnis auf eine Reihe von Stellen, die seinen Sinnhorizont durchbrechen oder jedenfalls sich noch nicht einfügen. Die Schüler machen sich bewußt, welche Stellen für sie *auffällig* oder *befremdlich* sind, und schreiben diese Stellen heraus.

Im dritten Schritt wird das Verstehen mit Blick auf die auffälligen oder befremdlichen Stellen des Gedichts weiterentwickelt. Die Schüler überlegen sich, ob es unter den herausgeschriebenen Stellen vielleicht eine *„Schlüsselstelle"* gibt, in der der Sinn des Ganzen gleichsam wie in einem Brennpunkt erscheint. Für dieses Gedicht läßt sich eine solche Stelle finden („die Toten liegen schön da"). Es wird dann gefragt, welche Wirkung von der Stelle ausgeht und wie sie zum Vorverständnis der Schüler paßt. Aufgrund des Verständnisses, das an der Schlüsselstelle (und den anderen auffälligen oder befremdlichen Stellen) zu gewinnen ist, sollen die Schüler schließlich versuchen, eine *Interpretationsidee* zu formulieren.

Im vierten Schritt ginge es darum, gemäß der Interpretationsidee Fragen an das Gedicht zu stellen; im fünften Schritt würde das Gedicht entsprechend der Fragen analysiert; im sechsten Schritt könnte der Verstehensentwurf (die Interpretationsidee) anhand der Analyseergebnisse präzisiert werden; im siebten Schritt ergäben sich aus der Präzisierung neue Fragen an das Gedicht, die dann – im achten Schritt – zu einer weiteren Analyse des Gedichts führten; im neunten Schritt schließlich würde das bisher Verstandene und in der Analyse Erarbeitete zusammengesehen und die Deutung des Sinnganzen gegeben. Eine solch minuziöse Entwicklung des Verstehensprozesses ist aber nicht möglich. Nicht nur sprengte sie den zeitlichen Rahmen, sondern die Schüler fragten sich auch, ob sie sich vom Religionsunterricht in den Deutschunterricht verirrt hätten. Deshalb bricht der Lehrer die Gedichtinterpretation nach dem dritten Schritt ab. Die weiteren Schritte, die folgen würden, werden im Klassengespräch noch skizziert. Schüler und Lehrer überlegen gemeinsam: Wie müßte die Verständigung zwischen uns Lesern und dem Gedicht fortgeführt werden, um von der Interpretationsidee zum Verständnis des ganzen Gedichts zu kommen? Danach veranschaulicht der Lehrer den ganzen Vorgang der Gedichtinterpretation – den tatsächlich vollzogenen und den nur noch projektierten – mit Hilfe eines Schaubilds auf Folie. Hier ist der Verstehensprozeß als kreisförmig-spiralige Bewegung dargestellt, die mit dem Vorverständnis der Leser ansetzt und mit dem Verständnis des Sinnganzen endet. Den Begriff des „hermeneutischen Zirkels" gebraucht der Lehrer an dieser Stelle noch nicht.

Phase 3: Die in drei Schritten durchgeführte (und in ihrem weiteren Verlauf skizzierte) Gedichtinterpretation war als methodisch kontrollierter Verständigungsprozeß *Hermeneutik*. Der Lehrer führt diesen Begriff jetzt ein und erklärt ihn etymologisch und in seinem wissenschaftlichen Sinn. An der Tafel (rechte Spalte) notiert er die wichtigsten Punkte.

Phase 4: Das Wissen über Hermeneutik, das die Schüler bisher gewonnen haben, wird zum Schluß der Doppelstunde durch die Lektüre und die Analyse eines Sachtextes (Mat. 16) noch erweitert und vertieft. Die Vertiefung betrifft den Begriff des „hermeneutischen Zirkels", den die Schüler zwar nicht terminologisch, aber der Sache nach bereits kennen. Erweitert wird das Wissen dadurch, daß der Gegenstandsbereich und das Erkennen der Geisteswissenschaften dem Gegenstandsbereich und dem Erkennen der Naturwissenschaften gegenübergestellt und der Unterschied beider in den wichtigsten Aspekten bestimmt wird.

Glauben/Theologie

**13. Stunde:
Glauben als Grundzug
menschlicher Existenz**

A Methodisch-didaktische
   Vorbemerkungen

Es ist den Schülern nicht ohne weiteres bewußt, aber leicht bewußt zu machen, daß Akte des Glaubens auch das gewöhnliche Dasein des Menschen tiefgreifend bestimmen. Um das Nachdenken in diese Richtung zu lenken, benützt der Lehrer folgende Behauptung als Anfangs-Impuls: „Es gibt keinen Menschen, der nicht glaubt." Von ihrem Vorverständnis her assoziieren die Schüler mit „glauben" fast immer „religiös glauben", aber die abstrakte Behauptung des Lehrers bringt sie sehr schnell dazu, nach dem hier gemeinten Sinn von „glauben" zu fragen und verschiedene Bedeutungen zu unterscheiden. Die Bedeutung „Glauben im Alltag" wird dann so konkretisiert, daß die Schüler selbständig in Gruppenarbeit die in verschiedenen Situationen bzw. Beziehungen wirksamen Glaubensformen feststellen. Diese Aufgabe lösen die Schüler nach meiner Erfahrung ohne Schwierigkeit. In der Auswertung können die festgestellten Glaubensakte im Alltag durch allgemeine Benennung (Oberbegriffe) auf wenige Grundakte zurückgeführt werden, etwa Hoffnung, Vertrauen, Überzeugung, Vermutung ...

Da der Blick auf die Alltagsformen des Glaubens erst die phänomenale Oberfläche zeigt, betrachtet der weitere Unterricht die Glaubensbestimmtheit des menschlichen Lebens im Horizont der wesentlichen Verfaßtheit des Menschen. Hierfür ist eine „didaktische Reduktion" notwendig. Die Ergründung menschlichen Glaubenkönnens und Glaubenmüssens kann den Schülern nur so zugemutet werden, daß sie auf philosophische Komplexität verzichtet und statt dessen *einen* wesentlichen Aspekt aufgreift. Aufgrund der sachlichen Wichtigkeit, aber auch wegen der Verständlichkeit und der methodischen Umsetzbarkeit konzentriere (= reduziere) ich die Thematik in diesem Teil der Stunde auf den „Transzendenzcharakter" des Menschen. Ein gewisser Bruch zum vorausgehenden Teil ist dabei allerdings kaum zu vermeiden. Das transzendente Wesen des Menschen, das – subjektiv oder anthropologisch gesehen – die Bedingung der Möglichkeit des Glaubens ist, manifestiert sich besonders augenfällig in den sogenannten „Transzendenzerfahrungen". Diese sind jedoch nicht geradewegs als Akte des Glaubens (im alltäglichen und religiösen Sinn) aufzufassen. Transzendenzerfahrungen können in den Glauben integriert sein, sei es als glaubensbegründende oder Glauben initiierende Erlebnisse, sei es als Vollzüge des Glaubens selbst, sie können aber auch in ihrer profanen Gestalt ohne direkten oder sogar indirekten Bezug zum Glauben erscheinen und völlig interessenlos sich selbst genügen.

Dem nicht eindeutigen Verhältnis der Transzendenzerfahrungen zum Glauben trage ich methodisch auf zweifache Weise Rechnung. Einerseits versuche ich keine unmittelbare Weiterführung des ersten Teils (Alltagsformen des Glaubens), sondern setze im zweiten Teil (Transzendenzcharakter des Menschen) neu an; andererseits habe ich – im Sinn einer impliziten Verknüpfung – das Beispiel für „Transzendenzerfahrung" so gewählt, daß es in der Mitte steht zwischen rein profanem und echt religiösem Erleben. Daß das Beispiel von Reinhard Mey als Lied dargeboten wird, kommt nebenher auch einer wünschenswerten Medienvielfalt zugute. Auf den Begriff gebracht wird das Thema „Transzendenzcharakter des Menschen" dann mit Hilfe eines Textes von Karl Rahner. Da die Sprache und das Reflexionsniveau des Textes die Schüler gleichermaßen fordern, wird er im Klassengespräch erarbeitet. Hier kann der Lehrer, soviel es nötig ist, eingreifen und lenken.

B Ziele dieser Stunde

Die Schüler
– machen sich an verschiedenen Beispielen bewußt, daß unser alltägliches Leben durch eine Vielzahl von Glaubensakten (im nicht- oder vorreligiösen Sinn) bestimmt ist, und können diese alltäglichen Glaubensakte durch Begriffe wie Vermutung, Vertrauen, Hoffnung ... klassifizieren;
– erkennen am Beispiel eines Liedtextes Merkmale der Transzendenzerfahrung und können, von dieser Erkenntnis ausgehend, andere Transzendenzerfahrungen benennen;
– können den Begriff „Transzendenzerfahrung" etymologisch und in seinem allgemeinen Sinn erklären;
– verstehen (ansatzweise), daß bzw. wie die Möglichkeit der Transzendenzerfahrung in der Verfaßtheit (oder dem Wesen) des Menschen gründet.

C Stundenverlauf

Phase 1: Der Lehrer schreibt als Impuls an die Tafel: „Es gibt keinen Menschen, der nicht glaubt". Die Schüler erkennen meist sofort, daß die Richtigkeit der These vom Begriff des Glaubens abhängt. Versteht man unter „glauben" „religiös glauben", dann ist die These kaum haltbar (es sei denn, man unterstellt dem Atheisten einen zwar verleugneten, aber in der Tiefe seiner Seele gleichwohl vorhandenen Gottesglauben, oder man argumentiert so, wie ein Schüler dies einmal getan hat, daß nämlich „nicht an Gott glauben" von der Art her dasselbe sei wie „an Gott glauben"). Versteht man dagegen unter „glauben" „im Alltag glauben", so ist die These natürlich völlig zutreffend.

Die Einsicht in die Alltäglichkeit des Glaubens nimmt der Lehrer zum Anlaß, um zu einer Gruppenarbeit überzuleiten. In fünf Gruppen sollen die Schüler jeweils an einem Beispiel (Schwangerschaft; Urlaub; Partnerschaft; Verkehr; Erziehung) untersuchen und benennen, auf welche Weise Glauben (im nicht-religiösen Sinn) eine Rolle spielt. Da die Aufgabe für die Gruppen nicht schwierig ist, kann die Arbeitszeit knapp bemessen werden (5–7 Minuten). Beim Sammeln der Ergebnisse notiert der Lehrer nur die genannten Glaubensakte selbst (z. B. Hoffnung, Vertrauen), nicht ihre Inhalte an der Tafel.

Phase 2: Die Schüler hören Reinhard Meys empfindungsvolles, aber gleichwohl leichtes und heiteres Lied „Auf eines bunten Vogels Schwingen" (enthalten in: Reinhard Mey, Die Zwölfte, LP, Intercord 1983, oder Reinhard Mey, Live '84, Doppel-CD, Intercord 1984). Ersatzweise kann der Lehrer auch den Liedtext (Mat. 17) lesen lassen. Mey besingt in diesem Lied die Gefühle und Gedanken eines Ich, das mit seiner Propellermaschine hoch über der Erde fliegt. Es ist unverkennbar (und wird durch ein Photo im Platten-Cover bestätigt), daß sich im „himmlischen Erleben" des lyrischen Ich die eigene Erfahrung des Autors widerspiegelt.

Nach dem Hören des Lieds (bzw. nach dem Lesen des Liedtextes) fordert der Lehrer die Schüler auf, ihre Eindrücke zu äußern. Wenigstens z.T. sprechen sie dabei bereits auch die Punkte an, die er im Unterrichtsgespräch behandeln will. Vor dem Unterrichtsgespräch kann der Lehrer noch kurz über Reinhard Mey informieren:

Reinhard Mey, geb. 1942 in Berlin, dort auch aufgewachsen. Abitur, Studium der Betriebswirtschaft. Während des Studiums erste Versuche mit eigenen Liedern in Berliner Kneipen und Folkclubs in Westdeutschland; 1964 Auftritt auf Burg Waldeck, dem bekanntesten Liedermacher-Treffpunkt der sechziger Jahre: öffentlicher Durchbruch. Abbruch des Studiums nach sechs Semestern.

Entnimmt seine Themen dem Alltag und den eigenen Lebenserfahrungen, behandelt sie teils lyrisch, teils kritisch bis hin zur Satire. Nähe seiner Lieder zu französischem Chanson und amerikanischer Folkmusik.

Falls die Schüler das Lied gehört haben, wird jetzt noch der Text gelesen. Damit erhält das Unterrichtsgespräch eine bessere Grundlage.

Im Unterrichtsgespräch werden zunächst die Vergleiche, Bilder und Gegensatzpaare, die das Erlebnis des Fliegens vom gewöhnlichen Leben absetzen, betrachtet; dann sollen die Schüler die Erfahrung des fliegenden Ich in eigenen Worten formulieren. Am Ende des Gesprächs wird ein Transfer versucht. Der Lehrer fragt nach anderen Situationen und Erlebnissen, in denen sich Menschen auf ähnliche Weise als „entgrenzt" oder „über die Wirklichkeit hinausgehoben" erfahren.

Durch die Überlegungen zum Lied(text) und den Transfer ist inhaltlich-konkret der Begriff der „Transzendenzerfahrung" erarbeitet. Als Terminus kennen die Schüler den Begriff aber (wahrscheinlich) noch nicht. Der Lehrer schreibt daher den Namen an der Tafel an und gibt eine Definition, die etymologisch ansetzt und von da aus den allgemeinen Sinn des Begriffs erklärt.

Phase 3: Die Schüler lesen den Text „Der Mensch als Wesen der Transzendenz" (Mat. 18). Karl Rahner kennzeichnet hier den Menschen durch die Spannung oder den Gegensatz von Endlichkeit und Unendlichkeit. Von diesem Ansatz her macht er dann deutlich, wodurch sich die Transzendenzerfahrung ereignet: sie entspringt der Dialektik, daß der Mensch seine Endlichkeit nicht bewußt erfahren oder denken kann, ohne zugleich die Unendlichkeit mit zu erfahren oder mit zu denken. Aus Zeitgründen, aber auch wegen der Komplexität des Textes ist es angebracht, daß er im Klassengespräch, d. h. mit Hilfe des Lehrers, analysiert wird.

14. Stunde:
Momente des religiösen Glaubens I: Gott hören/Gott begegnen (Elia)

A Methodisch-didaktische Vorbemerkungen

Diese Stunde und die nächsten vier Stunden zielen darauf ab, Grundmomente des vielgestaltigen religiösen Glaubens auf *exemplarische* Weise herauszuheben und damit begreifbar zu machen. Gewiß haben die Schüler die Glaubenserfahrungen und -äußerungen, die in den fünf Stunden zur Sprache kommen, in zahlreichen anderen Konkretionen schon oft behandelt, aber das Wesentliche oder Typische braucht ihnen deshalb nicht bewußt geworden zu sein. Jedenfalls habe ich festgestellt, daß es auch Schülern der 12. und 13. Jahrgangsstufe nicht leicht fällt, die vielen Glaubensphänomene, die sie aus biblischen oder außerbiblischen Texten kennen, nach Wesenszügen strukturiert aufzufassen und darzulegen.

Die Reihenfolge, in der die Momente des religiösen Glaubens nacheinander (in der 14.–18. Stunde) thematisiert werden, ist durch die „Logik" der Sache, d. i. durch die Struktur der Glaubenswirklichkeit, bestimmt. Die beiden ersten Momente (14. und 15./16. Stunde) betreffen den Glauben als Gotteserfahrung bzw. -begegnung. Hierbei ist die (Ent-)Äußerung Gottes oder – subjektiv gewendet – das Vernehmen der göttlichen Wirklichkeit das auslösende – dynamisierende – Moment, die Antwort des Menschen das reaktive – aber darin in die Dynamik des „Anspruchs" hineingenommene – Moment. Die beiden anderen Momente (17. und 18. Stunde) setzen die Gotteserfahrung voraus. Sie betreffen den „ausgeübten" Glauben, der – direkt – aus der eigenen Gottesbegegnung erwächst oder – indirekt – durch das tradierte Zeugnis (heils-)geschichtlicher Gottesbegegnungen vermittelt ist. Konkret handelt es sich bei dem dritten und vierten Moment um den Glauben als konsequente Lebenspraxis und um den Glauben als Bekenntnis im Gebet.

Für diese 14. Stunde habe ich mit Bedacht Elias Gottesbegegnung am Horeb als Beispiel genommen. Sie fügt sich nämlich nur teilweise in das gängige Bild von einer Gottesbegegnung und fordert dadurch zu einem differenzierteren Verständnis auf. Das gängige Bild ist besonders geprägt durch die Erzählungen von den Gottesbegegnungen des Mose (Ex 3; 19). Mit diesen stimmt die Erzählung in 1 Kg 19,9–16 durchaus zusammen, soweit auf den Ort (Wüste) und die seelische Verfassung des Protagonisten (Erschöpfung, Angst, Unsicherheit, Zweifel ...) gesehen wird. Aber die Erscheinung Gottes ist genau gegenbildlich. Gott begegnet Elia nicht in auffälligen oder gar gewaltigen Naturereignissen, sondern im Unscheinbaren, kaum Merklichen: dem „Flüstern eines leisen Wehens". Das Gegenbildliche ist um so deutlicher, als Erdbeben und Feuer, die in Ex 3 bzw. 19 die Gegenwart Gottes zeigen, in der Elia-Erzählung zwar auch auftreten, aber jedes Mal bemerkt wird: „Doch Jahwe war nicht darin." Außer der „atypischen" Gotteserscheinung, die auf das Unberechenbare der Manifestation Gottes weist, ist noch ein zweites Merkmal der Elia-Erzählung (1 Kg 19, 9–16) beachtenswert. Recht besehen wird nicht nur eine Gottesbegegnung dargestellt, sondern es sind zwei Gottesbegegnungen, die parallel verlaufen. Insofern in der ersten Begegnung Gott nur spricht, ohne sich zu zeigen, ist die zweite Begegnung, in der Gott im Flüstern „eines leisen Wehens" erscheint, die Steigerung oder Überbietung der ersten. Dies kann (wieder im Unterschied zur gängigen Vorstellung) als Hinweis darauf gelesen werden, daß Gottesbegegnung und -erfahrung gelegentlich gewiß auch ictu – auf einen Schlag – sich ereignet, aber sonst sich doch eher im Prozeß (der sogar Jahre oder Jahrzehnte dauern kann) vollzieht.

Um die Schüler zu motivieren und für den Bibeltext zu sensibilisieren, beginne ich die Stunde mit einem zeitgenössischen Gedicht von Reiner Kunze. Das Gedicht „Zuflucht noch hinter der Zuflucht" wirkt zunächst „dunkel", aber dann sind seine Bilder für die Phantasie doch sehr anregend, und wenn mit Hilfe des Lehrers die richtigen Fragen gestellt werden, erschließt es sehr viel von dem, was für eine „Gottesbegegnung" charakteristisch ist.

B Ziele dieser Stunde

Die Schüler
– machen sich anhand eines zeitgenössischen Gedichts erste Gedanken über
   a) die Umstände (Ort; seelische Verfaßtheit) einer Gottesbegegnung,
   b) das Problem des Sprechens Gottes / des Hörens Gottes;
– kennen die Situation, in der sich Elias Gottesbegegnung am Horeb ereignet;
– erfassen die kennzeichnenden Merkmale von Elias Gottesbegegnung, insbesondere ihren „Prozeßcharakter" und ihre „Unscheinbarkeit";
– erkennen, daß Elias Gottesbegegnung im Unscheinbaren mit der „naturgewaltigen" Gottesbegegnung des Mose (am selben Berg) kontrastiert;
– begreifen (gerade mit Blick auf den Gegensatz der beiden Gottesbegegnungen), daß
   a) Gottes Manifestationen nicht festgelegt und daher nicht berechenbar sind,
   b) die Manifestationen Gottes wegen ihrer „Beliebigkeit" interpretierbar und auch bestreitbar sind.

C Stundenverlauf

Phase 1: Der Lehrer liest Reiner Kunzes Gedicht „Zuflucht noch hinter der Zuflucht" (Mat. 19) vor.

Reiner Kunze, geb. 1933 in Oelsnitz (Erzgebirge), studierte Philosophie und Journalistik an der Universität Leipzig und wurde namentlich durch seine Lyrik einer der bekanntesten Schriftsteller der DDR. In der DDR selbst galt er als staatsgefährdend und wurde von der Stasi überwacht. 1977 siedelte er zusammen mit seiner Frau und seiner Tochter in die BRD über. Heute lebt er in Niederbayern. Kunze erhielt zahlreiche Preise. 1988/89 hatte er Gastdozenturen für Poetik an den Universitäten München und Würzburg.

Der Inhalt des Gedichts wirkt bekannt und doch seltsam fremd. Kunze greift Motive der biblischen Darstellung von Gottesbegegnungen auf, aber er verwandelt sie in eine neue Gestalt. Der einsame Ort, der im biblischen Kontext frei in der Wüste (Ebene oder Gebirge) liegt, erscheint bei ihm als abgeschiedenes verlassenes Gehöft. Und das Rufen oder Sprechen Gottes, das in seiner Art und Weise biblisch unbestimmt bleibt (vgl. z. B. Ex 3,4ff.; 19,21ff.; 34,6f.), wird von ihm in das Bild des Telefonierens gefaßt. Dieses Bild, das mit der naiven Vorstellung spielt, Gott rede mit hörbarer Stimme zu den Menschen, hat freilich keinen Bestand. Es wird in den letzten beiden Versen durchbrochen: Gottes Sprache ist nun ein vieldeutiger, auch gott-los aufzufassender Naturvorgang; sie „wächst grün durch alle Fenster".

Das Gedicht wird im Unterrichtsgespräch gedeutet. Der Lehrer lenkt durch seine Fragen den Blick auf wichtige Punkte; er formuliert aber möglichst offen, damit die Schüler in ihrem Verständnis nicht von vornherein festgelegt sind.

Phase 2: Der Lehrer trägt vor, daß nun durch ein Beispiel aus dem Elia-Zyklus eine biblische Gottesbegegnung untersucht werden soll. Er macht einige Angaben zu Elias „Biographie" und erklärt, in welcher Situation Gott Elia begegnet:

Elia („Jahwe ist Gott") aus Gisbi in Gilead lebte im 9. Jahrhundert im Nordreich Israel. Unter König Ahab trat er als Prophet und Retter der Jahwe-Religion auf; diese war aufs höchste durch Ahabs Frau Izebel gefährdet, die den Baals-Kult mit aller Macht durchsetzen wollte.
Elia muß, um sein Leben zu retten, immer

wieder vor Ahabs und Izebels Nachstellung fliehen. Eine Flucht führt ihn in die Sinai-Wüste bis zum Berg Horeb. Dort begegnet ihm Gott.

Nach dem Lehrervortrag wird der Bibeltext 1 Kg 19,9–16 (Mat. 20/I) laut gelesen. Anschließend untersuchen die Schüler den Text in Einzelarbeit; sie sollen Elias Gottesbegegnung in den wichtigsten Merkmalen kennzeichnen und mit der Gottesbegegnung des Mose am selben Ort (Ex 19,16–20: Mat. 20/II) vergleichen.

Phase 3: Die Ergebnisse werden in der üblichen Art ausgewertet: Zuerst läßt der Lehrer einige Schüler nennen, was sie erarbeitet haben und macht an der Tafel entsprechende Notizen. Sodann werden die erarbeiteten Gedanken reflektiert und weiterentwickelt. Das Unterrichtsgespräch, das dieser Aufgabe dient, hat insbesondere die „Kontingenz" und – damit verbunden – die prinzipielle Mißverständlichkeit der Gottesbegegnung zu bedenken.

15./16. Stunde:
Momente des religiösen
Glaubens II: Gott antworten (Jona)

A Methodisch-didaktische Vorbemerkungen

Die Jona-Erzählung des Alten Testaments hat eine höchst vielfältige und reiche Wirkungs- und Rezeptionsgeschichte. Die hervorragende Rolle, die insbesondere das Verschlungen- und Ausgespienwerden des Jona in der frühchristlichen und mittelalterlichen Theologie, Liturgie und Kunst spielt, hängt in erster Linie mit der Methode der typologischen Bibelauslegung zusammen. Alttestamentarische Ereignisse und Personen werden so betrachtet, daß sie als Vorausdarstellungen oder Vorabbildungen (typoi; praefigurationes) des Lebens bzw. der Person Jesu Christi erscheinen. Dem christlichen Verständnis der Heilsgeschichte entsprechend zielt der typologische Vergleich nicht auf die bloße Analogie, sondern auf die vollendende Überbietung: Der Anti-Typus Jesus Christus erfüllt das letztgültig und vollkommen, was in alttestamentarischer Zeit typisch „vorgebildet" ist. Aufgrund neutestamentlicher Vorgabe und aus theologischem Grund gehört die „Figur" (lat. figura = griech. typos) des Jona in die Mitte der typologischen Bibelauslegung. Jesus selbst vergleicht, so jedenfalls wird das „Menschensohn-Wort" in Mt 12,40f. verstanden, das zentrale Heilsereignis seines Lebens – Tod und Auferstehung – mit dem Jona-Geschehen: „Gleichwie Jona im Bauche des Fisches war drei Tage und drei Nächte, so wird der Menschensohn im Innern der Erde sein drei Tage und drei Nächte."

In der neueren Zeit wird die Jona-Erzählung gerade auch im nichtreligiösen Kontext aufgegriffen und behandelt. Motive aus ihr werden in der bildenden Kunst, der Literatur, dem Film und der Musik gestaltet (Belege s. U. Steffen, Jona, [4]1990, S. 10–16; 70–76; 141ff.). Die Faszination, die die Jona-Geschichte auf Künstler verschiedener Provenienz trotz der Säkularisierung ausübt, läßt vermuten, daß in ihr ein „Archetyp" menschlichen Verhaltens und Erlebens zur Sprache kommt. Die psychologische Forschung bestätigt diese Vermutung (vgl. zum folgenden U. Steffen, Jona, 10–46). In der Psychotherapie begegnet es öfter, daß erwachsene Patienten eine überstarke Tendenz zur Regression in einen kindlichen Zustand (der Unbewußtheit und Verantwortungslosigkeit) im Bild des verschlingenden Ungeheuers zum Ausdruck bringen. Aber auch in anderen Konflikt- und Grenzsituationen äußern Menschen ihr Erleben in Bildern der Jona-Erzählung. Gerade die Sterbeforschung, die sich ja mit der gravierendsten Grenzsituation beschäftigt, erkennt in der Sprache der Sterbenden mühelos Symbole des „Jona-Motivs". So etwa ist dokumentiert, daß ein Todkranker mehrere Nächte davon träumt, mit Moby Dick, dem mörderischen weißen Wal, zu kämpfen. Vollends deutlich wird die Archetypik der Jona-Geschichte durch die religions- und kulturvergleichenden Untersuchungen der Tiefenpsychologie. Sie zeigen nämlich, daß die biblische Jona-Erzählung die Gestaltung eines Ur-Mythos ist, der zu allen Zeiten überall auf der Erde in je verschiedener Konkretion, aber immer mit demselben Kernbestand erzählt worden ist (und noch erzählt wird): Die vielfältigen Geschichten, in denen der Held übers Meer fährt, vom Ungeheuer verschlungen wird und aus diesem wieder ausschlüpft, hat C. G. Jung – im Anschluß an den Völkerkundler L. Frobenius – unter der Bezeichnung „Nachtmeerfahrt" zusammengefaßt.

Der von Menschen ständig neu erlebte Prozeß der Wandlung und Erneuerung, den die Vorgänge der Jona-Geschichte symbolisieren, kann in rein psychologischen Kategorien aufgefaßt werden. Damit ist aber eine religiöse Auslegung keineswegs ausgeschlossen. Vielmehr wird die Dynamik des innerseelischen Geschehens, die psychologisch verstanden aus der Selbst-Beziehung zwischen Unbewußtem und Bewußtem erwächst, noch erhöht, wenn aus theologischer Sicht der „Anspruch" des absoluten Du hinzutritt. In diesem Sinne erscheint dann die Jona-Geschichte nicht nur als urbildliche Gestaltung menschlicher Selbst-Erfahrung im Kontext unerträglicher Konflikte, sondern zugleich als symbolisch verdichteter Ausdruck menschlicher Gottes-Erfahrung angesichts der Bedrohungen und Zumutungen dieser Welt.

In der didaktischen Umsetzung müssen die zahlreichen Aspekte des Jona-Stoffs auf wenige beschränkt werden. Die Behandlung des Themas innerhalb der Unterrichtseinheit „Glauben und Wissen" bzw. innerhalb der Sequenz „Glauben/Theologie" gibt zeitlich und inhaltlich den Rahmen vor, in dem sich die Gestaltung zu bewegen hat. In einer Doppelstunde soll den Schülern deutlich werden, daß die Handlung der Jona-Erzählung exemplarisch widerspiegelt, wie sich der von Gott (oder dem Absoluten) herausgeforderte Mensch verhält.

Da die Sprache biblischer Texte auf die Erkenntnishaltung der Schüler – ihre Neugier und Erwartung – oft nachteilig wirkt und damit die inhaltliche Auseinandersetzung belastet, wird der Jona-Stoff hier in einer Erzählung von Uwe Johnson dargeboten. Johnsons Erzählung ist durch ihre subtile Ironie ansprechend und hat überdies den Vorzug der Kürze. Rein inhaltlich gesehen enthält sie alle Motive der biblischen Vorlage. Hinzugefügt hat Johnson eine Exposition und ein – allerdings offenes – Ende.

Die Eigenart, die Johnsons Erzählung von der biblischen unterscheidet und zu einem neuen Kunstwerk macht, wird nur im Vorbeigehen und nicht gründlich erarbeitet. Der Schwerpunkt liegt in der Analyse darauf, die Hauptelemente und den Verlauf der Handlung herauszubilden. Da die Dramatik des Jona-Geschehens sich in räumlichen Dimensionen reflektiert, erhalten die Schüler den Arbeitsauftrag, die Abfolge der Ereignisse im Schema einer Wegskizze darzustellen. Der Anfang der Skizze ist auf einem Arbeitsblatt vorgegeben.

Durch diese Strukturanalyse ist dann die Grundlage bereitet, um das Jona-Motiv tiefenpsychologisch zu deuten. Aus didak-

53

tischem Grund (s. Stundenverlauf, Phase 3) ist es angebracht, daß der Lehrer die Interpretation vorträgt.

Der Schluß der Doppelstunde konzentriert sich darauf, eigene Erfahrungen im Jona-Mythos wiederzuerkennen und dadurch von Grund auf zu verstehen. „Wir alle sind Jona" – diesen Satz sollen die Schüler von ihrem, von unserem gegenwärtigen Leben her konkretisieren.

B Ziele dieser Doppelstunde

Die Schüler
- erhalten ein Grundwissen über die biblische Jona-Erzählung (und ihre Rezeption im frühen und mittelalterlichen Christentum und in der heutigen Zeit);
- erfassen die Dramatik der Jona-Handlung (Jonas Geschick und seine Geschichte mit Gott) mittels graphischer Veranschaulichung (Strukturskizze mit bildhaften Elementen);
- verstehen, daß die äußeren Vorgänge der Jona-Geschichte als archetypisches Bild für innerseelische Vorgänge aufgefaßt werden können;
- begreifen die (Jungsche) tiefenpsychologische Deutung des Jona-Geschehens in den Grundzügen;
- können die archetypischen Motive der Jona-Geschichte in Ereignissen und Situationen unserer Gegenwart wiederfinden.

C Stundenverlauf

Phase 1: Der Lehrer referiert kurz über die biblische Jona-Erzählung (Entstehungszeit; Text-Gattung; Aussage-Intention). Bei einer besonders interessierten Klasse kann er auch noch die Rezeption des Jona-Motivs im frühen und mittelalterlichen Christentum und in unserer Gegenwart skizzieren (zum Inhalt s. die „methodisch-didaktischen Vorbemerkungen"). Danach läßt der Lehrer U. Johnsons Text „Jonas zum Beispiel" (Mat. 21) vorlesen oder liest ihn selbst vor. Das folgende Unterrichtsgespräch eröffnet er damit, daß er nach Auffälligkeiten von Johnsons Erzählung fragt. Die Beobachtungen, die die Schüler nennen, betreffen in erster Linie die Form des Textes (z. B. sprachliche Anachronismen; ironische Kommentare des Erzählers; offenes Ende). Für eine umfassende Interpretation müßten diese Beobachtungen vertieft und präzisiert werden. Hier freilich muß es genügen, daß die Schüler die formalen Besonderheiten des Textes genannt und insoweit wahrgenommen haben. Das Hauptaugenmerk liegt im Zusammenhang dieser Stunde auf dem Inhalt, und zwar unter dem Aspekt, wie sich die Handlung als „Geschichte" zwischen Gott und Jona entwickelt. Um die Überlegungen darauf auszurichten, fordert der Lehrer die Schüler auf, Gott, Jona und ihr Verhältnis zueinander aus dem Stegreif zu kennzeichnen.

Phase 2: Die Dramatik der Handlung, die aus dem Geschehen zwischen Gott und Jona – ihrem wechselseitigen Anrufen und Antworten – erwächst, wird nun graphisch erarbeitet. Dazu erhalten die Schüler das Arbeitsblatt 4, auf dem der Anfang der Handlung, Gottes Anruf und Jonas Entscheidungssituation, bildlich dargestellt ist. In Partnerarbeit sollen sie die vorgegebene Anlage so weiterentwickeln, daß die wichtigen Stationen des Jonaschen Wegs (von Jaffa bis zur Hütte abseits von Ninive) und die hiermit korrelierten Beziehungen zwischen Gott und Jona in Bildzeichen sichtbar werden. Um die Auswertung möglichst einfach zu gestalten, gibt der Lehrer zusammen mit dem Arbeitsblatt an einige Schüler(paare)

Exemplarische Lösung zum Arbeitsblatt 4

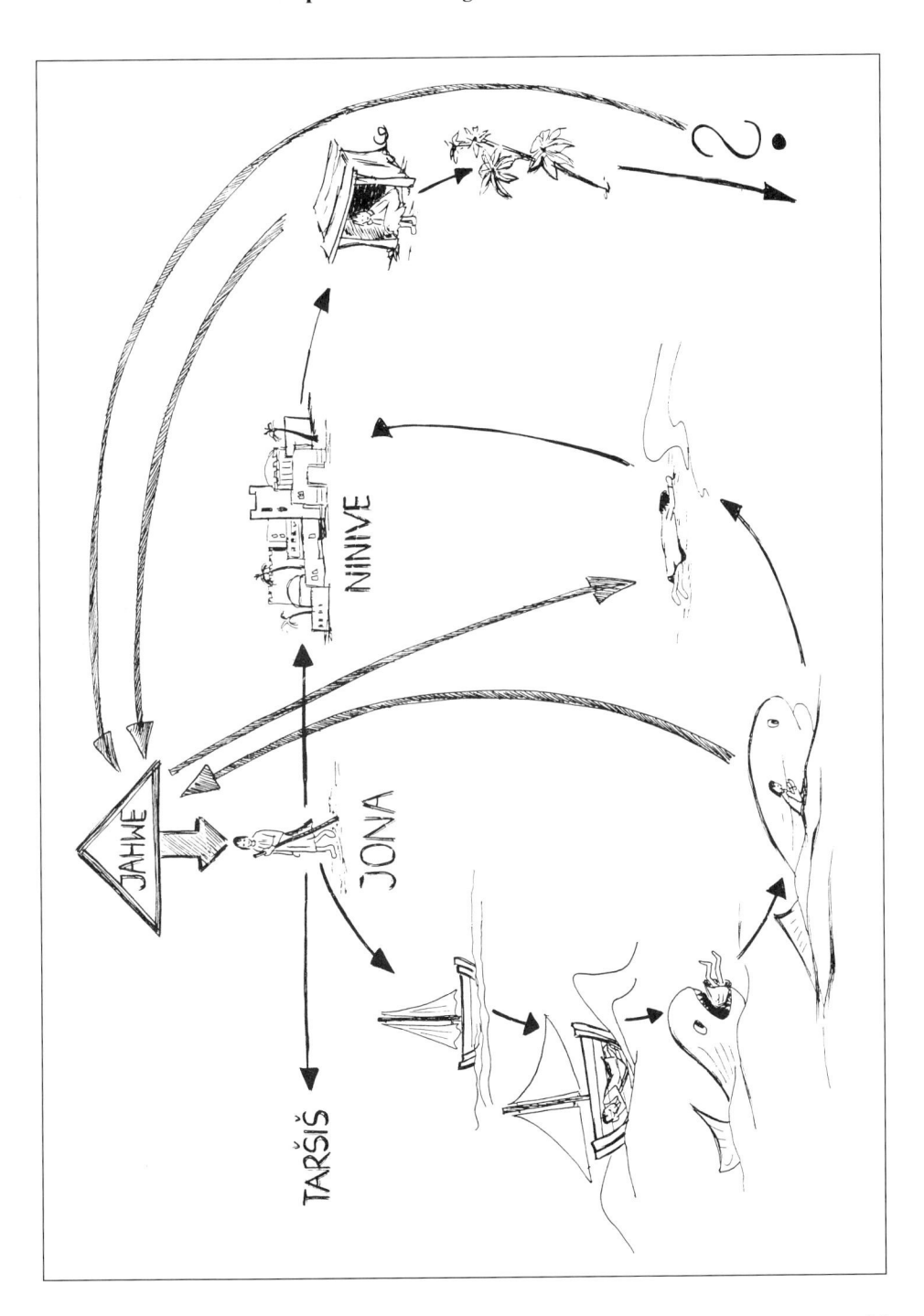

Folien aus und beauftragt sie, ihre graphische Skizze auch darauf einzuzeichnen. Wenn dann die Partnerarbeit beendet ist, werden nacheinander zwei oder drei Schülerlösungen projiziert und besprochen. Ob der Lehrer noch eine exemplarische Lösung (siehe Seite 55) zeigt, muß er abwägen. Dagegen spricht, daß die Schüler dadurch ihre eigene Arbeit stark in Frage gestellt sehen könnten.

Phase 3: Nachdem das Jona-Geschehen als Handlung in Raum und Zeit nachvollzogen ist, drängt es sich geradezu auf, das Verständnis durch eine tiefenpsychologische Deutung zu vertiefen. Dann nämlich erscheinen die äußeren Vorgänge als archetypisches Bild für innerseelische Vorgänge. Die Jona-Deutung C. G. Jungs, die hier aufgegriffen werden soll, kann den tiefenpsychologisch ungeschulten Schülern freilich nicht in streng wissenschaftlicher Terminologie (s. den hier abgedruckten Textauszug S. 57–59) dargeboten werden. Daher trägt der Lehrer die tiefenpsychologische Auslegung selbst vor. So hat er die Möglichkeit, Fachbegriffe zu „übersetzen" und Inhalte zu paraphrasieren oder auch zu vereinfachen. Einige Grundkenntnisse der Psychologie, z. B. die Unterscheidung von Ich und Unbewußtem, muß er allerdings voraussetzen; sonst kommt er bei seinem Vortrag aus dem Erklären nicht mehr heraus.
Das Referat des Lehrers kann in den Hauptzügen ungefähr so aussehen:

– Die Verschlingung des Jona durch den Fisch, Jonas dreitägiger Aufenthalt im Bauch des Fischs und sein Wiederausgespienwerden sind Ur-Bilder für innerseelische Vorgänge, die im Selbstwerdungsprozeß jedes Menschen wirksam werden.
– Der innerseelische Prozeß, den die Jona-Erzählung urbildlich darstellt, wird ausgelöst durch die Forderung aus dem Unbewußten (Gottes Stimme = innere Stimme) an das Ich, sich der Realität (Situation in Ninive) zu stellen.
– Jonas Flucht nach Tarsis spiegelt die seelische Krise des Ich wider, das vor der großen Aufgabe ängstlich zurückweicht. Der Zwiespalt zwischen Ich und Unbewußtem, Realitätssinn und Idee, Zweifel und Selbstbestimmung führt dazu, daß die Seele ihre Energie von der Welt weg nach innen lenkt, um den Zwiespalt zu lösen.
– Die Rückwendung der Seele auf sich selbst (insbesondere auf ihre tiefsten Schichten des Unbewußten) ist ein „gefährlicher" Augenblick, weil darin die Entscheidung fällt zwischen Scheitern am Zwiespalt und neuem Leben, Selbstverfehlung und Selbstverwirklichung.
– Die Verschlingung des Jona durch den Fisch ist ein Ur-Bild für diese Rückwendung der Seele auf sich selbst. Die Ambivalenz der Rückwendung macht das Bild des Verschlungenwerdens überaus deutlich. Verschlungenwerden ist einerseits zerstörerisch und tödlich, andererseits erwächst daraus neue Lebensenergie.
– Die Ur-Bilder des Aufenthalts im Walfischbauch und des Ausgespienwerdens sind ebenfalls ambivalent. Der Walfischbauch kennzeichnet zum einen den infantilen Rückfall des Ich, das in die Tiefe des Unbewußten eintaucht, weil es sich in „ein früheres Stadium der Abhängigkeit und Verantwortungslosigkeit" (U. Steffen, 22) zurücksehnt, zum anderen kennzeichnet er die zielgerichtete Erneuerung des Bewußtseins, das im Unbewußten nicht untergehen, sondern aus dieser „schöpferischen Quelle" wiedergeboren werden will. Entsprechend bedeutet das Ausgespienwerden die schmerzhafte Trennung des

Ich von seinem Einheitsgrund, zugleich aber die Befähigung des Ich zu autonomem Handeln – dazu also, mit neugewonnener Kraft sich seiner Aufgabe in der Welt zu stellen.

Phase 4: Die tiefenpsychologische Auslegung der Jona-Geschichte wird für die Schüler erst dann richtig anschaulich, wenn sie Beispiele aus dem eigenen (aktuellen) Erfahrungsbereich in den urbildlichen Jona-Motiven widerspiegeln können. Der Text „Wir alle sind Jona" (Mat. 22), der laut gelesen wird, identifiziert unser Verhalten der Gegenwart allgemein mit drei Ereignissen/Situationen der Jona-Geschichte: der Flucht nach Tarsis, dem Verschlungensein und dem distanzierten Blicken auf Ninive. Die Schüler erhalten die Aufgabe, für diese drei Motive konkrete Entsprechungen aus unserem Leben zu finden und anzudeuten, worin das Spiegelbildliche besteht. Die Ergebnisse, die im Unterrichtsgespräch erarbeitet werden, notiert der Lehrer stichwortartig an der Tafel.

Das Jona-Motiv in der Deutung der Tiefenpsychologie

Versteht man die Verschlingung des Jona durch einen großen Fisch, seinen dreitägigen Aufenthalt im Bauch des Fisches und sein Wiederausgespienwerden vom Fisch als archetypisches Bild für innerseelische Vorgänge, so enthebt uns das aller krampfhaften Bemühungen, die Geschichte als ein tatsächliches Geschehen in Raum und Zeit „glaubwürdig" zu machen. An diese Geschichte glauben heißt nicht, für wahr halten, daß sie sich buchstäblich so ereignet hat, sondern heißt, sie als Symbol verstehen, in dem ich mich selber begreife. [...] Die Psychologie C. G. Jungs ist uns dabei in besonderem Maße hilfreich.

Die psychische Situation des Jona
Jona wird von der inneren Stimme dazu aufgefordert, nach Ninive zu gehen und ihr den Untergang anzusagen. Er sieht sich dadurch vor eine unlösbare Aufgabe gestellt. Weil er sich überfordert fühlt, entzieht er sich seiner Bestimmung durch die Flucht in die entgegengesetzte Richtung: Statt nach Osten geht er nach Westen, statt nach Ninive, dem Inbegriff menschlicher Bosheit, geht er nach Tarschisch, dem Inbegriff irdischen Glücks (Tarschisch ist das spanische Tartessos im Mündungsgebiet des Guadalquivir und galt im ganzen Mittelmeerraum als „Goldener Westen"). Jung beschreibt eine solche Situation psychologisch folgendermaßen:
„Wenn irgendein großes Werk zu tun ist, vor dem der Mann, an seiner Kraft verzweifelnd, zurückweicht, dann strömt seine Libido (= seelische Energie) zu jenem Quellpunkt zurück (aus der sie einst geflossen) – und das ist jener gefährliche Augenblick, in dem die Entscheidung fällt zwischen Vernichtung und neuem Leben. Bleibt die Libido im Wunderreich der inneren Welt hängen, so ist der Mensch für die Oberwelt zum Schatten geworden, er ist so gut wie tot oder wie schwerkrank. Gelingt es aber der Libido, sich wieder loszureißen und zur Oberwelt emporzudringen, dann zeigt sich ein Wunder: die Unterweltfahrt war ein Jungbrunnen für sie gewesen, und aus dem scheinbaren Tod erwacht neue Fruchtbarkeit."
Durch Introversion und Regression der Libido, so führt Jung weiter aus, werden bei ihrem Eintreten in den inneren Bereich der Seele, in das Unbewußte, Inhalte wachgerufen, die vorher latent vorhanden waren: „Es sind, wie die Erfahrung zeigt, die urtümlichen Bilder, die Archetypen, welche durch die Introversion der Libido so sehr mit individuellem Erinnerungsstoff angereichert wurden, daß das Bewußtsein sie wahrnehmen kann, so wie ein in der Mutterlauge latentes Kristallgitter durch das Anschließen der Moleküle sichtbar

wird. Da solche Introversionen und Regressionen natürlicherweise nur in jenen Momenten stattfinden, wo eine neue Orientierung und Anpassung sich als notwendig herausstellt, so handelt es sich bei dem konstellierten Archetypus jeweils um das Urbild der momentanen Notlage. [...]"
Der Notlage des Jona entspricht im Unbewußten der Archetyp der „Nachtmeerfahrt". Was ist darunter zu verstehen?

Die Nachtmeerfahrt des Sonnenhelden (C. G. Jung)
Der Völkerkundler und Forschungsreisende Leo Frobenius (1873–1938) hat die Geschichten vom Sonnenhelden, der in einem Kästchen oder in einer Arche über das Meer fährt, ins Meer eintaucht und erneuert wieder daraus hervorgeht, unter der Bezeichnung „Nachtmeerfahrt" zusammengefaßt. [...] Das Schema, das ihnen zugrunde liegt, beschreibt Frobenius mit folgenden Worten:
„Ein Held wird von einem Wasserungetüm im Westen verschlungen (Verschlingen). Das Tier fährt mit ihm nach Osten (Meerfahrt). Inzwischen entzündet er in dem Bauch ein Feuer (Feueranzünden) und schneidet sich, da er Hunger verspürt, ein Stück des herabhängenden Herzens ab (Herzabschneiden). Bald darauf merkt er, daß der Fisch auf das Trockene gleitet (Landen); er beginnt sofort, das Tier von innen heraus aufzuschneiden (Öffnen); dann schlüpft er heraus (Ausschlüpfen). In dem Bauche des Fisches ist es so heiß gewesen, daß ihm alle Haare ausgefallen sind (Hitze, Haar). – Vielfach befreit der Held noch gleichzeitig alle, die vorher verschlungen wurden (Allverschlingen) und die nun alle auch ausschlüpfen (Allausschlüpfen)."

Das Verschlungenwerden kann auch als Kampf des Sonnenhelden mit dem Walfischdrachen dargestellt werden (Drachenkampf) [...] Häufig spielt bei der Rettung des Helden [...] ein Vogel oder Geistwesen/Engel eine Rolle (Vogelhilfe). Der vom Wasser auffliegende Vogel ist Symbol der aufgehenden Sonne und ein Symbol der Wiedergeburt („Phönix").

Jung versteht den Sonnenmythus als „an den Himmel projizierte Psychologie". Die Sonne oder der mythische Sonnenheld symbolisiert die treibende Kraft der menschlichen Seele (Libido), den Drang nach Bewußtsein. Das Wasser, aus dem die Sonne aufsteigt, ist ebenso wie der Walfischdrache, der es repräsentiert, ein Symbol des Unbewußten. [...] In dem Naturvorgang der Sonnenbewegung spiegelt sich nach Jung das innere und unbewußte Drama der Seele wider und wird auf diese Weise dem menschlichen Bewußtsein faßbar.

Aus der unbewußten psychischen Einheit, die dem Einssein von Mutter und Kind vor der Geburt entspricht, löst sich das Bewußtsein, indem es sich vom Unbewußten und der Instinktwelt unterscheidet und trennt. Die Loslösung des Bewußtseins aus dem mütterlichen Schoß des Unbewußten, die Trennung von Subjekt und Objekt, durch die Bewußtsein entsteht, ist eine Geburt, ein Sonnenaufgang. Die progressive Entwicklung des Bewußtseins, die die erste Lebenshälfte bestimmt, stellt sich dar im Aufstieg der Sonne bis zum Zenit. Auf der Mittagshöhe des Bewußtseins befällt den Menschen die Sehnsucht nach der „Mutter" (verlorenes Paradies), nach der „Stille und der tiefen Ruhe eines gewußten Nichtseins, dem hellsehenden Schlafe im Meere des Werdens und Vergehens", nach der „alles verhüllenden und alles wiedergebärenden Nacht". Darum ist die zweite Lebenshälfte gekennzeichnet durch eine regressive Entwicklung des Bewußtseins.

Die regressive Tendenz hat einen negativen und einen positiven Aspekt. Negativ ist sie, wenn sie infantilen Charakter hat, das heißt, wenn sie rückwärts gerichtet ist auf ein früheres Stadium der Abhängigkeit und Verantwortungslosigkeit. Das Unbewußte nimmt dann die Gestalt der furchtbaren, verschlingenden Mutter an. Positiv ist die regressive Tendenz, wenn sie eine zielgerichtete Introversion ist, die darauf aus ist, eine Beziehung zwischen dem bewußten Ich und dem Unbewußten als der schöpferischen Matrix herzustellen. Das Ich geht nicht in die „Mutter" ein, um in ihr aufzugehen, sondern um in erneuerter Gestalt aus ihr wiedergeboren zu werden.

Aus: Uwe Steffen, Jona und der Fisch. Der Mythos von Tod und Wiedergeburt. Kreuz Verlag, Stuttgart 1982, S. 18–22.

Phase 5: Die Doppelstunde wird mit einer Meditation abgeschlossen. Dadurch kann die Selbst-Entdeckung im Jona-Motiv vertieft und zugleich die religiöse Bedeutung des Jona-Geschehens nochmals aufgeschlossen werden.

Der Lehrer bittet die Schüler, ihre Stühle im Kreis aufzustellen und sich im „Kutschersitz" darauf zu setzen. Dann sollen sie ihre Augen schließen und versuchen, an nichts Bestimmtes mehr zu denken. Hierfür ist es hilfreich, sich auf das Ein und Aus des Atems zu konzentrieren, dem Atem „nachzuspüren". Der Lehrer gibt eine entsprechende Anweisung. Nach einigen Minuten der Entspannung und Sammlung in Stille liest der Lehrer den Text „Jona, o Jona" (Mat. 23) vor. Die Schüler halten dabei die Augen weiterhin geschlossen. Der Text muß langsam und mit Pausen vorgetragen werden. Anschließend läßt der Lehrer nochmals zwei/drei Minuten in Stille vergehen, bevor er die Schüler auffordert, ihre Augen wieder zu öffnen und sich – durch Räkeln oder Schütteln der Glieder – aus der Entspannung zu lösen.

17. Stunde:
Momente des religiösen Glaubens III: Zeugnis geben durch die Tat (Hermann Stöhr)

A Methodisch-didaktische Vorbemerkungen

Echter Glaube ist gelebter Glaube. Die Praxis bezeugt, was Glaube zu wirken vermag – und darin erscheint seine Wirklichkeit und Wahrheit. Freilich können wir nicht darüber hinwegsehen, daß das praktizierte Glaubenszeugnis bei vielen, ja den meisten von uns eher dürftig ausfällt. Daher stünde der Sinn und die Kraft des Glaubens erheblich in Frage, wenn nicht immer wieder in hervorragenden Menschen die subjektive Gestalt des Glaubens objektiv – durch die Tat – ins Leben träte.

Im Laufe der Schuljahre haben sich die Kursschüler in verschiedenen Zusammenhängen schon oft mit vorbildlichen Christen beschäftigt. Um sie nicht in der verbreiteten Meinung zu bestärken, im Religionsunterricht werde „ständig das gleiche" behandelt, habe ich für diese Stunde mit Bedacht eine Gestalt gewählt, die noch weitgehend unentdeckt ist und nur durch die Forschungen Eberhard Röhms der Vergessenheit entrissen wurde: Hermann Stöhr (1898–1940). Dieser Mann war einer der wenigen evangelischen und katholischen Christen, die im Dritten Reich den Wehrdienst aus Gewissensgründen verweigerten. Seine Verweigerung mußte er mit dem Leben bezahlen.

Bereits im ersten Jahr der Hitlerherrschaft, 1933, hatte Hermann Stöhr gegenüber staatlichen und kirchlichen Instanzen immer wieder „im Geiste Christi" unerschrocken Stellung bezogen: In Briefen an den Evangelischen Oberkirchenrat in Berlin protestierte er gegen die Anordnung, zur Schlageter-Feier (am 26. Mai) die kirchlichen Gebäude zu beflaggen, und mahnte an, zum Antisemitismus und zur Internierung politisch Verfolgter in Konzentrationslagern nicht länger zu schweigen (vgl. E. Röhm, 1985, 107–134). In einem Brief an den Reichsbischof Ludwig Müller kritisierte er dessen Aufruf an die evangelischen Kirchen und Gemeinden, in der Reichstagswahl (vom 12. November) den von Hitler geplanten Austritt Deutschlands aus dem Völkerbund zu unterstützen (vgl. a.a.O., 135–141). Und an das Reichsgericht und den Oberreichsanwalt wandte er sich, weil nach seiner Meinung bei der Vorbereitung des Reichstagsbrandprozesses nicht sachgemäß verfahren wurde (vgl. a.a.O., 130). Stöhrs Eingaben bei den kirchlichen Stellen wurden meist nicht beantwortet; statt dessen denunzierte man ihn in den Akten durch Bemerkungen zu seinen Briefen und „streng vertrauliche" Berichte als „pathologischen Christen", der vier „auffällige Absonderlichkeiten" aufweise: „ein übersteigertes, etwas schablonenhaftes Gerechtigkeitsempfinden"; „eine fanatische Überzeugung, jeder Christ sei verpflichtet, zu allen Dingen des öffentlichen Lebens vom Evangelium her sein Urteil zu sagen"; „eine kurzschlüssige Verabsolutierung der Bergpredigt, die ihn u. a. zum Pazifisten hat werden lassen"; „eine etwas mechanische Auffassung von der Notwendigkeit, die una sancta auf Erden herzustellen" (vgl. a.a.O., 118f.; 130f.).

So wenig die Kirchenleitung bereit war, sich mit Stöhrs in einem genuinen Christentum gegründeten Anfragen, Anregungen und Protesten auseinanderzusetzen, so wenig war sie dann bereit, dem wegen seiner Wehrdienstverweigerung Angeklagten und schließlich zum Tode Verurteilten beizustehen. Stöhr berief sich im Prozeß darauf, daß seine Entscheidung gegen den Militärdienst sich „zwangsläufig" aus seinem „Bekenntnis zum positiven Christentum" ergebe (a.a.O., 195), aber in der ganzen Kirche gab es keinen Fürsprecher, der ihm bestätigt hätte, daß das Gewissen eines Christen die Verweigerung des Dienstes an der Waffe fordern könne und dies vom Staat zu respektieren sei. Nicht einmal das Gnadengesuch, das Stöhr nach dem Todesurteil bei Hitler gestellt hatte, wurde unterstützt. Der Gefängnispfarrer Poelchau schreibt in seinen Lebenserinnerungen dazu: „Seine Kirche aber schwieg und ließ ihn im Stich. Diese Not der Bedrängten wollte sie nicht aufnehmen. Ich suchte ihren damaligen höchsten Geistlichen (Landesbischof Marahrens – B.O.) auf, um seine Stimme für Stöhr zu gewinnen, aber D. Marahrens berief sich auf ein Rechtsgutachten eines Kirchenjuristen und schwieg. Das Versagen der offiziellen Kirche, nicht nur wegen ihrer Abhängigkeit vom Regime, sondern auch aus ihrer inneren Taubheit gegenüber diesem Gewissensanliegen war für die Christenheit beschämend" (a.a.O., 216).

Didaktisch leitend ist für diese Stunde der Gedanke, daß die Schüler H. Stöhr nicht problemlos als eine „Idealgestalt" rezipieren, sondern durch sein Verhalten herausgefordert werden. Sie sollen die Zumutung von Stöhrs Unbeirrbarkeit und Geradlinigkeit empfinden und darin ihre Lebenspraxis ebenso in Frage gestellt sehen, wie sie von ihrer praktischen Erfahrung und ihrem praktischen Denken her Stöhrs Konsequenz in Frage stellen.

Zu Beginn der Stunde haben die Schüler durch einen offenen Impuls Gelegenheit, sich von ihrem Verständnis her in die Situation eines Wehrdienstverweigerers z. Zt. des Naziregimes hineinzufinden oder hineinzudenken: Der Lehrer projiziert, ohne erläuternde Informationen zu geben, den Haftbefehl gegen H. Stöhr, und die Schüler können mutmaßen, welche Gründe Stöhr für seine Verweigerung hatte und welcher Rechtslage er gegenüberstand. Im nächsten Schritt wird das Leben und die Persönlichkeit Stöhrs durch ein Schüler- oder Lehrer-Referat vergegenwärtigt. Der dritte Schritt ist dann der entscheidende: Die Schüler erarbeiten hier arbeitsteilig und schriftlich anhand von zwei Briefen die Persönlichkeitsmerkmale und das Ethos des Pazifisten Stöhr. Die beiden Briefe stehen in starker Spannung zueinander: Im einen begründet Stöhr gegenüber dem Wehrbezirkskommando authentisch-christlich und in eindrücklicher Klarheit, warum er der Einberufung zu Wehrübungen nicht Folge leisten will, im anderen charakterisiert Pastor Klütz, ein Jugendfreund Stöhrs, gegenüber dem Kriegsgericht Stöhrs persönliche Entwicklung und pazifistische Gesinnung aus der Sicht des national eingestellten Protestantismus. Die divergierende Kennzeichnung Stöhrs, die sich aus der Analyse der beiden Briefe ergibt, fordert dazu auf, schließlich im Unterrichtsgespräch das eigene Urteil der Schüler zu diskutieren. Es ist zwar gewiß nicht so, daß sich die Schüler mit der ablehnenden Darstellung des „angepaßten" Pastors Klütz anfreunden würden, aber gleichwohl werden einige dem Einwurf das Wort reden, der von jeher – und so auch von Pastor Klütz – gegen den kompromißlosen Pazifisten vorgebracht wurde: daß diese Haltung der Realität nicht gerecht werde, daß diese Haltung einen Zug ins Fanatische habe ...

B Ziele dieser Stunde

Die Schüler
– überlegen sich, in welcher Situation sich ein Kriegsdienstverweigerer in Deutschland während des 2. Weltkriegs befand;
– lernen die wichtigsten Daten aus dem Leben Hermann Stöhrs kennen;
– gewinnen den Eindruck von H. Stöhrs geradlinigem und mutigem Charakter;
– können erläutern, wie H. Stöhr seinen christlich-radikalen Pazifismus (theologisch) begründet;
– erkennen, wie negativ Stöhrs Umgebung auf seine pazifistische Gesinnung reagiert und sie beurteilt;
– bewerten aus eigener Sicht Stöhrs kompromißlos-pazifistische Haltung.

C Stundenverlauf

Phase 1: Der Lehrer zeigt mit dem Overheadprojektor die Kopie des Haftbefehls gegen Hermann Stöhr (Mat. 24). Stöhr, im 1. Weltkrieg noch Kriegsfreiwilliger, hatte einem Einberufungsbefehl zum 22. 08. 1939 nach Kiel nicht Folge geleistet. Der Haftbefehl, der am 25. 09. 1939 vom Marinekriegsgericht der Ostseestation ausgestellt worden ist, beruft sich auf den § 69 des Militärstrafgesetzbuchs (in der Fassung vom 16. 07. 1935). Dieser Paragraph, der die „Fahnenflucht" betrifft, lautet im Wortlaut:

(1) Wer in der Absicht, sich der Verpflichtung zum Dienste in der Wehrmacht dauernd zu entziehen oder die Auflösung des Dienstverhältnisses zu erreichen, seine Truppe oder Dienststelle verläßt oder ihnen fernbleibt, wird wegen Fahnenflucht bestraft.

(2) Der Fahnenflucht steht es gleich, wenn der Täter in der Absicht seine Truppe oder Dienststelle verläßt oder ihnen fernbleibt, sich für die Dauer eines Krieges, kriegerischer Unternehmungen oder innerer Unruhen der Verpflichtung zum Dienste in der Wehrmacht überhaupt oder in den mobilen Teilen der Wehrmacht zu entziehen.

Der Lehrer gibt zu dem Haftbefehl zunächst keine Hintergrundinformationen, sondern fordert die Schüler auf, ihre Vermutungen über die Motive Stöhrs, die Höhe der zu erwartenden Strafe und die Häufigkeit der Kriegsdienstverweigerung während des 2. Weltkriegs zu äußern. Da die Motive Stöhrs im weiteren Verlauf der Stunde eingehend behandelt werden, läßt der Lehrer die diesbezüglichen Vermutungen der Schüler kommentarlos stehen. Hinsichtlich der anderen Vermutungen erklärt er folgendes:

- Das Kriegssonderstrafrecht, das mit der Mobilmachung am 26. 08. 1939 in Kraft trat, sah für Fahnenflucht die Todesstrafe oder lebenslanges (oder „zeitiges") Zuchthaus vor. Stöhr hatte freilich vier Tage früher die Einberufung verweigert – und zu dieser Zeit war entsprechend dem § 70 des (noch!) gültigen Militärstrafgesetzbuchs eine Gefängnisstrafe von sechs Monaten bis zu zwei Jahren zu erwarten.
- Die Zahl der (ethisch motivierten) Kriegsdienstverweigerer war während des 2. Weltkriegs sehr klein. Die Männer evangelischer und katholischer Konfession, die aus christlichem Glauben den Kriegsdienst verweigerten, sind an zwei Händen abzuzählen.

Phase 2: Ein Schüler referiert über das Leben H. Stöhrs. Die Hauptdaten hat er für die Mitschüler zusammengestellt und vervielfältigt.

Phase 3: Hier liegt der Schwerpunkt der Stunde. Zwei Briefe – der eine stammt von Stöhr selbst, der andere von Pastor Klütz – werden daraufhin untersucht, welche Auskunft sie über die Persönlichkeit und das Ethos des Pazifisten Stöhr geben. Die beiden Briefe (Mat. 25/26) stehen im Kontrast zueinander: Der Mut, die Geradlinigkeit und die Echtheit der Gesinnung Stöhrs, die sein eigener Brief bekundet, werden im Brief von Klütz lächerlich gemacht und denunziert. Vor der Textlektüre gibt der Lehrer einige Informationen, die für das Verständnis wichtig sind:

Zum Brief Stöhrs an das Wehrbezirkskommando: Zu Beginn des Jahres 1939 war es für Hitler nur noch eine Frage der Zeit, bis er Polen angreifen würde. Deshalb wurden jetzt die personellen Reserven mobilisiert, und auch ältere Jahrgänge wurden erfaßt und zu Wehrübungen einberufen. Dementsprechend forderte die Militärbehörde am 28. Februar den 41jährigen Stöhr auf, sich zur Ableistung von Pflichtübungen im Reserve-Offiziers-Korps bereit zu erklären.

Zum Brief von Pastor Klütz an das Kriegsgericht: Pastor Klütz war ein Jugendfreund Stöhrs. Wenn er in seinem Brief Stöhrs Zurechnungsfähigkeit in Zweifel zieht, wird dies seine Überzeugung sein – es könnte aber auch aus „taktischem" Grund geschehen, um Stöhr so vor einem Todesurteil zu bewahren.

Die Schüler untersuchen die Briefe in Einzelarbeit. Die eine Klassenhälfte beschäftigt sich mit Stöhrs Brief, die andere mit dem Brief von Pastor Klütz. Die Ergebnisse, die die Schüler in Stichworten formuliert haben, werden vom Lehrer an der Tafel gesammelt.

Phase 4: Die abwertende Beurteilung des Charakters und der sittlichen Haltung

Hermann Stöhr

1898	Geb. in Stettin
1914–18	Kriegsfreiwilliger bei der Kaiserlichen Marine
1919–22	Studium der Volkswirtschaft, Sozialpolitik und des öffentlichen Rechts in Kiel, Berlin und Rostock; Promotion zum Dr. rer. pol. in Rostock
1922/23	Gasthörer theologischer Vorlesungen an der Universität Berlin
1923–25	Hilfssekretär beim Internationalen Versöhnungsbund in Berlin
1926–28	Wissenschaftlicher Hilfsarbeiter beim Centralausschuß für die Innere Mission in Berlin
ab 1931	„Arbeitslos infolge seiner Haltung"
1933	Briefe an den Evangelischen Oberkirchenrat in Berlin, in denen St. gegen die Beflaggung der Kirchen anläßlich der Schlageter-Feier protestiert und zur Fürbitte für die 18 000 Konzentrationslagerhäftlinge auffordert.
1936–39	3 Publikationen im Eigenverlag „Ökumenischer Verlag Stettin"
1939 (März)	St. weigert sich, als Reserveoffizier an Wehrübungen teilzunehmen, und erklärt sich bereit, einen Ersatz-Arbeitsdienst zu leisten.
1939 (Aug./Sept.)	Stöhr verweigert den Einberufungsbefehl. Festnahme; Anklage wegen Fahnenflucht; Verurteilung zu einem Jahr Gefängnis.
1939 (Nov.)	St. weigert sich, den Fahneneid auf den Führer zu leisten.
1940 (März)	Reichskriegsgericht verurteilt St. wegen Wehrkraftzersetzung zum Tode.
1940 (Juni)	St. wird in Berlin-Plötzensee enthauptet.

Stöhrs, die im Brief von Pastor Klütz zum Ausdruck kommt, führt von selbst zur Anfrage an die Schüler, wie sie über Stöhr denken. Das Unterrichtsgespräch wird sicher nicht auf ein Pro und Contra in dem Sinne hinauslaufen, daß die einen das verächtliche Urteil von Klütz bestätigen und die anderen dagegen sprechen. Die niedrige – angepaßte – Gesinnung, die hinter Klütz' Urteil steht, ist doch zu offenkundig. Angesichts der geringen Zahl christlicher Kriegsdienstverweigerer während des 2. Weltkriegs muß allerdings darüber diskutiert werden, ob der kompromißlose Pazifismus Stöhrs im Grunde der echt christliche Weg war – oder ob Stöhr es mit seiner Konsequenz „übertrieb".

18. Stunde:
Momente des religiösen Glaubens IV: Beten

A Methodisch-didaktische Vorbemerkungen

Beten ist ein Grundvollzug religiösen Glaubens. Christlich verstanden ist es der Akt, in dem der Mensch Gottes Wort in der Welt worthaft entgegnet. Die begrifflich formulierte Entgegnung des Gebets ist auf vielerlei Weise möglich: als Bitte, Dank, Preis, Klage, Anklage, Versprechen, Bekennen von Schuld, formelhaftes Bekennen. Immer ist aber dies kennzeichnend, daß der Beter im Vertrauen auf das, was er von und über Gott gehört hat, glaubt oder hofft, von Gott erhört zu werden.

Das didaktische Problem dieser Stunde ist offenkundig. Es wird eine Sache behandelt, die zur Mitte des Gottesglaubens und damit auch in die Mitte des Religionsunterrichts gehört, aber viele Schüler haben von ihrem eigenen Glaubensleben her einen gestörten Bezug zu dieser Sache oder stehen ihr sogar ablehnend gegenüber. Das private Gebet ist den Schülern oft nur als Kindheitserinnerung gegenwärtig, und soweit sie noch, wenigstens gelegentlich, im Gottesdienst am liturgisch-öffentlichen Gebet teilhaben, so haben sie gerade gegen diese Form des Betens starke Vorbehalte.

Dem angezeigten Problem versuche ich vorab dadurch Rechnung zu tragen, daß die Schüler gleich zu Anfang der Stunde ihr Verhältnis zum Gebet thematisieren können. Jeder schreibt anonym auf, was ihm das Gebet bedeutet. Nach meiner Erfahrung ist es so, daß nur wenige Schüler sich rein negativ äußern; auch die, die für sich „keinen persönlichen Bezug" zum Gebet feststellen, „am allerwenigsten in der Kirche", sprechen (Ausnahme-)Situationen an, in denen sie schon gebetet haben oder vielleicht beten könnten. Es ergibt sich also aus den Schüleräußerungen durchaus ein Spektrum negativer *und* positiver Bedeutungen des Gebets, das aufgrund seiner Gegensätzlichkeit in die Auseinandersetzung hineinführt und in der Vielzahl seiner Aspekte den sachlichen Fortgang der Stunde enthält.

Zwei in den Schüleräußerungen (gewöhnlich) genannte Punkte, die für das Verständnis und die Beurteilung des Gebets besonders aufschlußreich sind, werden dann eingehend behandelt. Zum einen ist es der existentielle Ort und Ausdruck des Gebets. Hierbei geht es darum, mit Bildmaterial und einem Raster Grundsituationen und Sprachformen des Betens übersichtlich und systematisch zu erfassen. Zum anderen ist es der Gegensatz von freiem und formelhaftem Gebet. Der Lehrer schreibt für jede Form ein kurzes Beispiel an die Tafel. Die vergleichende Gegenüberstellung, die im Klassengespräch erarbeitet wird, zielt darauf ab, nicht nur die Eigenart und je eigene Berechtigung jeder Form, sondern auch ihre wechselseitige Bezogenheit und Komplementarität zu verdeutlichen. Der gute Sinn der Vermittlung beider Gebets-Formen wird abschließend durch die Analyse eines exemplarischen Textes verifiziert.

B Ziele dieser Stunde

Die Schüler
- machen sich bewußt, was Beten für sie selbst bedeutet;
- formulieren mit Blick auf die (anonym genannten) persönlichen Bedeutungen des Gebetes Fragen, die der weiteren Klärung bedürfen;
- benennen Situationen des Gebets und ordnen ihnen mögliche sprachliche und körperliche Ausdrucksformen des Betens zu;
- erkennen im Vergleich von freiem Gebet und formelhaftem Bekenntnis,
- a) wodurch die beiden Gebetsformen unterschieden sind und ihre Eigenart besitzen („Sitz im Leben"; Sprache, Glaubensfunktion),
- b) daß beide Gebetsformen sich wechselseitig ergänzen und fördern (können).

C Stundenverlauf

Phase 1: Der Lehrer schreibt groß an die Tafel (linke Seite): „Beten bedeutet für mich ..." Dann teilt er an die Schüler kleine Zettel aus und fordert sie auf, hierauf den Satzanfang anonym weiterzuführen. Nach ca. fünf Minuten weist er die Schüler an, aus ihren Weiterführungen die beiden wichtigsten herauszusuchen und diese zu unterstreichen. Sobald die Schüler das getan haben, sammelt der Lehrer die Zettel ein und teilt sie – in einer anderen Reihenfolge – neu aus. Die unterstrichenen Bedeutungen werden reihum vorgelesen, und der Lehrer notiert sie stichwortartig an der Tafel; dabei ordnet er schon nach positiven und negativen Bedeutungen. Im Auswertungsgespräch wird versucht, die Fragen zu formulieren, die sich mit Blick auf die gesammelten Auffassungen (Bedeutungen) ergeben und die einer Klärung bedürfen. Der Lehrer macht darauf aufmerksam, daß im Rahmen einer Unterrichtsstunde freilich nur Antwortelemente erarbeitet werden können.

Phase 2: Von den persönlichen Auffassungen der Schüler her stellt sich gewiß auch die Frage, ob Beten nur für Situationen der Not und Bedrängnis gut ist (oder auch in anderen Situationen des menschlichen Lebens seine Bedeutung hat). Dieser Frage wird jetzt nachgegangen. In Mat. 27 finden die Schüler acht Situationen photographisch dokumentiert, die Anlaß für ein Gebet sein können. Ihre Aufgabe ist es, in Partnerarbeit die Situationen nach den äußeren Umständen, aber auch den seelischen Zuständen der betroffenen Personen zu kennzeichnen und zu überlegen, in welchen Sprachformen und körperlichen Ausdrücken das Gebet jeweils Gestalt annehmen kann. Die Schüler erhalten das Arbeitsblatt 5 (Lösungen beim Kopieren abdecken!), auf dem sie die Ergebnisse stichwortartig in ein passendes Raster eintragen. Für die Auswertung projiziert der Lehrer ein mit dem Arbeitsblatt identisches Folienbild, in das er die Schüler-Lösungen einträgt. In einem kurzen Auswertungsgespräch wird darüber nachgedacht, in welchen Situationen des Gebets freie und spontane oder feste, vorgegebene Formen benützt werden. Hierbei sollte deutlich werden, daß ausschließliche Zuordnungen kaum möglich sind, aber durchaus „tendenzielle" Aussagen.

Phase 3: Die Schüler sind geneigt, nur das freie Gebet als echtes Gebet gelten zu lassen und das formelhafte Gebet als gedankenloses Geplapper abzutun. Diese Meinung dürfte schon in Phase 1 deutlich zum Ausdruck gekommen sein. Es ist daher angebracht, die beiden Gebetsformen näher zu untersuchen. Der Lehrer schreibt für das freie und das formelhafte Gebet je ein Kurzbeispiel an die Tafel (oder er hat bereits eine Folie mit den Beispielen vorbereitet). Im Klassengespräch wird dann analysiert, welchen „Sitz im Leben" die beiden Gebetsbeispiele haben, welche Sprache sie auszeichnet und welche Glaubensfunktion sie besitzen. Die Ergebnisse notiert der Lehrer stichwortartig an der Tafel (bzw. auf Folie). Nach der Analyse, die sachliche Klarheit geschaffen hat, sollen die Schüler den Sinn und die Bedeutung der beiden Formen beurteilen. Da sie von ihrem Vor-Urteil geprägt sind, wird es ihnen nicht leicht fallen, die erarbeiteten Sachaspekte zu würdigen. Mit Hilfe des Lehrers sollte sich aber die Einsicht ergeben, daß das formelhafte Gebet/Bekenntnis im Glaubensleben unverzichtbar ist und nicht gegen das freie Gebet ausgespielt werden kann.

Beide Formen haben ihren berechtigten „Sitz im Leben". Sie ergänzen sich gegenseitig. Das freie Gebet, das eine Tendenz zur Individualisierung und Privatisierung des Glaubens hat, wird durch das allgemein verbindliche Glaubensbekenntnis auf die maßgeblichen Glaubensinhalte hin orientiert; das formelhafte Bekenntnis, das von dogmatischer Erstarrung bedroht ist, wird durch sprachliche Spontaneität und inhaltliche Aktualisierung einem neuen Verständnis erschlossen.

Phase 4: Die Einsicht, daß sich das freie und das formelhafte Gebet (Bekenntnis) im Glaubensleben wechselseitig ergänzen und fördern (können), ist bisher noch sehr abstrakt. Sie bedarf der beispielhaften Veranschaulichung, damit sie für die Schüler wirklich überzeugend wird. Dazu liest der Lehrer Uwe Seidels „Mein Bekenntnis" (Mat. 28) vor. Dieses Gebet zeichnet sich dadurch aus, daß in ihm Elemente des Apostolischen Glaubensbekenntnisses mit Inhalten und Ausdrucksformen des persönlichen gegenwartsbezogenen Glaubens verschmolzen sind. Maßgeblich ist gewiß die freie, persönlich verantwortete Formulierung, aber es ist doch augenfällig, daß sie sich in der Struktur und aus den Formeln des Apostolischen Glaubensbekenntnisses entfaltet. Im Unterrichtsgespräch werden zunächst die traditionellen Elemente in Seidels „Bekenntnis" festgestellt. Sodann machen sich die Schüler klar, wie er auf der Folie des Tradierten sein persönliches „Aggiornamento" schafft.

Vergabe von fünf Referaten für die Teilsequenz „Wert und Würde des ungeborenen Lebens" (22.–24. Stunde, Phase 2):

Referat 1: Individualität und Personalität des menschlichen Keims von Anfang an (Textgrundlage von E. Blechschmidt: Mat. 35)

Referat 2: Die Würde des vorgeburtlichen Lebens (Textgrundlage von EKD/Dt. Bischofskonferenz: Mat. 36)

Referat 3: Eine Zelle ist noch kein Mensch (Textgrundlage von K. Kirschfeld: Mat. 37)

Referat 4: Die Entwicklung des Gehirns macht den Menschen aus (Textgrundlage von H.-M. Sass: Mat. 38)

Referat 5: Der Wert des fötalen Lebens bemißt sich nach dem Grad seines Bewußtseins (Textgrundlage von P. Singer: Mat. 39)

Aufgabe an die Referenten: „Experten"-Vortrag für ein „Hearing" vorbereiten; die Hauptaussagen in einem „Thesen-Papier" zusammenfassen; eine stichwortartig verkürzte Version des „Thesen-Papiers" auf Folie schreiben (Folien und Folienstifte an die Referenten ausgeben!).

19.–21. Stunde:
Theologie: Die Wissenschaft des Glaubens (Beispiel: Christliche Ethik)

A Methodisch-didaktische Vorbemerkungen

Theologie, ihrem Wortsinn nach verstanden, ist Rede von Gott. In dieser Bedeutung ist sie aber noch nicht eigentlich bestimmt, ihr Unterschied etwa zur Metaphysik oder Mythologie ist darin noch nicht erfaßt. Ihre Eigenart erscheint erst in der folgenden Definition: Theologie ist Gottesglaube, der sich selbst denkt und expliziert. Die theologische Intention ist dabei *subjektiv* und *objektiv:* Zum einen reflektiert der Glaube durch Vernunft, was er selbst als Vollzug menschlicher Existenz auf Gott hin ist, zum anderen reflektiert er seinen Inhalt: das geoffenbarte (und in der Kirche verkündigte) Wort Gottes. Weil dieses Glauben-Denken der

Theologie höhere Reflexion ist, die methodisch bewußt an ihren Gegenstand herangeht und ihre so gewonnene Erkenntnis – der Sache entsprechend – systematisch entfaltet, ist die Theologie Wissenschaft. Obgleich sie sowohl durch die Art der Gegebenheit ihres Inhalts als auch durch die existentielle („gläubige") Befangenheit des seinen Glauben Denkenden anders ist als die Wissenschaften sonst, muß sie doch z.T. auch deren Methoden und Erkenntnisse benützen, ganz besonders die der Geisteswissenschaften. Denn sachlich ist es ja so, daß die Theologie die Tatsachen Gottes mit den Tatsachen dieser Welt zu vermitteln oder jedenfalls zusammen mit diesen zu denken hat, und was das Subjekt der theologischen Erkenntnis betrifft, so ist sein Verstehen auf die hermeneutischen Bedingungen (Strukturen, Paradigmata) angewiesen, die Denken zum Wissen führen. Objektivität, Logizität und Diskursivität sind auch für die Theologie konstitutiv, wenn sie denn wahrheits- und kommunikationsfähig – und das heißt: echt wissenschaftlich – sein will. Insofern das Wissen von den Tatsachen dieser Welt, auf die sich Theologie bezieht, wie die Strukturen und Paradigmata des Denkens, in denen sich Theologie vollzieht, geschichtlich bedingt sind, ist theologische Erkenntnis relativ. Dies hat nichts mit Beliebigkeit oder gar Unwahrheit zu tun: Die Verflochtenheit theologischen Denkens und Erkennens in Zeit ist – anthropologisch gesehen – die Bedingung der Möglichkeit, daß Gottes Wahrheit in dieser Welt – reflektiert – zu Wort kommt.

Die wenigen – skizzenhaften! – Aussagen über den wissenschaftlichen Charakter der Theologie zeigen schon genügend an, worin die Hauptschwierigkeit bei der Planung dieser Teilsequenz besteht: Es muß ein höchst diffiziles und komplexes Thema didaktisch so „reduziert" werden, daß in drei Schulstunden auf eine dem Fassungsvermögen der Schüler angemessene Weise wenigstens ein Grundzug der Sache selbst verständlich wird. Die vielleicht nächstliegende Überlegung, auf die Systematik der Theologie – ihre Gliederung in die verschiedenen Disziplinen – abzuheben, führt genauer besehen nicht zum Ziel; es käme für die Schüler ein gewiß gut memorierbares, aber letztlich doch oberflächliches Wissen heraus, denn die wesentliche Einsicht fehlte. Richtig erscheint es mir statt dessen, von *einer* theologischen Disziplin her die Schüler in die Bewegung theologischen Denkens mit hineinzunehmen. Dabei versteht sich: Das Thema, das im Horizont der ausgewählten Disziplin behandelt wird, muß so sein, daß die Schüler ein Vorverständnis einbringen können und in ihrem eigenen Interesse angesprochen sind. Außerdem sollte es beispielhaft die Spannung von (vorgegebenem) Glauben und (autonomer) Vernunft widerspiegeln, weil in diesem Aspekt, sofern er konkretisiert ist, sich ein den Schülern nachvollziehbares Wesensmoment der Theologie zeigt.

Die Wahl der theologischen Disziplin ergibt sich aus der Konzeption der abschließenden Unterrichtssequenz, die dem Verhältnis von (Natur-)Wissenschaft und reflektiertem Glauben (= Theologie) nachgeht. Die entscheidende Diskussion haben die empirische Wissenschaft und die Theologie m. E. nicht mehr auf der Ebene des Faktischen oder Ontischen zu führen. Namentlich der Auseinandersetzung zwischen biblischen Schöpfungsaussagen und naturwissenschaftlichen Erklärungsmodellen liegt oft eher ein hermeneutisches als ein echt sachliches Problem zugrunde. Die eigentliche Diskussion muß vielmehr angesichts der ungeheuren Dynamik des naturwissenschaftlich-technischen Fortschritts im Spannungsfeld von Sein und Sollen geführt werden. Die Forschung und ihre technische Nutzanwendung bedürfen dringend der normativen Orientierung, weil ohne spezifische Verantwortlichkeit der Handelnden für die Zukunft der Welt und des Menschen die zerstörerischen Kräfte der Beherrschung von Natur und Leben zu eskalieren drohen. Diese normative Orientierung kann die Naturwissenschaft aber nicht aus sich selbst gewinnen. Gewiß kann und muß sie dazu beitragen, indem sie mit ihren Mitteln die Gegenstände und Folgen ihres Wissens und Handelns analysiert und damit sowohl ethische Fragen hervorruft als auch ethischen Forderungen und Urteilen eine sachliche Grundlage bereitet. Die Reflexion jedoch, die von den aus der Sachanalyse sich ergebenden Perspektiven und Aspekten her wissen und entscheiden will, wie in der Forschung und Technik gut zu handeln ist, ist ihrem Wesen nach eine andere Wissenschaft: die Ethik als philosophische und/oder theologische Disziplin. Damit soll nun freilich nicht gesagt sein, daß Ethik und Naturwissenschaft Seite an Seite nebeneinander zu bestehen und jeweils für sich ihrem eigenen Geschäft nachzugehen hätten. Wenn einerseits die Ethik mit ihren Urteilen und Forderungen nicht weiterhin den vom wissenschaftlich-technischen Fortschritt geschaffenen Sachverhalten „hinterherhinken" will und andererseits die Naturwissenschaft nicht immer öfter riskieren möchte, daß sie zu einem *ethisch* nicht mehr „beherrschbaren" und damit inhumanen Wissen und Machen vorstößt, dann ist dies nur möglich durch die engste Verbindung beider: Die Ethik muß in die Naturwissenschaft integriert sein – und umgekehrt die Naturwissenschaft in die Ethik. Personbezogen lautet die Forderung des Ideals: Der Naturwissenschaftler muß zugleich Ethiker sein, der Ethiker ebenso Naturwissenschaftler. Das Fach, das in diesen drei Stunden als Beispiel theologischen Denkens behandelt wird, ist meinen Ausführungen entsprechend die christliche Ethik.

B Ziele dieser Stunden

Die Schüler
– machen sich ihre eigene (noch unreflektierte) Einstellung zur Beziehung/Partnerschaft/Heirat Homosexueller bewußt;
– lernen anhand eines Auszugs aus einer Verlautbarung des Apostolischen Stuhls die katholische Beurteilung der Homosexualität (als Neigung und Praxis) kennen und erhalten eine erste Vorstellung von den Erkenntniskräften und -quellen christlicher Ethik;
– vollziehen am Beispiel der ethischen Bewertung von Homosexualität die Urteilsbildung christlicher Ethik konkret unter einigen Aspekten mit und erkennen hierbei, daß
   a) der Glaube (die Theologie) sich nicht unbesehen auf die biblischen Aussagen zur Homosexualität berufen kann (hermeneutische Problematik),
   b) die humanwissenschaftlichen Erkenntnisse über Homosexualität und die (traditionellen) theologischen Bewertungen der Homosexualität zueinander in Spannung stehen,
   c) diese Spannung die Frage aufwirft, in welchem Maß christliche Ethik die Einsichten der Humanwissenschaften bei der Urteilsbildung zu berücksichtigen hat,
   d) die Ableitung des ethischen Urteils aus immer gültigen göttlichen Normen zugunsten einer argumentativen, sach- und vernunftbestimmten Begründung zurücktreten muß.

C Stundenverlauf

Phase 1: Die Schüler betrachten das Photo „Traumhochzeit? Zwei Frauen vor dem Standesbeamten" (Mat. 29). Nach kurzer Zeit der Stille fragt der Lehrer die Schüler nach ihrer Meinung. Die Äußerungen sammelt er, u. U. stichwortartig verkürzt, an der Tafel. Nach meiner Erfahrung ist es durchaus möglich, daß alle Schüler die Heirat Homosexueller vorbehaltlos bejahen. Öfters wird sich freilich ein differenziertes Meinungsbild ergeben (wobei aber die eindeutige Ablehnung homosexueller Lebensgemeinschaft oder Ehe nur selten auftritt). In einem weiteren Schritt fragt der Lehrer danach, wie die Schüler die kirchliche (ethische) Beurteilung der homosexuellen Partnerschaft/Ehe einschätzen bzw. was sie darüber wissen. In der Regel wissen die Schüler, daß die evangelische und die katholische „Amtskirche" die homosexuelle Beziehung als „Fehlform" menschlicher Sexualität versteht. Und sie vermuten, daß die evangelische Kirche (gelebte) Homosexualität „weniger" verurteilt als die katholische. Der Lehrer präzisiert diese Vermutung den offiziellen Verlautbarungen (s. Kasten) entsprechend. Danach stellt sich der Unterschied in der *moralischen* Bewertung so dar: die katholische Kirche verurteilt die homosexuelle Praxis als „sittlich schlechtes" Verhalten, die evangelische Kirche dagegen weist die „unreflektierte Verurteilung der Homosexualität als widernatürliches schuldhaftes Verhalten" ausdrücklich zurück.*

Da die Schüler bei ihren Äußerungen meist nur die Beurteilung der „Amtskirchen" im Blick haben, muß der Lehrer von sich aus darauf hinweisen, daß sich innerhalb der Kirchen einzelne Theologen und Gruppen für die uneingeschränkte Anerkennung homosexueller Lebensformen einsetzen (z. B. die ökumenische Arbeitsgruppe „Homosexuelle und Kirche e.V."; s. Kasten auf S. 70). Er stellt an der Tafel die (ablehnende oder einschränkende) Bewertung der „Amtskirchen" und die (vorbehaltlos bejahende) Bewertung der „Kirche von unten" einander gegenüber. Dann formuliert er die Frage, die der Gegensatz der Bewertungen hervorruft und die eine Klärung verlangt. Sie lautet: Welche der Stellungnahmen kann sich nun zurecht darauf berufen, die christliche Ethik zu repräsentieren?

Phase 2: Damit die zuletzt aufgeworfene Frage in nachvollziehbaren Schritten weiter behandelt werden kann, muß den Schülern die Urteilsbildung christlicher Ethik durch ein einfaches Modell verdeutlicht werden. Hierzu eignet sich ein Auszug aus der Verlautbarung des Apostolischen Stuhls „Über die Seelsorge für homosexuelle Personen" (Mat. 30). Vor oder nach der Lektüre erklärt der Lehrer ausdrücklich, daß die im Text genannte

---

Anmerkung:
* Die katholische Verurteilung gelebter Homosexualität, die in der Verlautbarung des Apostolischen Stuhls von 1986 formuliert ist, wird jüngst im sog. „Weltkatechismus" bestätigt („schlimme Abirrung"; „in keinem Fall zu billigen": 1993, Nr. 2357). Eine gewisse Spannung entsteht allerdings durch die Forderung: „Man hüte sich, sie (= die homosexuell Veranlagten) in irgendeiner Weise ungerecht zurückzusetzen" (Nr. 2358).
In der evangelischen Kirche gibt es seit 1971 keine neuere Stellungnahme der EKD zur Homosexualität. Insofern ist die Beurteilung der „Denkschrift" bis heute die offizielle oder amtliche. Jedoch darf nicht übersehen werden, daß inzwischen die Anerkennung der Homosexualität auf allen Ebenen der evangelischen Kirche in Deutschland Befürworter findet. So haben sich beispielsweise zahlreiche Gemeinden und Regionalsynoden der rheinischen Landeskirche dafür ausgesprochen, homosexuelle Pfarrerinnen und Pfarrer dienstrechtlich nicht mehr zu benachteiligen und homosexuelle Paare einzusegnen. Ein ähnliches Votum hat die Landessynode der hannoverschen Kirche (mit einer Stimme Mehrheit) abgegeben...

Über Homosexualität:

EKD-Denkschrift (1971)
Die weitverbreitete unreflektierte Verurteilung der Homosexualität als widernatürliches schuldhaftes Verhalten darf nicht beibehalten werden. Die christliche Verkündigung sieht den Sinn der menschlichen Sexualität in der dauerhaften Beziehung eines Mannes und einer Frau. Diese Personalisierung wird bei vielen Formen der Homosexualität verfehlt, so daß keine dauerhafte Partnerbeziehung, sondern häufiger Partnerwechsel entsteht.
Die evangelische Kirche versteht die Homosexualität als Fehlform und lehnt ihre Idealisierung ab. Das ist aber eine andere Beurteilung als die frühere moralisch verurteilende, die die Bestrafung als einzige Reaktionsmöglichkeit kannte. Das Wissen um die Personalisierung der Sexualität eröffnet heute Möglichkeiten der seelsorgerlichen und therapeutischen Hilfe für diese Menschen.
Kinder und Jugendliche müssen vor Verführung, Werbung und Propaganda für Homosexualität geschützt werden.
Aus: Kirchenamt der EKD (Hg.), Die Denkschrift der Evangelischen Kirche in Deutschland. Ehe, Familie, Frauen und Männer. Band 3/1 aus „Denkschrift zu Fragen der Sexualethik. (GTB 416). Gütersloher Verlagshaus. Gütersloh. 3. Aufl. 1993

Verlautbarung des Apostolischen Stuhls (1986)
Schon in der „Erklärung zu einigen Fragen der Sexualethik" vom 29. Dezember 1975 hat die Kongregation für die Glaubenslehre dieses Problem ausführlich behandelt. Dieses Dokument unterstrich die Aufgabe, ein Verstehen der homosexuellen Veranlagung zu suchen, und bemerkte, die Schuldhaftigkeit homosexueller Handlungen müsse mit Klugheit beurteilt werden. Gleichzeitig trug diese Kongregation der gemeinhin vorgenommenen Unterscheidung zwischen homosexueller Veranlagung bzw. Neigung und homosexuellen Handlungen selbst Rechnung. Letztere wurden als „ihrer wesentlichen und unerläßlichen Zielbestimmtheit beraubt" beschrieben, als „in sich nicht in Ordnung" und von der Art, daß sie „keinesfalls in irgendeiner Weise gutgeheißen werden können" (vgl. Nr. 8, Abschnitt 4).
In der Diskussion, die auf die Veröffentlichung der Erklärung folgte, erfuhr die homosexuelle Veranlagung jedoch eine über die Maßen wohlwollende Auslegung; manch einer ging dabei so weit, sie als indifferent oder sogar als gut hinzustellen. Demgegenüber muß folgende Präzisierung vorgenommen werden: Die spezifische Neigung der homosexuellen Person ist zwar in sich nicht sündhaft, begründet aber eine mehr oder weniger starke Tendenz, die auf ein sittlich betrachtet schlechtes Verhalten ausgerichtet ist. Aus diesem Grunde muß die Neigung selbst als objektiv ungeordnet angesehen werden.
Deshalb muß man sich mit besonderem seelsorglichem Eifer der so veranlagten Menschen annehmen, damit sie nicht zu der Meinung verleitet werden, die Aktuierung einer solchen Neigung in homosexuellen Beziehungen sei eine moralisch annehmbare Entscheidung.
Aus: Schreiben der Kongretation für die Glaubenslehre an die Bischöfe der katholischen Kirche über die Seelsorge für homosexuelle Personen vom 30. Okt. 1986, hg. v. Sekretariat der Deutschen Bischofskonferenz, Bonn

Homosexuelle und Kirche e.V. – Selbstdarstellung
[...] Wir sind davon überzeugt, daß homosexuelle Lebensform und Evangelium einander nicht ausschließen. Wir lehnen theologische Positionen ab, die Homosexualität als sündhaftes Verhalten bezeichnen. Diese berufen sich auf wenige fundamentalistisch interpretierte Bibelstellen oder auf eine angeblich von Gott geoffenbarte Schöpfungsordnung, welche nur das Zusammenleben von Mann und Frau in der Ehe zulasse. Vielmehr suchen wir neue theologische Ansätze, welche die Erkenntnisse moderner Sexual- und Sozial-

> wissenschaft einbeziehen. Grundlage unserer Überlegungen ist die Einsicht, daß Homosexualität und Heterosexualität gleichwertige Ausdrucksformen der einen Sexualität des Menschen sind. Das ist unsere Voraussetzung zum Verständnis biblisch-theologischer Aussagen über menschliche Sexualität.
>
> Aus: Heft „6. KatholikInnentag von unten Karlsruhe 1992", hg. v. Initiative Kirche von unten, S. 103f.

„katholische Moral" als ein Fall oder eine Konkretion christlicher Ethik zu betrachten ist. Ohne Verständnis dieses Zusammenhangs wäre die „Logik" bei der Entfaltung der Thematik nicht einsichtig. Im Klassengespräch wird dann erstens erarbeitet, was das in Phase 1 pauschal als „moralische Verurteilung" gekennzeichnete lehramtliche Urteil genau beinhaltet. Wichtig ist hier die Unterscheidung zwischen der homosexuellen Veranlagung und ihrer Aktuierung, die sich entsprechend im Urteil niederschlägt. Zweitens wird untersucht, auf welchen Erkenntniskräften und -quellen „katholische Moral" (= christliche Ethik) – laut Text – beruht (und wie diese im Urteilsbildungsprozeß zusammenwirken). Das Ergebnis stellt der Lehrer in einem Schaubild an der Tafel dar.

Phase 3: Der Lehrer führt aus, daß nun der gedankliche Prozeß, den christliche Ethik vollziehen muß, um sich ein Urteil über Homosexualität (als Anlage und Lebensform) zu bilden, konkret mitvollzogen werden soll. Es kann die Motivation und das Verständnis der Schüler fördern, wenn er schon im voraus auf folgende Punkte aufmerksam macht:

1. Wie bereits das in Phase 2 erarbeitete Modell christlicher Ethik gezeigt hat, muß die Theologie bei der Urteilsfindung die Erkenntnisse der Wissenschaft einbeziehen.
2. In ihrem eigenen Gebiet betrachtet die Theologie zuerst das biblische Urteil über Homosexualität. Hierbei stellt sich ein hermeneutisches Problem: Sind die einschlägigen Bibelstellen im Wortsinn aufzufassen, oder bedürfen sie einer exegetisch-relativierenden Deutung?
3. Die humanwissenschaftlichen Einsichten zur Homosexualität stehen in starker Spannung zur traditionellen theologischen Bewertung der Homosexualität. Dies fordert zur Klärung der Frage heraus, in welchem Maß sich die Theologie an den Erkenntnissen der Wissenschaften zu orientieren hat.
4. Das Modell christlicher Ethik aus Phase 2 stellt bei der Beurteilung von Haltungen und Handlungen den Glauben über die Vernunft. Muß dieses Modell nach der näheren Auseinandersetzung mit der Urteilsbildung christlicher Ethik verändert werden?

Nach seinen Ausführungen teilt der Lehrer die Klasse in drei Gruppen ein. Gruppe 1 erhält die Aufgabe, auf der Grundlage eines Textes von H. Haag/K. Elliger (Mat. 31) die neuen humanwissenschaftlichen Erkenntnisse zur Homosexualität darzustellen; Gruppe 2 vergleicht zwei Auslegungen von Gen 19,1–11 (Die „Sünde Sodoms"), die am Wortsinn orientierte Auslegung der Glaubenskongregation (Mat. 32/I.) und die bibelkritische Auslegung H.-G. Wiedemanns (Mat. 32/II.) und Gruppe 3 beschäftigt sich mit einem Text von M. Josuttis (Mat. 33), der den Konflikt zwischen dem biblischen Urteil über Homosexualität einerseits und dem veränderten ethischen Bewußtsein und den neuen humanwissenschaftlichen Einsichten andererseits aufzeigt und beurteilt. In den Gruppen arbeiten die Schüler in Partnerarbeit. Möglich ist auch Gruppenarbeit, doch erfordert diese mehr Zeit. Die Ergebnisse zu den Aufgaben formulieren die Schüler schriftlich in Kurzform (Stichworte, soweit möglich; sonst Thesenform). Bei der Auswertung trägt für jede Gruppe ein Schülerpaar seine Ergebnisse vor. Die anderen aus der Gruppe machen, falls nötig, Ergänzungs- und Verbesserungsvorschläge. Der Lehrer notiert die Ergebnisse – auf den Kern reduziert – an der Tafel. In der längeren – gleichwohl kurzen – Formulierung der Schüler können die Lösungen so aussehen:

Gruppe 1
Neue Einsichten der Humanwissenschaften über die Homosexualität
- Der Mensch ist nicht eindeutig auf das andere Geschlecht ausgerichtet.
- Homosexualität ist keine Abartigkeit irgendwelcher Randgruppen. Nach Untersuchungen von Kinsey haben 50% der Männer und 20% der Frauen irgendwann in ihrem Leben homosexuelle Kontakte.
- Warum ein Mensch überwiegend oder ausschließlich homosexuell ausgerichtet ist, ist wissenschaftlich noch nicht geklärt (dies gilt umgekehrt auch für die Heterosexualität).
- Sicher ist aber: Voraussetzung der Homosexualität ist die Bisexualität des Menschen (jeder Mensch hat männliche und weibliche Anteile).

Fazit aus den wissenschaftlichen Erkenntnissen: Es gibt nur eine menschliche Sexualität, die sich allerdings in vielfältigen Formen ausdrücken kann. Homosexualität und Heterosexualität sind grundsätzlich zwei „gleichwertige Varianten" dieser einen Sexualität.

Das Fazit steht in Widerspruch zum Anspruch der Glaubenskongregation, ihre Sichtweise werde von den wissenschaftlichen Erkenntnissen bestätigt.

Gruppe 2
Gen 19,1–11: Eine biblische Verurteilung der Homosexualität?
Glaubenskongregation:
- Eindeutiges moralisches Urteil gegen homosexuelle Beziehungen
- „Entartung" im Gefolge der Erbsünde

H.-G. Wiedemann:
- „Kein Anhaltspunkt für eine Verurteilung von Homosexualität"
- „Sünde Sodoms": nicht homosexuelle Praxis, sondern eklatante Verletzung des in Israel heiligen Gastrechts
- Homosexuelle Komponente: ein Nebenzug der Geschichte, begründet in gestalterischer Notwendigkeit

Hermeneutische Erklärung der unterschiedlichen Auffassung von Gen 19,1–11:
- Verschiedenes Vorverständnis
- Verschiedenes Erkenntnisinteresse
- Wörtliche Textauffassung vs. „kritische" Exegese/Interpretation

Wiedemanns Auffassung erscheint – gerade auch mit Blick auf die alttestamentlichen Stellen, die die „Sünde Sodoms" zitieren und benennen – plausibel.

Gruppe 3
Konflikt zwischen neuen humanwissenschaftlichen Erkenntnissen/neuem ethischen Bewußtsein und biblischem Urteil über Homosexualität
Die Theologie (= christliche Ethik) kann das biblische Urteil über Homosexualität nicht (mehr) direkt übernehmen.
Zwar:
Die biblische Verurteilung der Homosexualität ist eindeutig; sie sollte nicht durch „exegetisch-hermeneutische Kunstgriffe" relativiert werden.

Aber:
Eine direkte Übernahme des biblischen Urteils über Homosexualität ist in der Gegenwart vor allem aus zwei Gründen nicht mehr möglich:
– Die Einsichten der Humanwissenschaften in das „komplexe Bedingungsgefüge" der Homosexualität fordern von der Theologie eine „differenzierte Auseinandersetzung" mit dieser Form menschlicher Sexualität.
– Das Bewertungsgefüge christlicher Ethik hat sich grundlegend verändert: Statt Handlungen von immer gültigen göttlichen Normen her zu beurteilen, werden sie nun entscheidend mit Blick auf die Motive des Handelnden und die Folgen für alle Beteiligten bewertet.

Phase 4: Mit den Elementen der Urteilsbildung theologischer Ethik sind auch deren Probleme deutlich geworden. Zu fragen ist vor allem: Welchen Stellenwert haben die humanwissenschaftlichen Einsichten bei der Urteilsbildung? Welche Konfliktlösung ist möglich, wenn biblische Aussagen und Erkenntnisse der Humanwissenschaften einander widersprechen? Wie autonom ist die Vernunft im Erkenntnisprozeß christlicher Ethik? Diese Fragen werden nun noch im Unterrichtsgespräch besprochen. Danach stellt der Lehrer die Summe des Erarbeiteten an einem Schaubild dar; es zeigt die Struktur christlicher Ethik im Modell der sog. „Autonomen Moral".

Vergabe eines Referats für die Teilsequenz „Wert und Würde der Fortpflanzung" (25.–27. Stunde, Phase 2), falls der Lehrer das Referat nicht selbst übernimmt!
Thema: Die grundlegenden Methoden der Reproduktionsmedizin.
Textgrundlage: E. Gräßle u. a., Gentechnik und Reproduktionsmedizin – eine ethische und pädagogische Herausforderung: „Aktueller Dienst" der Religionspädagogischen Institute e.V. in der Diözese Rottenburg-Stuttgart 1/1990, S. 40–44. (Zu beziehen über: Religionspädagogisches Institut Stuttgart oder Institut für Religionspädagogik Freiburg.)

Die Stellung(nahme) christlicher Ethik im Kontext bioethischer Probleme

Vorbemerkungen zur ganzen Sequenz (22.–27. Stunde)

Christliche Ethik (wie die Ethik überhaupt) ist angesichts dessen, was durch den scheinbar grenzenlosen Fortschritt des Wissens und Könnens machbar wird und teilweise auch schon gemacht wird, aufs höchste herausgefordert. Es steht das vitale Interesse des Menschen, seine Gesundheit und sein Überleben, auf dem Spiel – und zugleich die Identität und der Sinn des Menschen, seine Menschlichkeit. Der ethische Beitrag, den die Theologie in der Auseinandersetzung um das Richtige und Gute der wissenschaftlich-technischen Entwicklung zu leisten vermag (und zu leisten hat), ist insofern sui generis, als theologische Ethik ihre Leitperspektiven aus dem christlichen Glauben gewinnt. Der Sinnhorizont oder das Beziehungsgefüge, in dem die theologische Ethik zu den Problemen des Wissens und Könnens Stellung bezieht, ist bestimmt vom Bekenntnis der Geschöpflichkeit, Sünde und Erlösung des Menschen. Aber die Grundausrichtung am Glauben bedeutet nicht, daß die theologische Ethik in ihrer Explikation zugunsten des Glaubens die Vernunft überspringen dürfte. Sie muß nicht weniger als die philosophische Ethik argumentieren, so daß sie auch für den, der ihre Glaubensvoraussetzungen nicht akzeptiert, diskursfähig ist. Der „garstige Graben", der von bestimmten theologischen Positionen her zwischen philosophisch-autonomer Vernunftethik und theologisch-heteronomer Glaubensethik aufgerissen wird, ist in der Wirkung äußerst negativ. Wenn theologische Ethik nicht „von der ‚Ununterschiedenheit' zwischen den Kriterien der sittlichen Vernunft und den sittlich relevanten Aussagen der Glaubensüberlieferung aus(geht)" (Concilium 1989, H. 3, 212), dann schließt sie sich letztlich aus der Kommunikationsgemeinschaft aus, die das Wissen und Können des Menschen durch Reflexion im Sinne vernünftiger Auseinandersetzung und Verständigung ethisch steuern will.

Die ethischen Problemfelder, die im Zusammenhang des wissenschaftlich-technischen Fortschritts entstanden sind und neu entstehen, sind vielfältig. Ihre Relevanz ist freilich unterschiedlich. Die ethischen Fragen etwa, welche aus der Weltraumforschung erwachsen, sind – wenigstens zur Zeit – weniger schwerwiegend als die, welche die Tierhaltung oder die Tierversuche betreffen (vgl. A. Bondolfi, 1989, 267 ff.), und diese wiederum stehen beispielsweise hinter den ethischen Problemen des wachsenden Straßenverkehrs zurück. Die größte ethische Brisanz und Wichtigkeit kommt m. E. dem Bereich der Machbarkeit zu, in dem aufgrund des hochentwickelten biologischen und medizinischen Wissens und Könnens menschliches Leben (in all seinen Stadien) behandelt wird. Denn hier geht es nicht allein um das Dasein des Menschen unter physischen und psychischen Aspekten wie Lebenserhaltung, Lebensverlängerung und Lebensverbesserung, sondern in zunehmendem Maß um die Idee des Menschen selbst. Das hervorragendste Beispiel dafür, wie der Fortschritt von Biologie und Biotechnik direkt das Wesen des Menschen tangiert, ist die von einigen Genetikern für die Zukunft anvisierte gezielte Veränderung der menschlichen Natur (durch Manipulation des Erbguts). Aber auch ein so altes Thema der bioethischen Diskussion wie der Schwangerschaftsabbruch erscheint infolge der biologisch-technischen Entwicklung in verschärfter Problematik, die mehr denn je verlangt, das „Bild des Menschen" zu klären und hierauf Konsequenzen des Handelns zu gründen. So läßt die pränatale Genomanalyse Erbkrankheiten des Ungeborenen erkennen und stellt damit zugleich dessen Leben zur Disposition. Die Gefahr ist groß, daß anstelle der Solidarität mit allem menschlichen Leben unversehens die „Normalität" zum Inbegriff des menschlichen Lebens wird, das wert ist, geboren zu werden.

Es seien noch kurz die anderen „Brennpunkte" der Bioethik, soweit sie die biologisch-medizinische Erforschung und Behandlung des Menschen betrifft, angesprochen. Da ist zunächst die Intensivmedizin. Sie hat inzwischen solche Möglichkeiten der Lebenserhaltung und Lebensverlängerung, daß sich in Fällen hoffnungslosen Leidens oder bloß vegetativen Weiterlebens vom Begriff der Menschenwürde her nicht mehr die Frage nach dem Lebensrecht, sondern nach dem Sterberecht stellt. Auch die Organersatzmedizin ist ethisch höchst diffizil. Vorab müssen gegen bestimmte Arten der Organimplantation grundsätzliche ethische Bedenken erhoben werden. Am augenfälligsten zeigt sich die das Menschenbild berührende Problematik angesichts der Implantation eines Kunstherzens. Ist diese Behandlung bei dem gegenwärtigen Stand der Technik/Medizin noch human zu nennen, wenn man die Kürze der „gewonnenen" Zeit und die Qualität des „geretteten", aber völlig an die Maschine ausgelieferten Lebens zum Maßstab der Beurteilung nimmt? Ein anderes – nicht grundsätzliches – ethisches Problem der Organersatzmedizin erwächst daraus, daß die Zahl der für eine Transplantation benötigten Organe die Zahl der „gespendeten" Organe bei weitem übersteigt. Wie ist da eine gerechte Zuteilung möglich? Kann es ein Kriterium sein, die jüngere oder „wichtigere" Person zu bevorzugen und die andere leiden oder sterben zu lassen ... (vgl. Concilium, 1989, H. 3, 203)? Ein weiterer Brennpunkt ist schließlich die Reproduktionsmedizin, die mittels künstlicher Insemination oder In-vitro-Fertilisation und Embryo-Transfer die in unserer Zivilisation zunehmende Unfruchtbarkeit zu umgehen versucht. Die konkrete Anwendung der Reproduktionsmedizin ist ethisch in mehrfacher Hinsicht fragwürdig. Die Kritik wird hier vor allem auf die Heterologie der Fortpflanzung und die Vernichtung oder experimentelle Verwendung „überzähliger" befruchteter Eizellen zielen. Aber die Mißbräuche der Anwendung sind nicht das Hauptproblem. Dieses betrifft die generelle Richtigkeit oder Gutheit der Anwendung selbst. Es muß im Kontext des gegenwärtigen Verhältnisses zum Leiden – und damit im Horizont der Idee des Menschen – gesehen werden. Gewiß ist Kinderlosigkeit für die betroffenen Paare ein großes Leid. Aber die um sich greifende Mentalität, Nicht-Leiden wie ein Menschenrecht individuell zu beanspruchen und daher fast jedes Mittel zur Abschaffung des Leidens zu billigen, ist nicht weniger kurzsichtig, als es die „Verklärung des Ertragens von Leiden" war (vgl. Concilium 1989, H. 3, 216f.).

Von den skizzierten „Brennpunkten" biologisch-medizinischer Machbarkeit werde ich in der folgenden Sequenz den *Schwangerschaftsabbruch* und die *Fortpflanzungsmanipulation* (künstliche Befruchtung und Embryo-Transfer) behandeln. Das Thema „Schwangerschaftsabbruch" habe ich natürlich wegen der Aktualität gewählt, die es seit der Vereinigung Deutschlands – wieder – in der öffentlichen Diskussion hat. Ich hatte aber noch einen anderen Grund. Vom deutschsprachigen Denken wenig beachtet, hat sich im angelsächsischen Raum eine dem Utilitarismus verpflichtete philosophische Ethik herausgebildet, die, gegen das „jüdisch-christliche Prinzip von der Heiligkeit des Lebens" polemisierend, den Wert und die Würde des menschlichen Lebens – scheinbar sachlich-objektiv – allein nach dem Grad der Vernunft, (Selbst-)Reflexion, Selbstbestimmung, Wahrnehmungsfähigkeit und Sensibilität bemessen will (s. A. Leist [Hrsg.], 1990, bes. 75 ff.; P. Singer, 1990). Da das Menschsein selbst für diese Ethik kein Kriterium darstellt, vergleicht sie das menschliche Leben ohne Vorbehalt und Einschränkung mit dem tierischen Leben. Hierbei stellt sie für den menschlichen Fötus fest, daß sein Leben keinen größeren Wert habe als das „Leben eines nichtmenschlichen Lebewesens auf einer ähnlichen Stufe der Rationalität". Konkret angewendet bedeutet das dann: Das Leben eines drei Monate alten Fötus sei nicht schutzwürdiger als das Leben einer Garnele (vgl. P. Singer, 1990, 162). Daß der menschliches und tierisches Leben gleichermaßen bemessende Maßstab auch das Leben von Säuglingen, besonders wenn sie mißgebildet sind, und das Leben geistig Schwerstbehinderter oder -geschädigter zur Disposition stellt, versteht sich. Es ist daher dringend, sich vom christlichen Standpunkt aus in breiter Bewegung mit dieser Ethik auseinanderzusetzen – freilich ohne Zorn und Eifer, vielmehr argumentativ. Die Dringlichkeit besteht um so mehr, als diese Ethik in unserer Gesellschaft fast unbemerkt Fuß zu fassen beginnt.

Was die Behandlung der Reproduktionsmedizin angeht, so könnte man der Meinung sein, das Thema „Gentechnik" hätte mehr Bedeutung und Brisanz. Man muß sich aber klarmachen, daß derzeit die Anwendung reproduktionstechnischer Verfahren auf den Menschen quantitativ und qualitativ viel weiter reicht als die Anwendung der Gentechnik auf den Menschen. Wegen der Komplexität des menschlichen Erbguts steht das gentechnische Können noch ganz am Anfang – oder es ist jedenfalls noch weit entfernt von dem, was bezüglich Genidentifikation (Genomanalyse) und Gentransfer (in Keim- und Körperzellen) projektiert ist. Überdies ist zu sehen, daß die Praxis der Reproduktionsmedizin direkt mit dem Fortschritt der Gentechnik verknüpft sein kann – nämlich dann, wenn „überzählige" in vitro befruchtete Eizellen für die gentechnische Forschung verwendet werden. Außer diesen sachlichen Überlegungen war für mich aber auch ein didaktischer Gesichtspunkt wichtig: Um das Thema „Reproduktionsmedizin" zu erarbeiten, reichen die biomedizinischen Kenntnisse der Schüler weitgehend aus. Für das Thema „Gentechnik" dagegen müßten zwar nicht gerade die Grundbegriffe der Genetik eingeführt werden – die sollten die Schüler aus dem Biologieunterricht kennen –, aber es wären doch recht komplizierte biotechnische Vorgänge zu erläutern bzw. nachzuvollziehen. Damit wäre nicht nur an den Lehrer, der nicht vom Fach ist, eine hohe Anforderung gestellt, sondern es müßte auch der Zeitraum des Unterrichts wesentlich weiter gesteckt werden.

22.–24. Stunde:
Wert und Würde des ungeborenen Lebens: Zur ethischen Herausforderung des Schwangerschaftsabbruchs

A Methodisch-didaktische Vorbemerkungen

Nach der Vereinigung Deutschlands blieben zunächst die unterschiedlichen strafrechtlichen Regelungen des Schwangerschaftsabbruchs bestehen: im Westen die „Indikationslösung", im Osten die „Fristenlösung". Die Notwendigkeit einer Vereinheitlichung des Rechts führte zu einer großen öffentlichen Diskussion, an der auch die Kirchen stark beteiligt waren. Die Auseinandersetzung in der Politik und Gesellschaft war heftig, aber sie verfehlte im Grunde den entscheidenden Punkt. Statt die „gemeinsame soziale Verantwortung für die Weitergabe des Lebens" in die Mitte der Diskussion zu stellen und als praktische Konsequenz „neue Strukturen der Solidarität" mit der schwangeren Frau und dem werdenden Leben zu fordern (vgl. D. u. I. Mieth, 1990, 8–12), wurde vor allem darüber gestritten, wer über das Lebensrecht des ungeborenen Kindes zu entscheiden habe und ob dieses Lebensrecht mit dem Strafrecht zu schützen sei.

Obwohl die sozialpolitischen und sozialethischen Aspekte des Schwangerschaftskonflikts und seiner „Lösung" den „Kern der Sache" (a.a.O., 8) betreffen, werden sie in den drei Stunden nicht behandelt. Die „Logik" der Unterrichtseinheit verlangt, daß aus der Problematik des Schwangerschaftsabbruchs ein Thema herausgenommen wird, das unmittelbar mit der Eigenart und dem Fortschritt des Wissens verknüpft ist und zugleich in die Spannung zwischen Glauben und Wissen hineinführt. Ein solches Thema ist die schon „klassische" Frage nach dem Beginn des menschlichen Lebens. Die Diskussion dieser Frage ist – systematisch gesehen – von großer Bedeutung für die „Lösung" des Streits um den Schwangerschaftsabbruch, denn aus den Antworten folgen Aussagen über den Wert des ungeborenen menschlichen Lebens, und hieraus könnten oder müßten dann praktische Konsequenzen für dessen Schutz gezogen werden. Doch abgesehen davon, daß die Antworten zu widersprüchlich sind, um hierin eine sichere Grundlage für ethische Urteile oder eine Rechtspraxis zu finden, ist der Diskussion über den Lebensbeginn ihre Abstraktheit vorzuhalten. Sie ist abgelöst von den konkreten Lebensbedingungen und sozialen Umständen, die gegenwärtig der Option für das werdende Leben entgegenstehen. Der Lehrer sollte sich also bei diesem „klassischen" Thema bewußt halten, daß sich die Auseinandersetzung um den Schwangerschaftsabbruch weniger auf die theoretischen Klärungen als vielmehr auf die Konfliktsituation der schwangeren Frau und die solidarische Verantwortung zu konzentrieren hat, und es wäre wünschenswert, daß er im Anschluß an die drei Stunden in einer weiteren Stunde den sozialen Kern des Problems noch aufgriffe.

Die Teilsequenz hat eine dreiteilige Gliederung: Zuerst machen sich die Schüler die Problemstellung („Wieviel Mensch ist das ungeborene Leben?") von ihrem eigenen Verständnis her bewußt. Anschließend werden verschiedene wissenschaftliche Ansichten über den Beginn des Menschseins und den Wert des ungeborenen menschlichen Lebens vorgestellt. Und dann werden die wissenschaftlichen Auffassungen, die dem christlichen Denken entgegenstehen, kritisch betrachtet und argumentativ in Frage gestellt.

Für den ersten Teil ist die Bildbetrachtung eine geeignete Methode. In der photographischen Abbildung eines acht Wochen alten Embryos liegt das Problem seines Menschseins sichtbar da, und die Schüler müssen es nur aufgrund ihrer Eindrücke, spontanen Gedanken und Voreinstellungen formulieren.

Die Methode des zweiten Teils ist aus der politischen Praxis abgeleitet. Bei Gesetzesvorhaben machen sich Politiker dadurch sachkundig, daß sie Experten anhören. Ähnlich werden in dieser Doppelstunde „Experten" zur Sache gehört. Ihre wissenschaftliche Analyse der Sache schafft die Grundlage für deren ethische Beurteilung. Es versteht sich, daß Schüler die Rolle der Experten übernehmen; sie haben ihre Vorträge mit Texten, die von Experten stammen, vorbereitet.

Im dritten Teil ist Textarbeit die maßgebliche Methode. Von sich aus – von ihrem Wissen und Denken her – wären die Schüler nicht in der Lage, die wissenschaftlichen Aussagen im Horizont christlichen Denkens zu beurteilen und ihnen ggf. argumentativ entgegenzutreten. Aber im Nach-Denken des einfachen und gleichwohl differenzierten Textes von D. und I. Mieth können sie dies leisten.

B Ziele dieser Stunden

Die Schüler
– begreifen angesichts des Photos eines acht Wochen alten Embryos die Schwierigkeit, in den frühen Gestalten des ungeborenen Lebens den Menschen zu erkennen;
– lernen durch fünf „Experten"-Vorträge verschiedene Auffassungen über den Beginn des Menschseins und den Wert (die Würde) des ungeborenen Lebens kennen (E. Blechschmidt; EKD/Dt. Bischofskonferenz; K. Kirschfeld; H.-M. Sass; P. Singer);
– machen sich in spontanen Äußerungen zu den „Experten"-Vorträgen ihr eigenes Vor-Verständnis der Thematik bewußt;
– erarbeiten gegen Sass' Bestimmung des menschlichen Lebensbeginns und Singers Bewertung des fötalen Lebens eine Kritik vom christlichen Standpunkt aus;
– verstehen, daß im Horizont christlicher Ethik die Maxime des Handelns lautet: „Im Zweifel für das Leben".

C Stundenverlauf

Phase 1: Die Schüler betrachten in Stille das Photo eines acht Wochen alten menschlichen Embryos (Mat. 34) und notieren ihre Gedanken und Eindrücke. Nach ca. vier Minuten fordert der Lehrer die Schüler auf, sich zu überlegen, ob sie diesen Embryo als Menschen bezeichnen würden. Ihre Überlegungen sollen sie ebenfalls schriftlich in Stichworten festhalten. Schließlich werden die Ergebnisse – die Notizen zu den spontanen Gedanken/Eindrücken und die Stichworte zur Frage des vorgeburtlichen Menschseins – an der Tafel gesammelt.

Phase 2: Die Problemstellung, auf die die Bildbetrachtung hingeführt hat, benennt der Lehrer jetzt ausdrücklich. Die theoretische Frage lautet: Von wann an (und in welchem Sinn) ist ein befruchtetes sich entwickelndes menschliches Ei ein „Mensch"? Praktisch-ethisch heißt die Frage: Welche Konsequenzen ergeben sich aus den verschiedenen theoretischen Antworten für die Bewertung und den Schutz des ungeborenen menschlichen Lebens? Die Methode, durch die die Schüler Grundinformationen über den Beginn des Menschseins und den Wert des ungeborenen menschlichen Lebens erhalten, ist dem Experten-Hearing nachgebil-

det. Fünf Schüler übernehmen die Rolle der Experten. Zwei repräsentieren Biologen, zwei Philosophen, einer repräsentiert einen Theologen. Zur Vorbereitung ihrer Vorträge haben die Schüler-Experten zwei Wochen früher je einen Grundlagentext (Mat. 34–39) zugewiesen bekommen sowie OHP-Folien und Folienstifte erhalten. Jeder „Experte" hat die Hauptaussagen seines Vortrags in einem „Thesen-Papier" zusammengestellt. Die Kopien erhalten die Hörer (= Mitschüler) am Ende des Hearings. Beim Vortrag selbst zeigen die „Experten" mit dem Overhead-Projektor eine stichwortartig verkürzte Version ihrer Thesen-Papiere. Dies erleichtert es den Hörern, den Gedankengang mitzuvollziehen. Die Vorträge werden in einer bestimmten Reihenfolge gehalten: Zunächst sprechen zwei „Experten" für die Auffassung, im Augenblick der Befruchtung der weiblichen Zelle sei ein neuer Mensch da, anschließend drei „Experten" dagegen. Nach jedem Vortrag sind Fragen der Hörer an die „Experten" möglich. Der Lehrer muß allerdings darauf achten, daß dabei nicht schon Diskussionen entstehen.
Im folgenden ist auf exemplarische Weise dargestellt, wie die Vortragenden ihre Thesen-Papiere abfassen können:

Vortrag 1 (Mat. 35)

Thema:
Individualität und Personalität des menschlichen Keims von Anfang an

Autor der Textgrundlage:
Erich Blechschmidt, Professor für Anatomie. Von 1942 bis 1973 Direktor des Anatomischen Instituts der Universität Göttingen. Sein Hauptarbeitsgebiet: Humanembryologie. Hat die nach ihm benannte „Humanembryologische Dokumentationssammlung" in Göttingen aufgebaut und mit ihr die Humanembryologie morphologisch begründet.

Grundaussage:
Der menschliche Keim *wird nicht* Mensch, sondern *ist* von Anfang an – ab der Befruchtung der Eizelle – Mensch. Er entwickelt sich nicht *zum* Menschen, sondern *als* Mensch.

Begründung:
– *Individualität* des menschlichen Keims:
 Der menschliche Keim ist ein individueller Organismus. Sein Genom enthält in spezifischer Weise alles, was sich entwickeln kann. Die Ontogenese entfaltet, was – „eingefaltet" – als Gestalt schon immer da ist. Es existiert also von Anfang an ein unteilbares Ganzes, das sich in der Entwicklung differenziert und sein Erscheinungsbild ändert, aber selbst nicht anders wird. Seine Anlage und sein Gestaltungsprinzip bleiben unverändert – von der Befruchtung bis zum Tod.
– *Personalität* des menschlichen Keims:
 Der menschliche Keim „hat ebenso viel Personalität wie ein Kind oder ein Erwachsener". Eine „Personalisation" als Entwicklungsprozeß gibt es nicht. Personalität ist das *Wesen* eines jeden Menschen. Dieses ist aber als „Individualspezifität" von Anfang an da und bleibt bis zum Ende (Tod) dasselbe. Also ist die Personalität des Menschen in jeder Entwicklungsphase perfekt.

Vortrag 2 (Mat. 36)

Thema:
Die Würde des vorgeburtlichen Lebens

Autoren der Textgrundlage:
Rat der EKD und Dt. Bischofskonferenz

Biologische Grundaussagen:
1. Der sich entwickelnde menschliche Keim ist von Anfang an – seit der Be-

fruchtung – ein „individuelles menschliches Lebewesen" (= ein ganzer Mensch).
Begründung:
– Die befruchtete menschliche Eizelle kann, wenn sie sich entwickelt, gar nichts anderes werden als ein Mensch.
– Die befruchtete, sich entwickelnde menschliche Eizelle kann nur ein ganz bestimmter Mensch werden (Individualität in dem Sinn, daß keine andere befruchtete Eizelle dasselbe Genom hat).
– Der Entwicklungsprozeß des menschlichen Keims ist ein *kontinuierlicher* Vorgang, in dem zu keinem Zeitpunkt etwas Neues hinzukommt. (Es gibt keine „einsichtig zu machenden Einschnitte".)

Aus Aussage 1 (und deren Begründung) folgen Aussage 2 und 3.

2. Der sich entwickelnde Keim ist zu keiner Zeit ein Teil der Frau, sondern er ist von Anfang an ein „eigenständiges anderes menschliches Wesen", auch wenn er in spezifischer Weise von der ihn austragenden Frau abhängig ist.
3. Obwohl die Geburt für die „Eigenständigkeit und Selbstbestimmung des Kindes eine hervorragende Bedeutung hat ..., unterscheiden sich die vorgeburtliche Phase und der erste Lebensabschnitt des geborenen Kindes ... lediglich graduell". Denn die Anlage zur Eigenständigkeit und Selbstbestimmung ist ja im vorgeburtlichen Leben von Anfang an enthalten.

Theologische Grundaussage:
Die biblischen Aussagen über die Gottebenbildlichkeit und die Würde des Menschen sind ohne Einschränkung auch auf das vorgeburtliche menschliche Leben zu beziehen. Im Augenblick der Befruchtung ist ein neuer Mensch von Gott geschaffen, gerufen und angenommen.

Vortrag 3 (Mat. 37)
Thema:
Eine Zelle ist noch kein Mensch
Autor der Textgrundlage:
Kuno Kirschfeld, Biologe. Direktor am Max-Planck-Institut für biologische Kybernetik in Tübingen.
Grundaussage 1:
Daß der sich entwickelnde menschliche Keim vom Zeitpunkt der Befruchtung an ein Mensch ist, kann man glauben – *biologisch beweisbar* ist es nicht.
Begründung:
– Das Argument, der Mensch existiere vom Zeitpunkt der Befruchtung an, weil von da an ein individuelles Lebewesen „vorliege", das – sich entwickelnd – gar nichts anderes werden könne als ein Mensch, ist nicht stichhaltig. Lebendigkeit, Gerichtetheit der Entwicklung und Individualität treffen auch schon auf die Samen- bzw. Eizelle *vor* der Befruchtung zu (so daß nach den Kriterien des Arguments die Mensch-Werdung *noch früher* angesetzt werden müßte, was aber zu größten Schwierigkeiten führte ...).
– Das vorgeburtliche Leben ist etwa bis zum siebzigsten Tag „vegetativ", d. h. ohne Steuerung durch das Zentralnervensystem. Erst dann treten funktionelle Wechselwirkungen zwischen Nervenzellen auf. Stellt man nun einen Zusammenhang mit der medizinischen Definition des Todes her, ergibt sich folgende Überlegung: Ein Mensch wird für tot erklärt, wenn nach dem (irreversiblen) Ende seiner Gehirnaktivität nur noch sog. „vegetative" Körperfunktionen wie Atmung oder Stoffwechsel aufrecht-

erhalten werden können. Ist dann nicht auch entsprechend und konsequent das rein „vegetative" Leben des Embryos als „tot" (= menschlich noch nicht existent) zu definieren?
– Man braucht die Entwicklung menschlichen Lebens nicht so zu sehen, daß von Anfang an ein ganzer Mensch da ist, der sich im Werden nur differenziert und sein Erscheinungsbild ändert, aber qualitativ nicht anders ist. Man kann sich auch vorstellen, „daß die Entstehung eines Menschen sich über einen gewissen Zeitraum erstreckt, ... daß ein zunächst Unvollständiges dabei vervollständigt wird".

Grundaussage 2:
Die Mehrheit unserer Bevölkerung und damit auch viele Christen teilen nicht den Standpunkt der christlichen Kirchen, der Mensch lebe von der Befruchtung an als Mensch.
Begründung:
Verhütungsmethoden wie die „Spirale" oder bestimmte „Pillen" töten nach der Auffassung der christlichen Kirchen einen Menschen, weil sie die „Einnistung" der befruchteten Eizelle verhindern. Gleichwohl sind sie gesellschaftlich akzeptiert, vom Gesetzgeber zugelassen und viel gebraucht.

Vortrag 4 (Mat. 38)
Thema:
Die Entwicklung des Gehirns macht den Menschen aus
Autor der Textgrundlage:
Hans-Martin Sass: Professor für Philosophie und Mitglied des Zentrums für Medizinische Ethik an der Ruhr-Universität in Bochum; gleichzeitig Senior Research Fellow am Kennedy Institute of Ethics der Georgetown University in Washington, D.C.

Grundaussage 1:
Die Auffassung, daß der Mensch im Augenblick der Verschmelzung von Ei- und Samenzelle entsteht, hält kritischer Betrachtung nicht stand.
Begründung:
– Gewiß beginnt die Identität eines menschlichen Lebens nach dem Eindringen des Samens in die Eizelle – mit der Bildung des neuen Genoms. Doch ist diese Identität eine rein biologische Identität; die Identität im Sinne von Personalität – und damit: personales menschliches Leben – existiert noch nicht.
– Das Argument, daß mit der Bildung des Keims aufgrund der diesem innewohnenden *Potentialität* die Menschwerdung des menschlichen Lebens beginne und daher dieses Leben *als* Menschenleben zu schützen sei, ist aus ethisch-praktischen Erwägungen nicht haltbar. Entsprechend dem Potentialitätsprinzip müßte auch schon jede ejakulierte Samenzelle geschützt werden, oder es wären alle Formen von Verhinderung einer Schwangerschaft abzulehnen, auch die sogenannten „natürlichen" Verhütungsmethoden oder das Keuschheitsgelübde von Mönchen, Nonnen und Priestern.

Grundaussage 2:
Der eigentliche, von ethischer Tradition und ethischer Güterabwägung gestützte Maßstab zur Bestimmung des Menschseins (= des schutzwürdigen Lebens) ist nicht die Potentialität, sondern die (qualitative) Differenzierung des werdenden Lebens.
Begründung:
– Ethische Güterabwägung (vs. Potentialitätsprinzip) siehe oben!
– Ethische Tradition:

a) Gemäß Altem Testament hat Gott Adam seinen Atem erst nach der weitgehend abgeschlossenen Formung des Körpers eingeblasen.

b) Aristoteles und der hl. Thomas v. Aquin vertraten die Lehre, daß der menschliche Körper bei männlichen Föten nach vierzig, bei weiblichen Föten nach achtzig Tagen beseelt werde. Diese Lehre hat die katholische Kirche noch bis vor hundert Jahren vertreten.

Grundaussage 3:
Die entscheidende, weil Menschsein begründende Differenzierung des werdenden Lebens ist darin zu sehen, daß im Gegensatz zum biologischen Leben *personales* Vernunft-Leben beginnt.

Begründung:
Im abendländisch-christlichen Kulturkreis lautet die Wesensbestimmung des Menschen seit altersher, daß er ein zoon logon echon ist, ein vernunftbegabtes Lebewesen. Danach macht „die Fähigkeit zum Dialog, zur Selbstreflexion und zum Selbstverständnis ... die typische Differenzierung des Menschen innerhalb der Natur und im Gegensatz zu anderen Arten aus".

Grundaussage 4:
Der Beginn des personalen Lebens kann analog dem Ende des personalen Lebens biomedizinisch bestimmt werden. Wird das Ende des personalen Lebens von den Medizinern – in Übereinstimmung mit den Ethikern und Juristen – als *Hirn-Tod* definiert, ist entsprechend der Beginn des personalen Lebens – des Menschseins – als Anfang des *Hirn-Lebens* zu definieren.

Begründung:
– Das personale Leben des Menschen hat ein eindeutiges biologisches Korrelat: das Gehirn. Die personalen Akte wie Dialog oder Selbstreflexion sind ohne funktionsfähiges Gehirn nicht möglich.
– Es ist daher konsequent, (im Unterschied zur früheren Herz-Kreislauf-Tod-Definition) den personalen Tod des Menschen durch den Parameter des „Hirntods" festzustellen.
– Die bekannten biomedizinischen Fakten der Embryonalentwicklung lassen es zu, den Beginn des personalen Lebens in Analogie zur Hirntod-Definition vom Beginn der Gehirnentwicklung her zu definieren.

Grundaussage 5:
Das Hirnleben-Prinzip führt – in Interpretation embryologischer Erkenntnisse – zu der Bestimmung, daß frühestens am siebzigsten Tag nach der Befruchtung das personale Leben des Menschen beginnt.

Begründung:
Bis zum siebzigsten Tag sind die Nervenzellen noch isoliert. Erst dann bilden sich Verbindungen (Synapsen), die neuronale Kommunikation und damit die biologische Funktionsfähigkeit des Gehirns ermöglichen. Die Funktionsfähigkeit des Gehirns ist aber die biologische Bedingung personalen Lebens.

Vortrag 5 (Mat. 39)
Thema:
Der Wert des fötalen Lebens bemißt sich nach dem Grad seines Bewußtseins

Autor der Textgrundlage:
Peter Singer: Professor am Department of Philosophy der Monash University in Clayton, Victoria (Australien); außerdem an dieser Universität Direktor des Centre for Human Bioethics.

Grundaussage 1:
Ob ein Lebewesen der Spezies Mensch angehört oder nicht, ist ethisch bedeutungslos und bewirkt nichts für den Wert seines Lebens.

Begründung:
Es ist allgemeiner Konsens, daß die Rassen- oder Geschlechtszugehörigkeit eines Menschen für den Wert dieses Menschen und seines Lebens unerheblich ist. Die Vernunft (die weder durch schöpfungstheologische noch sonstige ideologische Prämissen eingeschränkt ist) hat keinen Grund, das *Prinzip der Gleichheit* nur innerhalb der Gattung Mensch und nicht auch über die Gattungsgrenzen hinaus für alles Leben gelten zu lassen. Wie die gegenteilige Auffassung bezüglich der Rassen- oder Geschlechtszugehörigkeit Rassismus oder Sexismus heißt, so heißt sie bezüglich der Gattungszugehörigkeit *Speziesismus*.

Grundaussage 2:
Da die Gattungszugehörigkeit für den Wert des fötalen Lebens nichts bedeutet, muß sein Wert nach dem Maßstab bemessen werden, nach dem auch der Wert nichtmenschlicher (tierischer) Lebewesen zu bemessen ist. Dieser Maßstab ist das Bewußtsein, die Empfindungsfähigkeit und die Selbstbestimmung (Autonomie) von Lebewesen.
Begründung:
Ethisch verantwortungsvolles Handeln beruht wesentlich auf dem für Mensch und Tier gleichermaßen gültigen „Prinzip der gleichen Interessenerwägung". Das Grundinteresse menschlichen und tierischen Lebens besteht darin, nicht zu leiden oder sich zu freuen und glücklich zu sein.
Leidens- und Glücksfähigkeit – und damit die Qualität von Leiden und Glück = die Größe des Interesses – hängt aber direkt ab vom Grad der Entfaltung des Bewußtseins, der Wahrnehmungs-/Empfindungsfähigkeit und der Selbstbestimmung.
Daher sind Rationalität, Sensibilität und Autonomie die Parameter, nach denen Leben zu bewerten ist.

Grundaussage 3:
Betrachten wir den Fötus als das, was er ist, und bewerten ihn nach seinen ethisch relevanten Eigenschaften – Rationalität, Sensibilität und Autonomie –, so haben „bei jedem fairen Vergleich ... das Kalb, das Schwein und das viel verspottete Huhn einen guten Vorsprung vor dem Fötus in jedem Stadium der Schwangerschaft – und wenn wir einen weniger als drei Monate alten Fötus nehmen, so würde sogar ein Fisch, ja eine Garnele mehr Anzeichen von Bewußtsein zeigen".
Begründung:
Grundaussage 3 ist vom Grundsatz her durch Grundaussage 1 und 2 begründet, in ihrer Konkretion ist sie die „Auswertung" biologisch feststellbarer Fakten.

Phase 3: Die Hörer/Schüler können jetzt nochmals (wie schon nach jedem Vortrag) Fragen an die „Experten" stellen. Wenn es nötig ist, unterstützt der Lehrer die „Experten" bei ihren Antworten. Die Fragen sollten zügig geklärt werden. Der Lehrer muß zusehen, daß man nicht an Problemen „hängenbleibt" und sich nicht schon Diskussionen entwickeln. Sind die Fragen beantwortet, fordert der Lehrer die Schüler auf, sich von ihrem ersten Eindruck her zu den fünf Stellungnahmen der „Experten" zu äußern. Sie sollen sagen, was für sie plausibel ist und wogegen sie Einwände erheben.

Erfahrungsgemäß entsprechen die Auffassungen von Kirschfeld und Sass am meisten dem Vorverständnis der Schüler. Diese Auffassungen halten die Schüler für besonders vernünftig, weil sie empirisch abgesichert – oder jedenfalls empirisch fundiert – erscheinen. Singers Aussagen zum Wert des ungeborenen menschlichen Lebens lehnt die Klasse – fast immer einhellig und mit Vehemenz – als „total falsch", „bizarr", „inhuman" ab. Die Stellungnahme Blechschmidts und der kirchlichen Erklärung, daß das werdende Leben von der Befruchtung an ein ganzer Mensch, also auch eine Person ist, wird von den Schülern eher zurückgewiesen. Das „Potentialitätsprinzip", das in diesem Zusammenhang eine entscheidende Rolle spielt, überzeugt sie nicht so recht – wohl deshalb, weil sie seine Implikationen auf Anhieb nicht genügend verstehen.

Phase 4: Die erste – spontane – Beurteilung der fünf Stellungnahmen zum Menschsein und Wert des ungeborenen Lebens bedarf dringend der kritischen Reflexion. Der Lehrer greift das Augenfällige auf und formuliert die Aufgabe:

Gerade die Auffassungen von Kirschfeld und Sass, die den Schülern am meisten einleuchten, noch mehr aber die Auffassung Singers, widersprechen der christlichen Auffassung (jedenfalls in ihrer kirchlichen Gestalt). Christliches Denken, das sich dieser Herausforderung stellt, kann sich nicht damit begnügen, einfach das Gegenteil zu behaupten. Vielmehr muß es den eigenen Standpunkt auf seine Überzeugungskraft hin überprüfen und diskutierend und argumentativ sich mit den anderen Ansichten auseinandersetzen.

Nach den Bemerkungen des Lehrers wird ein Text von D. und I. Mieth gelesen: „Im Zweifel für das Leben" (Mat. 40). Dieser Text erfüllt das, was der Lehrer eben gefordert hat: Er stellt sich im Horizont christlichen Denkens den Positionen von Sass und Singer in aller Klarheit und Entschiedenheit entgegen, jedoch eben nicht rein antithetisch, sondern in differenzierter, prinzipiell dialog- oder diskursfähiger Argumentation.

An die Textlektüre schließt sich ein kurzes Unterrichtsgespräch an. Der Lehrer fragt die Schüler danach, wie die Ausführungen des Ehepaars Mieth auf sie wirken. Bei der folgenden schriftlichen Textanalyse wird in Partnerarbeit untersucht und formuliert, welche Argumente die Verfasser gegen die Auffassungen von Sass und Singer vorbringen. Die Ergebnisse sammelt der Lehrer in Kurzform an der Tafel. In ausführlicher Formulierung lauten sie:

Ehrfurcht vor dem Leben von Anfang an
(Mieth/Mieth gegen Sass und Singer)

Gegen Sass
Der Person-Begriff (Selbstbewußtsein) ist fragwürdig.
Begründung:
Personalität ist nicht nur durch Selbstbewußtsein und Selbstorganisation begründet, sondern auch durch soziale Beziehung und Abhängigkeit (christliche Präzisierung des Person-Begriffs!).

Der Analogie-Schluß vom Hirntod als Lebensende auf das Hirnleben als Anfang menschlichen Lebens ist nicht überzeugend.
Begründung:
– Theoretisch: Der Hirntod bedeutet/ ist das absolute Lebensende, d. h. es ist keine Rückkehr in das irdische Leben mehr möglich. Dagegen bedeutet das Hirnleben keinen absoluten Lebensanfang, vielmehr ist schon vor dem Hirnleben Leben und Lebendigkeit da.
– Praktisch-ethisch: Im Fall der Hirntod-Definition geht es um die Berechtigung, Leben, das zu Ende ist, nicht künstlich zu verlängern. Im Fall der Hirnleben-Definition geht es dagegen um die Berechtigung, Leben, das ins Leben drängt, abzubrechen.

Gegen Singer
Der *Person*-Begriff (Wesen, das Selbstbewußtsein hat *und* sich selbst bestimmt) ist noch enger als der von Sass.

Der Einwand gegen Sass gilt hier also erst recht.

Der *Vergleich der Gattungsunterscheidung* Mensch–Tier (als ethisch relevanter Unterscheidung) mit Rassismus und *Sexismus* ist ein Trugschluß. Rassismus und Sexismus setzen andere herab und dienen der Unterdrückung. Die Gattungsunterscheidung Mensch–Tier dagegen begründet den Wert des menschlichen Lebens, ohne deshalb die Schutzwürdigkeit und die Lebensrechte der Tiere abzulehnen.

Gemeinsame Eigenschaften und Fähigkeiten von Mensch und Tier begründen noch keine Gleichheit. Die Gemeinsamkeit von Mensch und Tier fordert vom Menschen eine *Pro-Solidarität* mit der Tierwelt; dagegen erwächst aus der Gleichheit der Menschen untereinander das Ethos der *Con-Solidarität*.

Die Schwellen zwischen vormenschlichen (tierischen) und menschlichen Lebewesen aufzugeben (wie dies Singers „Anti-Speziesismus" will), wäre ein ethischer *„Dammbruch"*.

Die von den Schülern aus dem Text erarbeitete Argumentation des Ehepaars Mieth enthält – im Sinne christlicher Ethik, aber auch für andere Ethik nachvollziehbar – die entscheidenden Einwände gegen Sass und Singer. Allerdings ist davon auszugehen, daß die Schüler die Gewichtigkeit und Überzeugungskraft der Argumente noch nicht ganz verstehen. Denn das geistige Niveau der Gedanken ist doch sehr hoch, obgleich sie in einer einfachen Sprache formuliert sind. Im Unterrichtsgespräch muß daher das Verständnis (und Urteilsvermögen) der Schüler vertieft und weiter entfaltet werden. Hierbei ist es sachlich und hermeneutisch sinnvoll, die Maxime der Mieths „Im Zweifel für das Leben" in den Mittelpunkt der Überlegungen zu stellen. In diesem Grundsatz spricht sich der Kern christlicher Bioethik aus; er entspricht dem Ethos der „Ehrfurcht vor dem Leben".

25.–27. Stunde:
Wert und Würde der Fortpflanzung: Zur ethischen Herausforderung der Reproduktionsmedizin

A Methodisch-didaktische Vorbemerkungen

1978 wurde erstmals auf der Welt ein im Reagenzglas gezeugtes Kind geboren, Louise Brown. Seither sind weltweit über 40000 Kinder durch In-vitro-Befruchtung (und verwandte Techniken) entstanden, davon schätzungsweise 4000 Kinder in der Bundesrepublik Deutschland. Dieses Ergebnis, das für den großen Erfolg der Fortpflanzungsmedizin spricht, erscheint freilich sofort in einem getrübten Licht, wenn eine andere Zahl dazugestellt wird: Im selben Zeitraum haben hunderttausende Frauen vergeblich das Verfahren künstlicher Befruchtung bei sich anwenden lassen. Zwar wird durch die künstlichen Eingriffe in 20–25 Prozent der (manchmal Jahre dauernden) Behandlungen eine Schwangerschaft erreicht, aber die endet in jedem dritten Fall vorzeitig mit einer Fehlgeburt. Es wird also höchstens jede zehnte Patientin Mutter. Bei dieser geringen Effizienz der In-vitro-Befruchtung mag mancher bestreiten, daß Kosten und Nutzen hier in einem angemessenen, der Solidargemeinschaft der Krankenversicherten zumutbaren Verhältnis stehen. Ethisch relevanter ist freilich die Frage, ob einem Paar und insbesondere der Frau die erheblichen körperlichen und seelischen Belastungen einer künstlichen Befruchtung (in vitro) zuzumuten sind (bzw. ob die Frau oder das Paar sich diese zumuten sollten), wenn die Erfolgsaussichten so schlecht sind.

Die Ambivalenz der Reproduktionsmedizin erscheint noch viel schärfer, sobald man darauf sieht, was gemacht wird oder gemacht werden kann. Daß die biologisch-medizinische Forschung es dahin gebracht hat, Schlüsselvorgänge der menschlichen Fortpflanzung außerhalb des Körpers stattfinden zu lassen oder innerhalb des Körpers zu manipulieren, bedeutet positiv die heilvolle Möglichkeit „assistierter Zeugung" zur Überwindung leidvoll erfahrener Unfruchtbarkeit. Negativ aber bedeutet dieses Können die ungeheure Versuchung, die Machbarkeit über die natürlichen oder sozialen Bedingungen des Menschseins zu stellen und damit in den Grenzbereich des Inhumanen zu geraten. Oder wie soll man es beurteilen, wenn Frauen jenseits der Wechseljahre mit Hilfe gespendeter Eizellen junger Frauen Kinder bekommen, eine 39jährige Jungfrau dank künstlicher Befruchtung ein Kind gebiert und Mütter für ihre unfruchtbaren Töchter die Kinder austragen?

Angesichts der Problematik der künstlichen Befruchtung (in vitro), die eine umfassendere Analyse kaum milder, sondern eher härter herausstellen würde, drängt sich die Frage der richtig gesetzten Priorität auf. Ist es überhaupt eine vorrangige Aufgabe von Biologie und Medizin, durch die forcierte Erforschung und Anwendung der künstlichen Befruchtung die Unfruchtbarkeit zu überwinden zu suchen? Oder wäre es – sachlich und ethisch gesehen – nicht dringlicher, die Forschung und ihre Anwendung auf die Prophylaxe und die Behandlung von Unfruchtbarkeit zu konzentrieren? Vor allem wenn man sich klarmacht, daß die Unfruchtbarkeit aus zivilisatorischen Gründen zunimmt, wird man der Rasanz in der Erforschung und Praxis künstlicher Befruchtung diesen Grundsatz entgegenhalten: „Wir sollten nicht weiterhin nur versuchen, Fortschrittsschäden zu überholen, sondern sie zu verhindern" (D. Mieth, Concilium 1989, H. 3, 217). Die Frage der Priorität muß aber auch mit Blick auf das Leidverständnis und die Leidbereitschaft in unserer Gesellschaft gestellt werden. Das Problem des Leids wird zunehmend von der Ideologie der „Machbarkeit" her angegangen. Wie kann man es machen, daß das Leid verschwindet? Jedes Mittel erscheint dabei recht, wenn es nur hilft, das Leid abzuschaffen. Diese Stellung zum Leid reduziert die Möglichkeiten des Menschseins. Ohne das Ertragen von Leid verklären zu wollen, wird man doch zugunsten existentieller Wahrheit sagen müssen: Ein Paar kann auch (!) darin einen echten Sinn finden, daß es das Leid der Kinderlosigkeit nicht umgeht, sondern bewältigt. Deshalb sollte diesem Weg ebenso die solidarische Unterstützung der Gesellschaft gelten.

Die Gestaltung dieser Teilsequenz entspricht am Anfang und am Ende der vorhergehenden. Wieder beginne ich mit einer Bildbetrachtung. Dieses Mal sind die Schüler durch den Bildgegenstand freilich nicht sofort mit dem Problem selbst konfrontiert. Auf dem Photo sehen sie, da ihnen Zusatzinformationen fehlen, nur das Offenkundige: Zwei fröhliche Mädchen verschiedenen Alters, Schwestern vielleicht, die vermutlich die Hauptpersonen eines großes Festes sind. Die nachträgliche Information des Lehrers, daß die beiden Mädchen (an der Edwards-Klinik) in der Retorte gezeugte Schwestern sind (und das Fest anläßlich der Geburt des 600. Retortenkindes der Edwards-Klinik gefeiert wird), bewirkt dann eine Spannung zur ersten Bildrezeption. Diese Spannung irritiert und weckt dadurch das

Bedürfnis, mehr über künstliche Befruchtung in vitro zu wissen, um sich ein Urteil bilden zu können.

Das Ende zielt auf den Anfang zurück. Vor dem Hintergrund der Informationen, die die Schüler im Verlauf der drei Stunden zur Sache (d. h. zum biologisch-medizinischen Verfahren) und zu den rechtlichen und ethischen Problemen der (extrakorporalen) künstlichen Befruchtung erhalten haben, wird gemeinsam nachgedacht und diskutiert, ob eine (begründete) Bewertung der „assistierten Fortpflanzung" im Sinne einer praktisch-ethischen Zielbestimmung möglich ist.

Die sachliche Basisinformation, d. i. die Information über die grundlegenden Methoden der Reproduktionsmedizin, ist der nächste Schritt nach dem Stundeneinstieg. Hierfür habe ich einen Lehrervortrag vorgesehen; es kann aber auch ein Schüler diese Aufgabe übernehmen. Der Vertiefung des Sachwissens und der Information über die rechtlichen und ethischen Aspekte der künstlichen Befruchtung dient dann eine Filmvorführung. Methodisch gehe ich dabei so vor, daß ich die Klasse in vier Gruppen aufteile. Jede Gruppe hat den Film unter einem eigenen Schwerpunkt zu betrachten und zu bearbeiten. Arbeitsblätter mit Beobachtungsaufgaben zum Film und Anweisungen zur Gruppenarbeit nach dem Film garantieren die Effizienz dieses Vorgehens.

B Ziele dieser Stunden

Die Schüler
– lernen die beiden grundlegenden Methoden der Reproduktionsmedizin – Insemination und In-vitro-Fertilisation/Embryonentransfer (IVF/ET) – kennen;
– werden informiert über
   a) die seelische Situation kinderloser Paare und ihre Gründe, sich ihren Kinderwunsch mit Hilfe künstlicher Befruchtung zu erfüllen bzw. nicht zu erfüllen,
   b) Richtlinien, die sich ein Ärzte- und Biologen-Team der Kieler Universitätsfrauenklinik für die Anwendung der künstlichen Befruchtung (IVF/ET) gesetzt hat,
   c) die Belastung, die die künstliche Befruchtung (insbesondere IVF/ET) für den Körper der Frau und die Seele von Frau und Mann mit sich bringt,
   d) die ethische Beurteilung der künstlichen Befruchtung (IVF/ET) aus christlicher Sicht (Leitgedanken und Orientierungspunkte des christlichen Menschenbilds; konkrete Bewertung);
– diskutieren in Gruppen Fragen, die die Informationen a–d betreffen, und erarbeiten Stellungnahmen;
– bilden sich ein Urteil zu der These, daß die Umgehung von Unfruchtbarkeit mittels Reproduktionsmedizin ethisch gesehen nicht als vorrangige Problemlösung zu betrachten ist.

C Stundenverlauf

Phase 1: Die Schüler betrachten ein Photo (Mat. 41), zu dem sie keine Informationen erhalten haben. Der Lehrer läßt sie beschreiben, was sie sehen:

Im Vordergrund stehen zwei Mädchen allein mitten auf einer großen Rasenfläche. Sie sind unterschiedlich alt, schön angezogen, halten sich an der Hand. Im Hintergrund befinden sich viele Menschen verschiedenen Alters; teils stehen sie auf dem Rasen, teils sitzen sie. Es sind auffallend viele Kinder dabei.

Nach der Bildbeschreibung wird darüber gesprochen, wie die Mädchen wirken und

um welche Situation es sich handeln könnte. Die Schüler werden vermuten, daß ein Fest für die beiden Mädchen gefeiert wird. Dafür spricht ihre Stellung im Mittelpunkt, ihr glücklicher, fröhlicher Ausdruck, ihre schöne Kleidung.
Nun reicht der Lehrer die Informationen zum Photo nach:
Die beiden Mädchen heißen Louise und Natalie Brown. Louise ist das erste Retortenkind der Welt; sie wurde 1977 von dem Forscherteam Edwards und Steptoe in der Edwards-Klinik (England) künstlich gezeugt. Ihre Schwester Natalie wurde ebenfalls dort im Labor gezeugt.
Das Photo entstand während des Jubiläums, das die Edwards-Klinik anläßlich der Geburt des 600. (in ihr gezeugten) Retortenkindes feierte.

Die Informationen können den Eindruck des Glücks, den die Schüler von den beiden Mädchen gewonnen hatten, verändert haben. Um dies zu klären, wird das Klassengespräch wiederaufgenommen. Außerdem fragt der Lehrer die Schüler, was sie – schon – über Retortenbefruchtung wissen. Die vorhandenen Kenntnisse sind selten differenziert, meistens diffus. Daher folgt in der nächsten Phase ein detaillierter Vortrag über die Methoden der Reproduktionsmedizin.

Phase 2: Der Lehrer erläutert anhand eines Folienbilds (das er mit dem Overheadprojektor zeigt) die beiden grundlegenden Reproduktionstechniken: die Insemination und die In-vitro-Fertilisation und den Embryonentransfer (IVF/ET). Auf die medizinischen Indikationen, die eine reproduktionsmedizinische Behandlung angezeigt sein lassen, braucht der Lehrer nicht ausführlich einzugehen. Er sollte aber doch zu Beginn seines Vortrags die Situation ungewollt kinderloser (Ehe-) Paare aus statistischer und medizinischer Sicht kurz umreißen und bei der Darstellung der Methoden der Reproduktionsmedizin immer auch kurz nennen, in welchen Fällen sie – beispielsweise – angewendet werden.

Situation:
In der BRD bleibt schätzungsweise jedes zehnte (Ehe-)Paar ungewollt kinderlos. Die Unfruchtbarkeit (Sterilität) kann durch organische und/oder psychische Barrieren bedingt sein. Aufgrund zivilisatorischer Schädigungen (im Gefolge des Fortschritts) wird sich die Unfruchtbarkeit noch erweitern. Für die Betroffenen bedeutet die ungewollte Kinderlosigkeit „meist eine schwere Kränkung des Selbstwertgefühls" (Spiegel Nr. 17, 46. Jg., 1992, 238); in jedem Fall ist sie ein schmerzlich empfundener Mangel, aus dem sich eine vielschichtige Lebenskrise entwickeln kann.

Beispiele für medizinische Indikationen und entsprechende Behandlungsmethoden
Bei „schlechter Samenqualität" des Mannes:
→ <u>Homologe</u> Insemination der Frau mit dem „aufbereiteten/verbesserten" Samen ihres Mannes; *heterologe* Insemination der Frau mit dem Samen eines anonymen Spenders.
→ <u>Homologe</u> IVF von Eizellen der Frau mit dem „aufbereiteten" Samen ihres Mannes; *heterologe* IVF von Eizellen der Frau mit dem Samen eines anonymen Spenders.

Nach Gebärmutterresektion(-entfernung) bei der Frau:
→ <u>Heterologe</u> Insemination einer Leihmutter mit dem Samen des Mannes der unfruchtbaren Frau.
Bei Eileiterverschluß der Frau:
→ <u>Homologe</u> IVF.

Bei nicht organisch (= psychisch) bedingter Sterilität:
→ (Homologe) Insemination oder IVF.

Es besteht natürlich auch die Möglichkeit, daß ein Schüler, der etwa aus dem Biologie-Leistungskurs Vorkenntnisse mitbringt, die Information über die grundlegenden Methoden der Reproduktionsmedizin vorträgt. In diesem Fall muß der Lehrer das Referat rechtzeitig (= zwei Wochen vorher) vergeben haben.

Wenn der (Lehrer- oder Schüler-)Vortrag beendet ist, erhält die Klasse eine Kopie des Folienbilds.

Phase 3: Während des Vortrags haben sich bei den Schülern erste Einschätzungen und Bewertungen der Reproduktionsmedizin herausgebildet. Diese sollen jetzt im Unterrichtsgespräch artikuliert und ansatzweise diskutiert werden.

Meist reicht das Spektrum der gefühlsmäßig-spontanen Einstellungen (zur künstlichen Befruchtung als Weg aus der Kinderlosigkeit) von völliger Ablehnung bis zu (fast) vorbehaltloser Zustimmung.

In der – verstandesbestimmten – ethischen Bewertung sind die Schüler zum Teil recht rigide (oder „fundamentalistisch": Kriterium der „Natürlichkeit"), zum Teil differenziert abwägend (Kriterien z. B.: Grad der Künstlichkeit; Homologie oder Heterologie), zum Teil nahezu bedenkenlos (allenfalls die Leihmutterschaft als Problem).

Indem die Schüler ihre ersten Einschätzungen und Bewertungen sich bewußt machen und austauschen, werden sie zur gründlicheren Urteilsbildung motiviert. Die Differenz der Einstellungen und Standpunkte ist gewissermaßen eine Herausforderung: Man will wissen, welche Auffassung bei genauerer Betrachtung der Sache sich bewährt.

Phase 4: Damit die Schüler die ethische Problematik der Reproduktionsmedizin wirklich fundiert beurteilen können, müssen die bisherigen Sachinformationen vertieft und erweitert werden. So ist vor allem aufzuzeigen bzw. zu verdeutlichen,

– wie Paare ihre Kinderlosigkeit erleben, welche Motive sie für ihren Kinderwunsch nennen, welche Handlungsmöglichkeiten sie außer der künstlichen Befruchtung haben;
– nach welchen (medizinischen und ethischen) Kriterien oder Richtlinien Reproduktionsmediziner/-biologen verfahren;
– wie sich die künstliche Befruchtung körperlich (bei der Frau) und seelisch (bei Frau und Mann) auswirkt.

Außerdem müssen ausdrücklich die Leitgedanken dargelegt werden, nach denen christliche Ethik zur künstlichen Befruchtung Stellung bezieht.

Das gesamte – eben umrissene – Wissen können die Schüler durch den Film „Kinder-los. Eltern, Ethik und die Zeugung im Glas" (Farbe, 31 min) erhalten. Vor der Filmvorführung teilt der Lehrer die Klasse in vier Gruppen ein. Die Gruppen bekommen verschiedene Beobachtungs- sowie Analyse- und Diskussionsaufträge zum Film. Die Aufträge sind auf dem Arbeitsblatt 6 (4 Seiten) formuliert, die der Lehrer an die Schüler entsprechend ihrer Gruppenzugehörigkeit ausgibt. Die Beobachtungsaufgaben erledigen die Schüler einzeln bereits während der Filmvorführung. Direkt nach der Filmvorführung – bevor die Gruppenarbeit beginnt – kann der Lehrer noch die Schüler ihre positiven und negativen Filmeindrücke nennen lassen und daran die Frage an die Schüler anschließen, ob sich durch den Film ihre Einstellung zur künstlichen Befruchtung verändert hat.

Phase 5: Die Gruppen bestimmen Gruppensprecher. Diese halten die Gesprächsergebnisse der Gruppen fest und tragen sie vor. Zu Anfang der Gruppenarbeit vergleichen die Schüler in ihren Gruppen die Beobachtungsergebnisse, um sicherzustellen, daß sie bei den folgenden Diskussionen von denselben Informationen ausgehen und nichts Wichtiges übersehen haben. Die Fragen, die die Gruppen diskutieren, sind die auf den Arbeitsblättern vorgegebenen. Am Ende sollten die Gruppensprecher folgende Diskussionsergebnisse vortragen können:

Gruppe 1: Trotz Kinderwunsch kinderlos. Was tun?
Aussagen der interviewten Ehepaare
– Erleben der Kinderlosigkeit
   a) Diagnose, kein Kind zu bekommen zu können: ein Schock; sich nicht damit abfinden können; Trauer; Leid; Minderwertigkeitsgefühle; Spott aus der Umgebung; nicht für voll genommen werden.
   b) Sich eingerichtet haben mit der Kinderlosigkeit (Sport; Hobbys; Freizeit; Beruf).
   c) Kein „Knacks" im Selbstbewußtsein; kein Abbruch für die Ehe.
– Kinderwunsch
   a) Von zu Hause vermittelt bekommen
   b) Geheiratet, um Kinder zu haben
   c) Intensiver Wunsch („Es war von Anfang an klar, Kinder zu haben")
   d) Kind haben – „sehr wichtig"
   e) Kind – „gewissermaßen der Sinn der Ehe"
– Entscheidung für/gegen Kinderwunschbehandlung
Dafür:
   a) Fester Wille (von innen heraus), es solange zu versuchen, bis es „klappt".
   b) Von IVF gehört und überlegt: Chance nützen, bevor es zu spät ist.

Dagegen:
„Keiner ist so wertvoll, daß er sein Erbgut weitergeben und Nachkommen zeugen müßte."

Was tun? Eigene Überlegungen
– Alle Möglichkeiten der Fortpflanzungsmedizin nützen? Nein!
   a) Sich den Kinderwunsch um jeden Preis erfüllen zu wollen, deutet auf Egoismus oder andere fragwürdige Motive hin.
   b) *Homologe* extrakorporale Befruchtung als äußerstes Mittel, vielleicht sogar schon jenseits des ethisch Vertretbaren.
– Adoption? Ja.
Adoptierte Kinder können wie „eigene" sein. Aber: Wenn Adoptionswunsch auf „normalem" Weg (über das Jugendamt und soziale Einrichtungen) nicht erfüllbar ist – und das ist oft der Fall –, kein Ausweichen auf „krumme" Wege.
– Auf ein Kind (Kinder) verzichten? Ja!
Aber: Nicht Verzicht um des Verzichts willen oder aus „Leidensmentalität", sondern Verzicht als Aufgabe positiver Leidbewältigung und als Chance, auf andere (z. B. sozial-karitative) Weise „fruchtbar" zu werden.

Gruppe 2: Ärztliches Ethos im Zusammenhang mit der Reproduktionsmedizin
Richtlinien des Teams der Kieler Universitätsfrauenklinik
– Zuzustimmen (falls die extrakorporale Befruchtung nicht von vornherein abgelehnt wird):
   a) Nur homologe IVF/ET
   b) Behandlung nur dann, wenn die Ehepaare begründen, wie wichtig ihnen der Wunsch nach einem Kind ist
   c) Altersgrenze für die Behandlung: Frau an die vierzig, Mann an die fünfzig

d) Intensive Kinderwunschbehandlung nicht länger als drei bis vier Jahre
e) Frau entscheidet, ob alle befruchteten Eizellen eingepflanzt werden
f) Keine Kryokonservierung befruchteter Eizellen (von Embryonen im Vier- oder Achtzellstadium)
g) Keine Forschung (Experiment) mit menschlichen Embryonen
- Zu modifizieren:
  a) *Grundsätzlich* alle befruchteten Eizellen einpflanzen (Entscheidung nicht bei der Frau)
  b) Gespräche mit Paaren, die eine extrakorporale Befruchtung wünschen, intensivieren: Genauere Betrachtung ihrer Lebensgeschichte und Partnerschaft und gründliche (psychologische) Analyse ihrer Kinderwunsch-Motive; u. U. Ablehnung medizinischer Hilfeleistung.

Zusätzliche Richtlinie:
Keine (homologe) IVF/ET bei „vorübergehender" Sterilität.

Gruppe 3: Künstliche (extrakorporale) Befruchtung als Belastung von Körper und Seele
Eindrücke zu dem im Film gezeigten Vorgang künstlicher Befruchtung
Steril; künstlich; unnatürlich; nüchtern; technisch; wie eine normale medizinische Behandlung; erstaunlich, bewundernswerter Fortschritt ...

Körperliche und seelische Auswirkungen der IVF/ET-Behandlung
- Körperlich:
  a) Hormonelle Stimulation des Körpers
  b) Wiederholte Entnahme von Eizellen (Eingriffe in Vollnarkose)
  c) Schwierige Schwangerschaft (drohende Fehlgeburt)
  d) Mehrlingsschwangerschaft/-geburt

- Seelisch:
  a) Innere Spannung nach dem Embryotransfer (Warten: „Hat's geklappt oder nicht?"); Enttäuschung, wenn es nicht „geklappt" hat („ganz schlimm")
  b) Wenn sich die eingepflanzten Embryonen einnisten und entwickeln,
     - ist es „wie ein Lottogewinn",
     - „freut man sich die ganze Zeit".

Körperliche und seelische Belastung der IVF/ET – ein zu hoher Preis?
Schon der einmalige Versuch bringt für die Frau hohe körperliche Belastung (Hormonbehandlung und Punktion) und für beide Partner großen „psychischen Streß" („Achterbahn der Gefühle"; Schwanken zwischen Hoffen und Bangen). Ist da der wiederholte Versuch noch verhältnismäßig, im Rahmen des sich selbst Zumutbaren? Zu fragen ist auch: Wenn am Ende die Behandlung, wie in den meisten Fällen, erfolglos bleibt, ist dann das Leid des Paares nicht noch größer geworden?

Menschenbild im Zusammenhang der Reproduktionsmedizin
- Abschaffen von Leid:
  Anspruch auf privates Glück; persönliches Recht auf Befriedigung der Individualbedürfnisse (hier: Kinder haben); „Reparatur von Behinderungen" durch die Allmacht der Technik.
- Mensch als verfügbares Objekt biotechnischer Manipulation.

Gruppe 4: Ethische Beurteilung der künstlichen Befruchtung (IVF/ET) aus christlicher Sicht
Stellungnahme Prof. Honeckers (Problempunkte und ihre Bewertung)
- Kinderlosigkeit:
  Kein leichtes Schicksal; aber in der Tradition christlichen Glaubens hat man dieses Schicksal immer wieder positiv aufzunehmen vermocht.

- Kinderwunsch:
  Verständlich, daß Paare einen Kinderwunsch haben. Aber muß der um jeden Preis erfüllt werden? Vom Aspekt des Kindeswohls her ist zu bedenken, daß es sich um einen neurotischen Kinderwunsch handeln kann. Vom Aspekt der Partnerschaft her ist zu sehen, daß sie nicht in jedem Fall durch ein Kind stabilisiert wird. Die Mentalität unserer Zeit, den Anspruch zu erheben, alle Wünsche erfüllt zu bekommen, ist höchst problematisch.
- Zeugung oder Er-Zeugung von Menschen?
  Die Retortenbefruchtung eröffnet Möglichkeiten, die der Manipulation sehr nahe kommen. Wo ist die Grenze? Die Grenze zu ziehen, ist Aufgabe der gesamten Gesellschaft.
  Grundsätzlich hätte der Weg der IVF/ET nicht beschritten werden sollen. Doch nun werden wir damit leben müssen, daß IVF/ET angewendet wird. Mißbrauch muß, so weit wie möglich, verhindert werden.
- Embryonenforschung:
  Die IVF ermöglicht – durch Erzeugen „überzähliger" Embryonen – eine Grundlagenforschung, die schwere ethische Probleme stellt. Wenn mit der Verschmelzung von Ei und Samenzelle menschliches Leben da ist, dann steht es der Forschung nicht zur Disposition.

Ergänzung der Stellungnahme Prof. Honeckers
- Kinderlosigkeit:
  Unfruchtbarkeit u. U. psychisch bedingt: eine Art Schutz vor der Überforderung durch Kinder
- Zeugung oder Er-Zeugung vom Menschen?
  a) Künstlichkeit der Befruchtung
     – Trennung von Zeugung und Liebesakt
     – Beteiligung Dritter bei der Zeugung
  b) Kriterien für die Anwendung von IVF/ET
     Äußerstes Mittel. Nur dann vertretbar, wenn
     – alle anderen Möglichkeiten medizinischer und psychologischer Behandlung ausgeschöpft sind,
     – sie homolog geschieht,
     – keine überzähligen Embryonen entstehen.
  c) Heterologe Formen künstlicher Befruchtung
     Vom christlichen Standpunkt aus abzulehnen (Liebe als Sinngrund von Zeugung; Recht des Kindes auf Identität und Integrität)
  d) Problem des Beginns einer Kinderwunschbehandlung
     Ist es ethisch vertretbar oder sogar gefordert,
     – die Motive des Kinderwunschs zu untersuchen,
     – die Qualität der Partnerschaft zu analysieren
     und von diesen Ergebnissen die ärztliche Entscheidung für oder gegen eine Behandlung abhängig zu machen?
- Theologische Orientierungspunkte
  Biblische Aussagen zum Wesen des Menschen s. Kasten, S. 93.

Damit die Gruppenarbeitsergebnisse zügig vorgetragen werden, gibt der Lehrer die Regel vor: Fragen und kurze Stellungnahmen sind nur am Ende jedes Vortrags möglich. Diskussionen, die sich hier schon entwickeln könnten, bricht er – mit Hinweis auf die abschließende Diskussion am Ende der Teilsequenz – ab.
Der Vortrag der vierten Gruppe, der die ethische Beurteilung künstlicher Befruchtung aus christlicher Sicht zum Inhalt hat, muß der Lehrer in einigen Aspekten er-

Bibeltheologische Orientierungspunkte für die ethische Beurteilung der Reproduktionsmedizin

Menschenbild
  ╱   ╲
Geschöpf   Gottes Ebenbild → „Krone" der Schöpfung

Menschenwürde/Personalität
Ehrfurcht vor dem Leben

Mythische Bilder: Büchse der Pandora, Turmbau zu Babel	Endlichkeit/ Kreatürlichkeit	Anthropozentrik · **Mythisches Bild:** Prometheus
	Begrenztheit des Menschen: er vermißt sich, wenn er seine Grenzen nicht annimmt.	Freiheit des Menschen: er soll seine Fähigkeiten einsetzen für die Vervollkommnung seiner selbst und der Welt.
	Geschöpflichkeit des Menschen: er ist Teil der Schöpfung, und als solcher hat er sich in die Welt/Natur einzuordnen, nicht aus ihr herauszustellen.	Kreativität des Menschen: wissenschaftlicher Forscherdrang und das Schaffen von Neuem gehören zum Wesen des Menschen.
	Gebrochenheit des Menschen: Leiden gehört zum Menschsein.	Integrität des Menschen: er hat ein Recht auf Heil/Glück.

gänzen und präzisieren. Insbesondere die Orientierungspunkte und Leitgedanken, die sich vom christlichen Menschenbild her ergeben, wird die Gruppe kaum in der nötigen Schärfe und Klarheit herausgestellt haben (zumal sie hier nur wenig auf Aussagen des Films zurückgreifen konnte). Das Schaubild (siehe Seite 93) macht deutlich, welche Aspekte der Lehrer ins Spiel bringen sollte.

Phase 6: Als Impuls für die Schlußdiskussion schreibt der Lehrer zwei Thesen an die Tafel. Beide Thesen bestreiten die Gleich- oder gar Vorrangigkeit künstlicher (extrakorporaler) Befruchtung gegenüber anderen Möglichkeiten menschlichen Handelns. Die erste behauptet, daß Medizin und Biologie ihren Schwerpunkt nicht auf die technisch-künstliche Umgehung, sondern auf die Prophylaxe und Behandlung von Unfruchtbarkeit zu setzen haben. Die zweite betont, daß die (solidarisch mitgetragene) Bewältigung des Leids der Kinderlosigkeit (durch neue Sinnfindung und Lebensbestimmung) den Vorzug hat vor „der Beanspruchung des persönlichen Rechts von Fortpflanzungsmanipulationen in jedweder Richtung" (D. Mieth, Concilium 1989, H. 3, 216).

Mit diesen beiden Thesen ist das Entscheidende angesprochen.
Zwar ist gewiß auch wichtig, die konkrete Anwendung der Reproduktionsmedizin im Hinblick auf mißbräuchliche Umstände ethisch zu bewerten; denn die Anwendung ist ja nicht erst Projekt, sondern eine bereits fest etablierte – und noch rasant zunehmende – Praxis. Aber im Grundsatz muß die Frage der praktisch-ethischen Zielbestimmung gestellt werden: In welche Richtung soll menschliches Handeln im Umgang mit der Unfruchtbarkeit gehen? Anders formuliert erscheint diese Frage als Problem der Prioritätensetzung im Sinne der Thesen: Ist die Umgehung der Unfruchtbarkeit mittels Reproduktionstechnologie – sozial- und individualethisch gesehen – eine vorrangige Lösung oder nicht? Welche Lösungen sind dieser Lösung (ggf.) vorzuziehen?
Der Lehrer fordert die Schüler auf, zu den beiden Thesen Stellung zu beziehen. Ihre Einwände oder Zustimmung sollen sie begründen. Nur so kann sich das Gespräch zur argumentativen Auseinandersetzung entwickeln, die im Horizont christlichen Denkens eine vernünftige Stellungnahme zur künstlichen Befruchtung (in vitro) erreichen will.

Vorschläge für Klausuren

Vorschlag I
(Zeit: 2–3 Stunden)

Vom Glauben zum Wissen

Das Gottesproblem stellt sich für mich nicht affektiv, intim. Ich empfinde es weder als Hoffnung noch als Leugnung. Da mich kein Ruf aus dem Jenseits trifft, halte ich auf diesem Gebiet die Anwendung der wissenschaftlichen Methode für das richtigste.
Daß man an die metaphysischen Probleme auf diese Weise herangeht, scheint mir übrigens immer mehr Brauch zu werden. Dies entspricht der allgemeinen Entwicklung der Geistesanlagen, die man gegenwärtig beobachtet. Nicht nur greifen die Wissenschaften immer mehr auf die Zuständigkeitssphäre über, die einst ausschließlich der religiösen Erklärung vorbehalten war, sondern es kommt hinzu, daß die von der wissenschaftlichen Methode erzielten Erfolge die religiöse Weise des Erwerbens von Kenntnissen immer mehr entwerten.
Selbst in den Bereichen, die einst der wissenschaftlichen Analyse entgingen und wo es Regel war, subjektive Argumente auszutauschen, sind nun Anstrengungen unternommen worden, die Dinge experimentell zu sehen. So werden heute interdisziplinäre Forschungen über Themen angestellt, die so sehr Gegenstand von Polemik und emotionsgeladenen Reden sind wie die spezifische Natur der Frau oder, allgemeiner, die des Menschen [...] Wieso sollten allein die metaphysischen Probleme von diesem Vorgehen ausgenommen bleiben? [...]
So zeichnet sich neben einer dogmatischen, totalisierenden Religion eine neue Auffassung von Religion ab, welche die wissenschaftliche Methode nicht mehr unberücksichtigt lassen, sondern einfach vorläufige Hypothesen formulieren will, um auf die Fragen zu antworten, welche die Wissenschaft noch nicht zu lösen vermag. Diese Entwicklung wird oft als eine Läuterung des Gottesbildes hingestellt, die dessen Kerngehalt nur um so besser hervortreten lasse. Es bleibt bloß die Frage, welche Rolle eine Religion noch spielen kann, die kein genaues globales Bild des Universums mehr bietet und erst recht nicht die Verheißung eines künftigen Lebens. Gewiß ist es – vom wissenschaftlichen Standpunkt aus – annehmbar, unter „Gott" eher die Summe unserer Ungewißheiten zu verstehen als an allgegenwärtige Götter zu glauben, die bestimmen, ob es schönes oder schlechtes Wetter gibt, und pausenlos über uns wachen. Aber welche Hoffnung hat uns eine solche Auffassung von Religion über bloße Worte hinaus noch zu bieten?

(Aus: A. Grjebine, Von Gewißheiten zu Hypothesen. In: H. Fesquet [Hg.], Glaube zwischen Ja und Nein. Zürich – Einsiedeln – Köln: Benziger 1982, S. 205–207)

Aufgaben:

1. Wie kennzeichnet Grjebine die gegenwärtige „Entwicklung der Geisteshaltungen"? Geben Sie seine Aussagen mit eigenen Worten wieder.
2. G. verweist auf die „Erfolge" der (natur)wissenschaftlichen Methode. Erläutern Sie,

a) wodurch diese Methode bestimmt ist,
b) von welcher Art die mit dieser Methode erkannte Wirklichkeit ist.
3. Umreißen Sie Merkmale, durch welche die religiöse Erfahrung und Erkenntnis von der naturwissenschaftlichen unterschieden ist.
4. Beurteilen Sie – auf der Grundlage Ihrer bisherigen Darlegungen – die Auffassung Grjebines, der religiöse Glaube verliere in dem Maße an Bedeutung, wie die (natur)wissenschaftliche Erkenntnis voranschreite.

Vorschlag II
(Zeit: 2 Stunden)

Auswüchse des wissenschaftlichen Fortschritts

Da fragt mich einer: Ja gibt es denn verbotene Experimente? Ich würde antworten: Ja, und als Beispiel anführen: die Spaltung des Atoms, die Gentechnologie und als drittes die jetzt in Mode kommenden abscheulichen Fortpflanzungstricks [...]
Da steht derselbe Mensch noch einmal auf und fragt: Hat man uns nicht gelehrt, daß Wissenschaft wertfrei ist? Auch ich habe davon gehört, antworte ich; seit Max Weber es so besonders betont hatte, konnte man nicht vermeiden, es zu hören. Tatsächlich bin ich nicht überzeugt, daß die moralische Neutralität des Wissens so unbedingt bewiesen ist. Häufig artet der Wissensdrang zu einer Art von boshafter Neugier aus, und wir haben schon manche schlimmen Folgen mißverstandenen Wissens erlebt [...]
Wenn unsere Gesellschaft einen Weg fände, eine lange Wartepause, ein Moratorium, einzuschalten zwischen Forschung und Verwendung – und zum letzteren zähle ich fast alle unseligen Versuche der genetischen Bastelkunst –, wenn das gelänge, wäre viel gewonnen. Die Menschheit braucht sehr viel Zeit, um sich an den Fortschritt zu adaptieren [...]
Daß jedoch die menschliche Gesellschaft sich jemals daran gewöhnen wird, was ich zuvor die in Mode kommenden abscheulichen Fortpflanzungstricks genannt habe, erscheint mir zweifelhaft. Diesen Auswuchs der wissenschaftlichen Obstetrik[1], der Embryologie und Genetik hätte ich gerne nicht erlebt [...]
Die Fortpflanzung des Menschen wird technisiert und kommerzialisiert, und alles scheint darauf abzuzielen, das Kinderkriegen aus der Geschlechtssphäre in die semi-industrielle Produktion zu überführen. Es ist nur eine Frage der Zeit, bis wir den künstlichen Uterus kriegen, und wenn vorläufig Frauen und Männer noch als Ei- und Samenspender figurieren dürfen, so auch das nur, bis die chemische Polymerindustrie so weit ist [...]

(Aus: E. Chargaff, Naturwissenschaft als Angriff auf die Natur, in: Gentechnologie 14, Frankfurt a. M. – München 1987: J. Schweitzer Verlag, S. 106f. © by Campus Verlag, Frankfurt)

Worterklärung:

1 Wissenschaft von der Geburtshilfe

Aufgaben:

1. Geben Sie Chargaffs Kritik des wissenschaftlichen Fortschritts in eigenen Worten wieder.
2. Legen Sie dar, daß Chargaffs Skepsis gegenüber der Wertfreiheit der Wissenschaft berechtigt ist.
3. Setzen Sie sich mit Chargaffs Aussage auseinander, daß die neueren Verfahren der Reproduktionsmedizin („Fortpflanzungstricks") ein „Auswuchs" sind.
   Versuchen Sie hierbei zu einem differenzierteren ethischen Urteil zu gelangen, indem Sie die Aspekte
   – Bewältigung der Kinderlosigkeit
   – Homologie und Heterologie der Fortpflanzungsmethoden
   – Embryonenschutz
   vom christlichen Menschenbild aus betrachten.

Literaturverzeichnis

Albert, Hans, Theologische Holzwege. Gerhard Ebeling und der rechte Gebrauch der Vernunft. Tübingen 1973.

Albert, Hans, Das Elend der Theologie. Kritische Auseinandersetzung mit Hans Küng. Hamburg 1979.

Baby-Fabriken. Die Qualen der Retorten-Zeugung. In: Der Spiegel 17/1992, 226 ff.

Bacon, Francis, Essays oder praktische und moralische Ratschläge. Stuttgart 1986 (= Reclams UB 8358 [3]).

Bacon, Francis, Neues Organon, lateinisch-deutsch. Hg. u. mit e. Einl. von W. Krohn. 2 Bde. Hamburg 1990 (= Phil. Bibl. 400 a/b).

Blechschmidt, Erich, Wie beginnt das menschliche Leben: vom Ei zum Embryo. Stein am Rhein [6]1989.

Brischar, Siegfried (Hg.), Glaube und Wissen. Arbeitsheft für den Katholischen Religionsunterricht der Jahrgangsstufen 12 u. 13 der Gymnasien in Baden-Württemberg. Ulm 1985 (= Wege 5).

Buggle, Franz, Denn sie wissen nicht, was sie glauben. Oder warum man redlicherweise nicht mehr Christ sein kann. Eine Streitschrift. Reinbek b. Hamburg 1992.

Chargaff, Erwin, Zeugenschaft. Essays über Sprache und Wissenschaft. Stuttgart 1985.

Concilium. Internationale Zeitschrift für Theologie. 25. Jg., 1989, H. 3: Ethik in den Naturwissenschaften (mit Beiträgen von Karl Hartmann, Dietmar Mieth, Jean-Pierre Wils, Ina Praetorius, Stephan Pfürtner u. a.). Mainz 1989.

Deschner, Karlheinz (Hg.), Das Christentum im Urteil seiner Gegner. Ismaning b. München 1986.

Drewermann, Eugen, Auf dem Weg zur kirchenlosen Gesellschaft. Interview. In: Zeitschrift „Info3". Die etwas andere Zeitschrift zum Thema Anthroposophie. Nr. 4/1992, 5–11.

Dürr, Hans-Peter, Das Netz des Physikers. Naturwissenschaftliche Erkenntnis in der Verantwortung. München – Wien 1988.

Eiff, August Wilhelm von (Hg.), Verantwortung für das menschliche Leben: die Zeugung des Lebens, das ungeborene Leben, das verlöschende Leben. Düsseldorf [2]1992 (= Schriften der Katholischen Akademie in Bayern 144).

Fesquet, Henri (Hg.), Glaube zwischen Ja und Nein. Bekenntnisse gläubiger und nicht-gläubiger Zeitgenossen. Zürich – Einsiedeln – Köln 1982.

Friedrich, Wolf-Hartmut / Killy, Walther (Hg.), Das Fischer Lexikon Literatur. Bd. II, Teil 1. Frankfurt a. M. 1965.

Gentechnologie 14: Lebensbeginn und menschliche Würde. Stellungnahmen zur Instruktion der Kongregation für die Glaubenslehre vom 22. 2. 1987. Hg. v. Stephan Wehowsky. Frankfurt a. M. – München 1987.

Gott ist ein Freund des Lebens. Herausforderungen und Aufgaben beim Schutz des Lebens: Gemeinsame Erklärung des Rates der Evangelischen Kirche in Deutschland und der Deutschen Bischofskonferenz, hg. v. Kirchenamt d. Evang. Kirche in Deutschland u. v. Sekretariat d. Dt. Bischofskonferenz, Trier 1989.

Gräßle, Erwin u. a., Gentechnologie und Reproduktionsmedizin – eine ethische und pädagogische Herausforderung: „Aktueller Dienst" der Religionspädagogischen Institute e. V. in der Diözese Rottenburg–Stuttgart 1/1990.

Haag, Herbert (Hg.), Bibel-Lexikon. Zürich – Einsiedeln – Köln ³1982.

Haag, Herbert/Elliger, Katharina, „Stört nicht die Liebe". Die Diskriminierung der Sexualität – ein Verrat an der Bibel. Olten und Freiburg i. Br. 1986.

Habermas, Jürgen, Erkenntnis und Interesse. In: Ders., Technik und Wissenschaft als „Ideologie". Frankfurt a. M. (= edition suhrkamp 287).

d'Holbach, Paul Thiry, System der Natur oder von den Gesetzen der physischen und der moralischen Welt. Berlin und Weimar 1960.

Jens, Walter (Hg.), Kindlers Neues Literatur-Lexikon. 20 Bde. München 1988 ff.

Johnson, Uwe, Karsch und andere Prosa. Frankfurt a. M. 1964.

Jonas, Hans, Wertfreie Wissenschaft und Freiheit der Forschung. In: Universitas 10/1987, 983 ff.

Katechismus der Katholischen Kirche. München – Wien – Leipzig – Freiburg/Schweiz – Linz 1993.

Kentler, Helmut (Hg.), Die Menschlichkeit der Sexualität. Berichte – Analysen – Kommentare, ausgelöst durch die Frage: Wie homosexuell dürfen Pfarrer sein? München 1983.

Kirschfeld, Kuno, Eine Zelle ist noch kein Mensch. In: Die Zeit 35/1991, 61.

Kunze, Reiner, Zimmerlautstärke. Gedichte. Frankfurt a. M. 1972.

Lamer, Hans, Wörterbuch der Antike. Mit Berücksichtigung ihres Fortwirkens. Stuttgart ⁴1956 (= Kröners Taschenausgabe 96).

Leist, Anton (Hg.), Um Leben und Tod. Moralische Probleme bei Abtreibung, künstlicher Befruchtung, Euthanasie und Selbstmord. Frankfurt a. M. ²1990 (= suhrkamp taschenbuch wissenschaft 846).

Lenk, Hans (Hg.), Wissenschaft und Ethik. Stuttgart 1981 (= Reclams UB 8698 [5]).

Mieth, Dietmar und Irene, Schwangerschaftsabbruch. Die Herausforderung und die Alternativen. Freiburg – Basel – Wien 1991 (= Herder Spektrum 4016).

Nilsson, Lennart, Ein Kind entsteht. Bilddokumentation über die Entwicklung des Kindes im Mutterleib. München 1990.

Rahner, Karl, Grundkurs des Glaubens. Einführung in den Begriff des Christentums. Freiburg – Basel – Wien 1976.

Reimarus, Hermann Samuel, Apologie oder Schutzschrift für die vernünftigen Verehrer Gottes. Hg. v. Gerhard Alexander (im Auftrag der Joachim-Jungius-Gesellschaft). Bd. I. Frankfurt a. M. 1972.

Röhm, Eberhard, Sterben für den Frieden. Spurensicherung: Hermann Stöhr (1898–1940) und die ökumenische Friedensbewegung. Stuttgart 1985.

Sass, Hans-Martin, Wann beginnt das Leben? In: Die Zeit 49/1990, 95.

Schnübbe, Otto (Hg.), Embryotransfer und Gentechnologie. Chancen und Gefahren. Hannover ³1987 (= Vorlagen 48/49).

Schreiben der Kongregation für die Glaubenslehre an die Bischöfe der katholischen Kirche über die Seelsorge für homosexuelle Personen vom 30. Okt. 1986. Hg. v. Sekretariat der Dt. Bischofskonferenz (= Verlautbarungen des Apostolischen Stuhls 72).

Schweitzer, Albert, Die Ehrfurcht vor dem Leben. Grundtexte aus fünf Jahrzehnten. Hg. v. H. W. Bähr. München ⁶1991 (= Beck'sche Reihe 255).

Selg, Herbert (Hg.), Zur Aggression verdammt? Ein Überblick über die Psychologie der Aggression. Stuttgart – Berlin – Köln – Mainz ⁶1982.

Singer, Peter, Praktische Ethik. Stuttgart 1984 (= Reclams UB 8033 [4]).

Steffahn, Harald, Albert Schweitzer in Selbstzeugnissen und Bilddokumenten. Reinbek b. Hamburg 1985 (= rowohlts monographien 263).

Steffen, Uwe, Jona und der Fisch. Der Mythos von Tod und Wiedergeburt. Stuttgart ^{4}1990.

Studiengemeinschaft „Wort und Wissen", Schöpfung und Wissenschaft. Denkansätze im Spannungsfeld von Glauben und Wissen. Neuhausen-Stuttgart 1988.

Weber, Hans-Ruedi, Und kreuzigten ihn. Göttingen – Freiburg i. Br. 1980.

Wellershoff, Dieter, Gelegenheit zur Erfahrung. Über den Umgang mit Gedichten. In: H. Mainusch (Hg.), Literatur im Unterricht. Kritische Information. München 1979, 371ff.

Wellershoff, Dieter, Doppelt belichtetes Seestück und andere Texte. Köln 1974.

Wils, Jean-Pierre/Mieth, Dietmar (Hg.), Grundbegriffe der christlichen Ethik. Paderborn – München – Wien – Zürich 1992 (UTB für Wissenschaft 1648).

Ziegler, Konrat / Sontheimer, Walther (Hg.), Der Kleine Pauly. Lexikon der Antike. 5 Bde. München 1979 (= dtv 5963).

Žmegač, Viktor (Hg.), Geschichte der deutschen Literatur vom 18. Jahrhundert bis zur Gegenwart. 6 Bde. Königstein/Ts. 1979ff. (= Athenäum Taschenbücher 2152ff.).

Inhalt des Materialienheftes „Materialien Glauben und Wissen"

Klettbuch 26884

Zwei geschichtliche Beispiele für das Verhältnis von Glauben und Wissen

1 Griechische Bronze-Skulptur
2 Skulptur des brasilianischen Künstlers Guido Rocha
3 Bernhard Oßwald, Die „Torheit" des „Wortes vom Kreuz"
4 Paul Thiry d'Holbach, Die neue Religion
5 Hermann Samuel Reimarus, Für die vernünftigen Verehrer Gottes

Begriffliche und sachliche Unterscheidung von Glauben und Wissen

6 Francis Bacon, Menschliches Wissen und Können als Grundlage der Naturbeherrschung
7 Albert Schweitzer, Ehrfurcht vor dem Leben als Lebensbejahung und Ethik

Wissen/Wissenschaft

8 Feinde (Photo)
9 Aggressionstheorien
   I. Herbert Selg, Die Frustrations-Aggressions-Theorie
   II. Ute Jakobi u. a., Der Aggressionstrieb bei Konrad Lorenz
   III. Bernhard Oßwald, Das Lernen von Aggression
10 Konrad Oker, Waldsee (Photo)
11 Hans-Peter Dürr, Naturwissenschaft und Wirklichkeit
12 Erwin Chargaff, Der Forscher
13 Hans Jonas, Freiheit der Forschung?
14 Ludwig Hirsch, Herbert
15 Dieter Wellershoff, Der Schütze liegt in sich gerade
16 Die Zirkelstruktur des Verstehens

Glauben/Theologie

17 Reinhard Mey, Auf eines bunten Vogels Schwingen
18 Karl Rahner, Der Mensch als Wesen der Transzendenz
19 Reiner Kunze, Zuflucht noch hinter der Zuflucht
20 Gottesbegegnungen
   I. Elia am Horeb (1 Kg 19,9–16)
   II. Mose am Horeb (Ex 19,16–20)
21 Uwe Johnson, Jonas zum Beispiel
22 Bernhard Oßwald, Wir alle sind Jona
23 Uwe Steffen, Jona, o Jona
24 Haftbefehl gegen Hermann Stöhr vom 25. Sept. 1939
25 Hermann Stöhr, Verweigerungsschreiben an das Wehrbezirkskommando Stettin I
26 Pastor G. Klütz, Zeugenschreiben an das Kriegsgericht Kiel

27 Konrad Oker, Situationen des Gebets (8 Photos)
28 Uwe Seidel, Mein Bekenntnis
29 Traumhochzeit? Zwei Frauen vor dem Standesbeamten (Photo)
30 Kongregation für die Glaubenslehre, Zur moralischen Beurteilung der Homosexualität
31 Herbert Haag/Katharina Elliger, Neue Einsichten
32 I. Kongregration für die Glaubenslehre, Zur biblischen Beurteilung der Homosexualität
  II. Hans-Georg Wiedemann, Die „Sünde Sodoms"
33 Manfred Josuttis, Christliche Ethik und das biblische Urteil über Homosexualität

Die Stellung(nahme) christlicher Ethik im Kontext bioethischer Probleme

34 Menschlicher Embryo, acht Wochen alt (Photo)
35 Erich Blechschmidt, Individualität und Personalität des menschlichen Keims von Anfang an
36 Rat der EKD/Dt. Bischofskonferenz, Die Würde des vorgeburtlichen Lebens
37 Kuno Kirschfeld, Eine Zelle ist noch kein Mensch
38 Hans-Martin Sass, Die Entwicklung des Gehirns macht den Menschen aus
39 Peter Singer, Mensch und Tier. Oder: Das Prinzip der Gleichheit und der Wert des Lebens
40 Dietmar und Irene Mieth, Im Zweifel für das Leben
41 Photo (ohne Titel)

STUNDENBLÄTTER Religion
für die Sekundarstufe II

Wolfgang Albers
Stundenblätter
Menschenwürde - Menschenrechte
Christliches Handeln in der Welt
Klettbuch 926743
Materialienheft für Schüler: Klettbuch 26868

Bernhard Bosold
Stundenblätter Gesellschaftliche Normen
- Theologische Ethik
Klettbuch 926701
Materialienheft für Schüler: Klettbuch 26866

Horst Gorbauch / Dorothea Mehner
Stundenblätter Umgang mit der Bibel
Klettbuch 926711

Hans Huber
Stundenblätter Jesus Christus
Klettbuch 926702
Materialienheft für Schüler: Klettbuch 26865

Bernhard Oßwald
Stundenblätter Gottesglaube - Atheismus
Klettbuch 926745
Materialienheft für Schüler: Klettbuch 26871

Albrecht Rieder
Stundenblätter Sinnfrage
Klettbuch 926704
Materialienheft für Schüler: Klettbuch 26872

Martin Schmidt-Kortenbusch
Stundenblätter
Ökologische Verantwortung
Testfall christlicher Ethik
Klettbuch 926706
Materialienheft für Schüler: Klettbuch 26874

Dittmar Werner
Stundenblätter Frau und Mann
Ein Kapitel feministischer Theologie
Klettbuch 926712
Materialienheft für Schüler: Klettbuch 26878

Martin Schmidt-Kortenbuch
Stundenblätter
Ökumenische Gemeinschaft
der Hoffnung - Kirche
Klettbuch 926714
Materialienheft für Schüler: Klettbuch 26879

Hermann Ehmann
Stundenblätter
Menschenbilder
Klettbuch 926724
Materialienheft für Schüler: Klettbuch 26883

Bernhard Oßwald
Stundenblätter
Glauben und Wissen
Klettbuch 926725
Materialienheft für Schüler: Klettbuch 26884

STUNDENBLÄTTER Religion
für die Sekundarstufe I

Hans Getzeny
Stundenblätter
Freundschaft - Liebe - Partnerschaft
Klettbuch 926741

Materialienheft für Schüler: Klettbuch 26863

Horst Gorbauch/Dorothea Mehner-Weber
Stundenblätter
Glaube und Fehlformen des Glaubens
Klettbuch 926713

Materialienheft für Schüler: Klettbuch 26877

Anneliese Schulz
Stundenblätter
Den Nächsten lieben - Das Notwendige tun
Außenseiter - Ausländer - Behinderte
Klettbuch 926744

Materialienheft für Schüler: Klettbuch 26869

Anneliese Schulz
Stundenblätter Zeit und Umwelt Jesu
Das Heilige Land - Die Bibel
Klettbuch 926708

Materialienheft für Schüler: Klettbuch 26875

Siegfried Schulz
Stundenblätter Bergpredigt
Klettbuch 926742

Materialienheft für Schüler: Klettbuch 26864

Siegfried Schulz
Stundenblätter Christen und Juden
Klettbuch 926703

Materialienheft für Schüler: Klettbuch 26867

Manfred Häußler/Albrecht Rieder
Stundenblätter
Hiob - der Mensch im Leid
Klettbuch 926719

Materialienheft für Schüler: Klettbuch 26882

Siegfried Schulz
Stundenblätter
Sterben - Tod - Auferstehung
Klettbuch 926721

Materialienheft für Schüler: Klettbuch 26861

Hartmut Fischer
Stundenblätter Paulus
Klettbuch 926715

Materialienhaft für Schüler: Klettbuch 2688

Siegfried Schulz
Stundenblätter Der Islam:
Christen begegnen Muslimen
Klettbuch 926716

Materialienheft für Schüler: Klettbuch 26881

		Glauben und Wissen
14. Stunde: (Fortsetzung) *Momente des religiösen Glaubens I: Gott hören/Gott begegnen (Elia)*		

Unterrichtsverlauf	Methoden/Sozialformen	Kommentare und Resultate
Phase 3 (Fortsetzung)		<u>Vom Menschen her:</u> Wie Gott sich äußert und kundtut, läßt sich nicht ausrechnen. Seine Offenbarung ist auch so möglich, daß sie allem Erwarten widerspricht. Die „Kontingenz" der Gottesbegegnung bewirkt, daß sie interpretierbar ist – bis hin zu ihrer Bestreitung.
	2. Welche Möglichkeiten, Gott zu begegnen, sehen Sie für uns heutige Menschen?	Zu 2. – Rückblick auf das Leben („Gott hat seine Hand im Spiel gehabt.") – Überleben einer lebensbedrohlichen Krankheit oder eines schweren Unfalls – Erfahrung des Beschenktseins: Naturerlebnis, erfüllte Liebesbeziehung, Geburt eines Kindes – Gottesdienst und christliche Gemeinschaft – Leben für andere; anderen helfen als Lebenssinn
	3. Jede Art der Gotteserfahrung/-begegnung kann mißverstanden werden. Welche möglichen Mißverständnisse erkennen Sie?	Zu 3. – Religiöse Überhöhung des Zwischenmenschlichen – Gott als Funktion menschlicher Bedürfnisse – Naives Verständnis der göttlichen Lenkung und Vorsehung – Autosuggestion und Selbsttäuschung als vermeintliche Gotteserfahrung – Verwechslung von Selbsterfahrung und Gotteserfahrung

15./16. Stunde:
Momente des religiösen Glaubens II: Gott antworten (Jona)

Glauben und Wissen

Materialien und Medien:
- Text: Uwe Johnson, Jonas zum Beispiel (Mat. 21)
- Text: Bernhard Oßwald, Wir alle sind Jona (Mat. 22)
- Text: Uwe Steffen, Jona, o Jona (Mat. 23)
- Arbeitsblatt 4: Jona
- Overheadprojektor
- 5 Folien (Arbeitsblatt darauf kopieren!); Folienstifte

Unterrichtsverlauf	Methoden/Sozialformen	Kommentare und Resultate

Phase 1
Vergegenwärtigen des Jona-Stoffs
	Kurzreferat des Lehrers über die biblische Jona-Erzählung	Inhalt
		Jona-Erzählung:
		– Entstanden zwischen 400 und 200 v. Chr.
		– Zählt zu den „Kleinen Propheten", unterscheidet sich aber von den anderen Prophetenbüchern
		  a) durch die literarische Gattung (Parabel!)
		  b) durch die Benennung (nicht nach dem Verfasser, sondern nach der Hauptgestalt)
		– Thema: Barmherzigkeit und universaler Heilswille Gottes (im Gegensatz zum egoistischen Heilspartikularismus)

	Textlektüre (laut) U. Johnson, Jonas zum Beispiel (Mat. 21) Unterrichtsgespräch Impulse: 1. Was fällt Ihnen an Johnsons Jona-Erzählung auf? 2. Versuchen Sie aus dem Stegreif, Gott, Jona und ihr Verhältnis zueinander zu kennzeichnen.	Ergebnisse Zu 1. Exposition; offenes Ende (Aussagesätze mit Fragezeichen); sprachliche Anachronismen; ironische Kommentare des Erzählers (z. B. „Die gelehrte Forschung …") „sanfte Ironie" in der ganzen Erzählung … Zu 2. *Gott:* Zunächst erscheint er zornig, drohend, Sünde bestrafend, aber dann stellt er die Gnade über die Gerechtigkeit, aus Liebe und Fürsorge anerkennt er den (durch ihn selbst initiierten!) Wandel der Menschen. *Jona:* Unfreiwilliger „Held"; isolierter Mensch. Brüchiges Selbst- und Gottvertrauen. Ist bestimmt vom Vergeltungsgedanken (Tun – Ergehen – Zusammenhang), obwohl er Gottes ungeschuldete Liebe an sich selbst erfahren hat. Ohne Mitleid mit den Bewohnern von Ninive; lieblos, kleinherzig.
Phase 2 Graphisches Erarbeiten der Jona-Handlung	Partnerarbeit/Arbeitsblatt Aufgabe: Entwickeln Sie aus der auf dem Arbeitsblatt vorgegebenen Anlage eine Skizze, die die Jona-Handlung in ihren Hauptereignissen als Prozeß oder Weg darstellt und dabei auch die Beziehung zwischen Gott und Jona aufzeigt.	Arbeitsblatt 4 Für die Auswertung der Ergebnisse der Partnerarbeit gibt der Lehrer an einige Schüler mit dem Arbeitsblatt identische Folien aus und bittet sie, ihre Lösung darauf einzutragen.

15./16. Stunde: (Fortsetzung)
Momente des religiösen Glaubens II: Gott antworten (Jona)

Glauben und Wissen

Unterrichtsverlauf	Methoden/Sozialformen	Kommentare und Resultate
Phase 2 (Fortsetzung)	Sammeln der Ergebnisse/Klassengespräch	Der Lehrer legt nacheinander 2–3 Folien mit Schülerlösungen auf. Die Lösungen werden mit der Klasse besprochen. Exemplarische Lösung s. Stundenbeschreibung
Phase 3 Einführen in die tiefenpsychologische Jona-Interpretation	Lehrervortrag Jona in tiefenpsychologischer Deutung	Zum Inhalt s. Stundenbeschreibung
Phase 4 Aktualisieren des Jona-Motivs	Textlektüre (laut) B. Oßwald, Wir alle sind Jona (Mat. 22) Unterrichtsgespräch/TA Impuls: Nennen Sie Beispiele unserer Gegenwart, die nach Ihrer Meinung den drei angesprochenen – urbildlichen – Ereignissen/Situationen aus der Jona-Geschichte entsprechen. Deuten Sie auch kurz an, worin Sie das Spiegelbildliche sehen.	Tafelbild

Tafelbild:

1. **Jonas Flucht nach Tarsis**

   - Aussteigen aus der Gesellschaft — Passivität
   - Unpolitisches, gesellschaftlich nicht engagiertes Christentum — Verantwortungslosigkeit
   - Selbstbezogenes Verhalten wie Konsum statt altruistischem Teilen und Helfen — Resignation / Bequemlichkeit
   - Haltung „Da kann ich doch nichts machen" — Introversion / Privatheit

2. **Jona im Bauch des Wals**

   - Verschüttete Grubenarbeiter
   - Geiseln in der Hand von Terroristen
   - Tod/Verlust eines nahestehenden Menschen
   - Krankheit auf Leben und Tod
   - Scheitern eines Lebenswerks

   Grenzsituation:
   - bricht herein, läßt sich nicht verhindern oder bewältigen
   - Spannungsfeld von Sein und Nichtsein, Leben und Tod
   - Sinnfrage
   - Transzendenzerfahrung

3. **Jona – tatenlos im Schatten seiner Hütte**

   - Distanzierter Fernsehblick auf Hunger, Elend, Krieg — Teilnahmslosigkeit
   - Ignorieren bedrängter Menschen im eigenen Umfeld — Mitleidslosigkeit / Lieblosigkeit
   - Unverständnis für die Not anderer — Selbstgerechtigkeit

Unterrichtsverlauf	Methoden/Sozialformen	Kommentare und Resultate
Phase 5: Meditative Besinnung auf die existentielle und religiöse Bedeutung des Jona-Motivs	<u>Entspannte Körperhaltung (Kutschersitz)/Schließen der Augen/Sammlung durch Konzentration auf den Atem</u> <u>Stille</u> <u>Textvortrag des Lehrers</u> U. Steffen, Jona, o Jona (Mat. 23) <u>Stille</u>	Textvortrag: ruhig und bedächtig, durch längere Pausen in Sinnabschnitte gegliedert

17. Stunde:
Momente des religiösen Glaubens III: Zeugnis geben durch die Tat (Hermann Stöhr)

Glauben und Wissen

Materialien und Medien:
- Folie: Haftbefehl gegen Hermann Stöhr vom 25. September 1939 (Mat. 24 kopieren!)
- Overheadprojektor
- Text: Hermann Stöhr, Verweigerungsschreiben an das Wehrbezirkskommando Stettin I (Mat. 25)
- Text: Pastor G. Klütz, Zeugenschreiben an das Kriegsgericht Kiel (Mat. 26)

Unterrichtsverlauf	Methoden/Sozialformen	Kommentare und Resultate
Phase 1 Motivieren und Interessieren	Projizieren einer Folie Haftbefehl gegen Hermann Stöhr (Kopiervorlage: Mat. 24)	Zum Inhalt des § 69 MStGB (Militärstrafgesetzbuch) s. Stundenbeschreibung.
	Unterrichtsgespräch Fragen: 1. Welche Gründe könnten H. Stöhr veranlaßt haben, den Einberufungsbefehl zu verweigern? 2. Mit welcher Strafe hatte er vermutlich zu rechnen? 3. Wie häufig wurde nach Ihrer Meinung in Deutschland während des 2. Weltkriegs der Kriegsdienst (aus Gewissensgründen) verweigert?	Ergebnisse Zu 1. Familie, Gesundheitszustand, politische Einstellung, Glauben, Gewissen ... Zu 2. Hohe Strafe, vielleicht sogar Todesstrafe (Sachinformation s. Stundenbeschreibung) Zu 3. Selten; fast gar nicht? (Sachinformation s. Stundenbeschreibung)
Phase 2 Informieren über H. Stöhrs Leben	Schülerreferat/Hektographie Hermann Stöhr – Skizze seines Lebens	Zum möglichen Inhalt des Referats s. Stundenbeschreibung.
Phase 3 Erarbeiten – der Persönlichkeitsmerkmale und des Ethos des Pazifisten Stöhr – der Behandlung/Beurteilung Stöhrs durch seine Umgebung	Lehrervortrag Textlektüre (laut) Brief Stöhrs an das Wehrbezirkskommando (Mat. 25) Brief von Pastor Klütz an das Kriegsgericht (Mat. 26) Einzelarbeit (arbeitsteilig)	Der Lehrer gibt einige kurze Informationen zu den von den Schülern zu bearbeitenden Texten (zum Inhalt s. Stundenbeschreibung). Die eine Klassenhälfte bearbeitet den Brief von Stöhr, die andere den von Pastor Klütz.

Unterrichtsverlauf	Methoden/Sozialformen	Kommentare und Resultate

Phase 3
(Fortsetzung)
	Arbeitsauftrag zum Brief von Stöhr:
	1. Welchen Eindruck gewinnen Sie vom Briefschreiber?
	2. Welchen Stellenwert mißt Stöhr seinem Gesundheitszustand in der Begründung seiner Militärdienstverweigerung bei?
	3. Welche „Gewissensgründe" bringt Stöhr gegen den Dienst mit der Waffe vor?
	
	4. Wie beurteilt Stöhr die Obrigkeit bzw. seine Pflicht als Staatsbürger?
	
	Arbeitsauftrag zum Brief von Pastor Klütz:
	1. Wie kennzeichnet Klütz Stöhrs „persönliche Entwicklung" von 1914–1920.
	2. Worauf gründet Stöhr seinen religiösen Pazifismus?
	3. Wie wirkt sich Stöhrs pazifistische Überzeugung aus
	   a) bei Diskussionen/Zusammenkünften,
	   b) bei seiner Beurteilung politischer Ereignisse?
	4. a) Wie reagieren Klütz und andere auf Stöhrs Pazifismus?
	   b) Wie beurteilen sie ihn?
		<u>Ergebnisse (= TA)</u> (Brief Stöhrs)
		Zu 1. Ehrlich, kompromißlos, mutig, geradlinig …
		
		Zu 2. Gesundheitszustand argumentativ kaum ausgenützt; gegenüber den Gewissensgründen zweitrangig
		
		Zu 3. – Mt 26,53: Jesus gegen Waffen und Rüstung
		       – Positives Christentum verlangt „Taten nationaler Hilfsbereitschaft", nicht wechselseitiges Wettrüsten
		       – Dienst mit der Waffe ist unvereinbar mit Gebot der Feindesliebe
		       – Militärischer Gehorsamseid widerspricht Mt 5,34 u. Jak 5,12
		Zu 4. Anerkennung der staatsbürgerlichen Pflichten; Bereitschaft zu einem „Ersatzdienst"
		
		<u>Ergebnisse (= TA)</u> (Brief von Pastor Klütz)
		Zu 1. Kriegsfreiwilliger – patriotische Berichte in die Heimat – Stimmung schlägt um beim Dienst in der Türkei – <u>Pazifist nach Kriegsende</u>
		Zu 2. Bergpredigt: Gebot der Feindesliebe; Anspruch, dieses Gebot zu verwirklichen
		Zu 3. a) Missionarischer Eifer Stöhrs
		       b) Entschiedenes Eintreten für die Schwächeren
		
		Zu 4. a) Stöhr „fällt auf die Nerven", wird als Störenfried empfunden und lächerlich gemacht
		       b) Nicht normal; „psychopathische Züge"; „inkonsequent"; „bedauerlicher Fall", vielleicht „Opfer des Weltkriegs"; Gesamthaltung nicht „menschlich verständlich"

Phase 4 Auseinandersetzung mit Stöhrs radikalem Pazifismus	<u>Unterrichtsgespräch</u> Leitfrage: Wie beurteilen Sie Stöhrs kompromißlose Haltung?	<u>Zum möglichen Ergebnis:</u> Die Schüler neigen zu zwei Antworten: – Die einen anerkennen Stöhrs Haltung als vorbildlich, betonen aber zugleich, daß ein solch radikaler Pazifismus vom „normalen" Christen nicht erwartet werden kann. – Die anderen kennzeichnen Stöhrs Pazifismus von vornherein als „unklug", „übertrieben"… Der Lehrer sollte seinen eigenen Standpunkt zur Sprache bringen.

18. Stunde: Momente des religiösen Glaubens IV: Beten		Glauben und Wissen

Materialien und Medien:
- Fotos: Konrad Oker, Situationen des Gebets (Mat. 27/I–VIII)
- Text: Uwe Seidel, Mein Bekenntnis (Mat. 28)
- Kleine Zettel (DIN A 6, Klassensatz)
- Arbeitsblatt 5: Situationen des Gebets
- Folie (mit Arbeitsblatt identisch)
- Overheadprojektor

Unterrichtsverlauf	Methoden/Sozialformen	Kommentare und Resultate
Phase 1 Aufgreifen der Schülererfahrung (persönliche Betroffenheit/Motivation)	<u>Lehreraktion</u> <u>Einzelarbeit</u> 1. Führen Sie auf dem Zettel anonym den Satzanfang fort: „Beten bedeutet für mich …" Formulieren Sie mehrere Weiterführungen. 2. (nach ca. 5 Minuten): Unterstreichen Sie die beiden wichtigsten Bedeutungen. <u>Sammeln der Ergebnisse/TA</u>	– Große Überschrift an die Tafel (linke Seite): „Beten bedeutet für mich …" – Austeilen der kleinen Zettel – Formulieren des Arbeitsauftrags <u>Lehreraktion:</u> – Zettel einsammeln und neu austeilen – Die unterstrichenen Bedeutungen vorlesen lassen – Stichwortartige Notizen an der Tafel (geordnet nach positiven und negativen Bedeutungen) <u>Mögliches Tafelbild (linke Seite)</u> > <u>Positiv</u> > Ruhe; in sich gehen; Erleichterung; Hoffnung schöpfen; seine Sorgen von der Seele reden; Hilferuf in der Not; Vertrauen auf die Hilfe Gottes; mit Gott sprechen; eine Art Selbstgespräch, um Lösungen zu finden; das Gewissen erleichtern; Wege suchen … > > <u>Negativ</u> > Zu zeitaufwendig; keinen persönlichen Bezug zum Gebet, am allerwenigsten in der Kirche; Kindheitserinnerung (keine aktuelle Bedeutung); <u>keine</u> Kommunikation mit Gott; Herunterleiern fester Formeln; Selbstbetrug …

Unterrichtsverlauf	Methoden/Sozialformen	Kommentare und Resultate
Phase 1 (Fortsetzung)	Unterrichtsgespräch Impuls: Welche Fragen ergeben sich aus den hier angesprochenen Auffassungen des Gebets?	Ergebnisse (= TA) – Ist Beten nur ein Selbstgespräch – oder eine echte Begegnung mit Gott? – Ist Beten nur für Notsituationen gut? – Gehört Beten zum Kinderglauben? – Ist nur das spontane Gebet echt – oder verlangt Beten auch Regelmäßigkeit und Form? – Hat Beten überhaupt einen Sinn?
Phase 2 Situationen des Gebets und zugehörige Sprachformen und Gesten bestimmen	Partnerarbeit/Arbeitsblatt zu: K. Oker, Situationen des Gebets (Mat. 27/I–VIII) Aufgabe s. Arbeitsblatt 5 Sammeln der Ergebnisse/Overheadprojektor Unterrichtsgespräch Frage: Welche der acht Situationen bringen Sie mit spontanen Formen des Gebets in Verbindung, welche mit vorgegebenen?	Kopiervorlage/Arbeitsblatt 5 (Lösungen beim Kopieren abdecken!) Der Lehrer hat das Arbeitsblatt auf Folie kopiert und trägt hier die Ergebnisse, die die Schüler nennen, ein. Lösungen s. Arbeitsblatt 5! Ergebnis Freie/spontane Formen: I; II; (III); IV; V; VI Feste/vorgegebene Formen: III; (V); VII; VIII
Phase 3 Gegenüberstellen von freiem Gebet und formelhaftem Bekenntnis	TA (bzw. OHP/Folienbild) Klassengespräch/TA (bzw. Folienbild) Fragen: 1. Was erscheint Ihnen am freien Gebet charakteristisch, was am formelhaften Bekenntnis? Beziehen Sie die Charakteristik auf Anlaß, Kontext, Sprache und Glaubensfunktion der beiden Gebetsformen.	Tafel- bzw. Folienbild *Freies Gebet* — *Formelhaftes Bekenntnis* „Herr, ich danke Dir für diesen Tag. Verzeih mir, daß ich gar nicht an Dich gedacht habe. Hilf mir morgen, daß ich in der Geschäftigkeit des Alltags die Ruhe finde, auf Dich zu hören." — „Wir glauben ... an den einen Herrn Jesus Christus, Gottes eingeborenen Sohn, aus dem Vater geboren vor aller Zeit, Gott von Gott, Licht vom Licht, wahrer Gott vom wahren Gott ..." Ergebnis (= Tafel bzw. Folienbild) Zu 1. (Freies Gebet) — (Formelhaftes Bekenntnis) Privat/allein — Öffentlich/mit anderen Alltag — Liturgie Aktuell — Traditionell Dialogisch — Monologisch Existentiell — „Sachlich" Spontan formuliert/emotional geprägt — Theologisch reflex/dogmatisch Artikulieren des eigenen Glaubens — Gemeinsame Bezeugung des allgemeinen Glaubens

18. Stunde: (Fortsetzung) Momente des religiösen Glaubens IV: Beten		Glauben und Wissen	
Unterrichtsverlauf	**Methoden/Sozialformen**	**Kommentare und Resultate**	
Phase 3 (Fortsetzung)		Glaubensvollzug des einzelnen Lebendighalten des persönlichen Glaubens	Glaubensvollzug der Kirche Weitergabe des Glaubens der Kirche
	2. Wie beurteilen Sie Sinn und Bedeutung der beiden Gebetsformen?	Zu 2. – Beide Formen im Glaubensleben unverzichtbar (→ „Sitz im Leben") – Gegenseitige Ergänzung	
Phase 4 Beispielhafte Vermittlung von freiem Gebet und formelhaftem Bekenntnis	Textlektüre (laut) U. Seidel, Mein Bekenntnis (Mat. 28) Unterrichtsgespräch Frage: Inwiefern reflektiert das Gebet das tradierte Glaubensbekenntnis, inwiefern ist es persönlich und für die Gegenwart neu geschaffen?	Der Lehrer liest den Text vor. Ergebnis	
		Traditionelle Elemente Inhaltlich: – Bekenntnis zur Trinität – Übernahme von Inhalten (z. B. Gott – der Allmächtige, Schöpfer des Himmels und der Erde) Formal: – Dreigliedriger Aufbau – Beibehalten von Wendungen	*Freie Neuschöpfung* Inhaltlich: – Widerspiegelung gegenwärtiger Problematik und Bewußtseinslage – Neue Deutung überkommener Vorstellungen (Jesus – unser Bruder; Jesu Auferstehung = Auferstehung unter uns) – Weglassen schwieriger – unzeitgemäßer – Theologumena („empfangen durch den Hl. Geist ...") Formal: – Gegenwartsbezogene Bildlichkeit („Himmel erden ...") – Poetische Sprache – Neue Begriffe (statt heilig „schöpferisch") – Andere Reihenfolge im Bekenntnis (statt Vater – Sohn – Geist: Schöpfer – Geist – Jesus Christus) – Weitgehender Verzicht auf spezifische theologische Begrifflichkeit

Vergabe von Referaten
für die 22.–24. Stunde (5 „Experten"-Vorträge; Themen und Textgrundlagen s. Stundenbeschreibung)

19.–21. Stunde:
Theologie: Die Wissenschaft des Glaubens (Beispiel: Christliche Ethik)

Glauben und Wissen

Materialien und Medien:
- Foto: Ali Paczensky, Traumhochzeit? Zwei Frauen vor dem Standesbeamten (Mat. 29)
- Text: Kongregation für die Glaubenslehre, Zur moralischen Beurteilung der Homosexualität (Mat. 30)
- Text: Herbert Haag/Katharina Elliger, Neue Einsichten (Mat. 31)
- Text: Kongregation für die Glaubenslehre, Zur biblischen Beurteilung der Homosexualität (Mat. 32/I)
- Text: Hans-Georg Wiedemann, Die „Sünde Sodoms" (Mat. 32/II)
- Text: Manfred Josuttis, Christliche Ethik und das biblische Urteil über Homosexualität (Mat. 33)
- Bibeln (für ein Drittel der Klasse)
- Overheadprojektor
- Folienbild „Autonome Moral" (Kopiervorlage s. S. 44)

Unterrichtsverlauf	Methoden/Sozialformen	Kommentare und Resultate
Phase 1 Erste (Selbst-)Verständigung über das Thema „Homosexualität"	Betrachten eines Fotos A. Paczensky, Traumhochzeit? (Mat. 29) Unterrichtsgespräch/TA 1+2 Fragen: 1. Wie denken Sie darüber? 2. Wie stellen sich (nach Ihrer Einschätzung und Kenntnis) die Kirchen zur Partnerschaft oder Heirat Homosexueller?	Ergebnisse (= TA 1+2) TA 1 Homosexuelle Beziehung/Partnerschaft/Heirat Mögliche Meinungen/Bewertungen der Klasse – Menschen gleichen Geschlechts, die sich lieben, sollen heiraten können. – Die Heirat Gleichgeschlechtlicher ist zu tolerieren (nicht unbedingt zu unterstützen oder gar zu fördern). – Die Ehe ist vom Sinn her die Lebensgemeinschaft Heterosexueller (Kinder!). TA 2 (= Schülerantworten + Lehrerbeitrag) Ethische Bewertung durch die Kirchen „Amtskirche" „Kirche von unten" Evangelisch Katholisch Fehlform menschlicher Sexualität Auch eine Gabe Gottes Keine („unreflektierte") moralische Verurteilung — Moralische Verurteilung* Gleichwertigkeit mit Heterosexualität Christliche Ethik ?!

Unterrichtsverlauf	Methoden/Sozialformen	Kommentare und Resultate
Phase 2 Differenzierteres Erfassen der „katholischen" Beurteilung von Homosexualität. Erarbeiten eines „einfachen Modells" christlicher Ethik	Textlektüre (laut) Kongregation für die Glaubenslehre, Zur moralischen Beurteilung der Homosexualität (Mat. 30) Lehrerinformation zum Text Klassengespräch/TA 3+4 Fragen: 1. Wie beurteilt „katholische Moral" gemäß der Verlautbarung des Vatikans Homosexualität? 2. Auf welchen Erkenntniskräften und -quellen beruht – laut Text – „katholische Moral" (christliche Ethik)?	Inhalt „Katholische Moral": ein Fall = eine Konkretion christlicher Ethik Ergebnisse (= TA 3+4) Zu 1. TA 3 * Unterscheidung zwischen homosexueller Neigung/ und Aktivierung der Neigung Veranlagung (= homosexuelle Beziehungen/Handlungen) „in sich nicht sündhaft", „sündhaft" aber „objektiv ungeordnet" „moralisch nicht annehmbar" Urteil Zu 2. TA 4 Christliche Ethik Glauben – „Normen Gottes" – Vernunft Erkenntnisse der Wissenschaften **Ethisches Urteil**

Phase 3
Elemente der Urteilsbildung christlicher Ethik erarbeiten/sich mit Problemen im Begründungsprozeß auseinanderzusetzen
	Lehrervortrag/-aktion
	
	Textanalyse (arbeitsteilig)/Partnerarbeit
	Erstes Klassendrittel:
	I. Text
	    Mat. 31 (H. Haag/K. Elliger)
		Vortrag als Überleitung
		Stichworte zum Inhalt:
		– Die Beurteilung von Homosexualität nach dem „Modell christlicher Ethik" aus Phase 2 wirft verschiedene Probleme auf:
		   • Biblische Stellen zur Homosexualität – wie aufzufassen?
		   • Bei Spannungen zwischen humanwissenschaftlichen Einsichten und traditionellen theologischen Aussagen – ist da tatsächlich dem theologischen Urteil der Vorzug zu geben?

		Glauben und Wissen
19.–21. Stunde: (Fortsetzung) *Theologie: Die Wissenschaft des Glaubens (Beispiel: Christliche Ethik)*		
Unterrichtsverlauf	**Methoden/Sozialformen**	**Kommentare und Resultate**
Phase 3 (Fortsetzung)	II. Arbeitsauftrag 1. Fassen Sie zusammen, zu welchen neuen Einsichten über Homosexualität die Humanwissenschaften gekommen sind. 2. Beurteilen Sie die Aussage der Glaubenskongregation, die Sichtweise katholischer Moral habe „durch die gesicherten Erkenntnisse der Humanwissenschaften Bestätigung … erfahren". Ergebnisse in Kurzform (Stichworte; Thesen)! Zweites Klassendrittel: I. Texte – Gen 19,1–11 – Mat. 32/I (Glaubenskongregation) – Mat. 32/II (H. G. Wiedemann) II. Arbeitsauftrag 1. Vergleichen Sie, wie die Glaubenskongregation und Wiedemann Gen 19,1–11 verstehen. 2. Wie ist der Unterschied der Auffassungen hermeneutisch zu erklären? 3. Welches Textverständnis überzeugt Sie mehr? Ergebnisse in Kurzform (Stichworte; Thesen)! Drittes Klassendrittel: I. Text Mat. 33 (M. Josuttis) II. Arbeitsauftrag 1. Wie beurteilt Josuttis die biblische Stellungnahme zur Homosexualität unter exegetisch-hermeneutischem Gesichtspunkt? 2. Welche Gründe sprechen nach Josuttis gegen die (direkte) Übernahme des biblischen Urteils? Ergebnisse in Kurzform (Stichworte; Thesen)! <u>Sammeln der Ergebnisse</u>	• Überordnung der Glaubens- über die Vernunftargumentation – schließt sich damit christliche Ethik nicht aus dem ethischen Diskurs aus? – Klären der Probleme in Gruppenarbeit. Ziel: ein „neues" Modell christlicher Ethik. <u>Aktion</u> Einteilen der Klasse in drei Gruppen <u>Ergebnisse</u> s. Stundenbeschreibung!

Unterrichtsverlauf	Methoden/Sozialformen	Kommentare und Resultate
Phase 4 Auswerten der Ergebnisse der arbeitsteiligen Partnerarbeit (Textanalyse)/abschließende Überlegungen	Klassengespräch Leitfragen: 1. Welches Gewicht geben Sie den humanwissenschaftlichen Erkenntnissen bei der Urteilsbildung christlicher Ethik? 2. Wenn bei ethischen Fragen biblische Aussagen und Erkenntnisse der Humanwissenschaften in Konflikt treten – nach welchen Gesichtspunkten sollte dann eine Lösung gesucht werden? 3. Welche Instanz halten Sie beim Urteilsbildungsprozeß christlicher Ethik für maßgebend? Lehrervortrag/Overheadprojektor	Ergebnisse in Stichworten Zu 1. – Richtigkeit des ethischen Urteils von der Richtigkeit des Sach-Urteils (der Sachanalyse) abhängig – Sachkompetenz als Voraussetzung für ethische Kompetenz Zu 2. – Keine Seite über die andere stellen – Kritische Betrachtung beider Seiten; infolge der Kritik Relativierung der einen oder anderen Seite (oder beider Seiten) Zu 3. Problem: Theonomie oder Autonomie, <u>Glauben</u>, der die Vernunft bestimmt, oder <u>Vernunft</u>, die sachbestimmt und diskursiv ihr Urteil bildet. Schaubild auf Folie (s. unten) Inhalt: Ein (zweites) Modell christlicher Ethik: Autonome Moral

Vergabe eines Referats
für die 25.–27. Stunde (falls der Lehrer den Vortrag nicht selbst übernimmt): Methoden der Reproduktionsmedizin (s. Stundenbeschreibung!)

Folienbild zu Phase 4

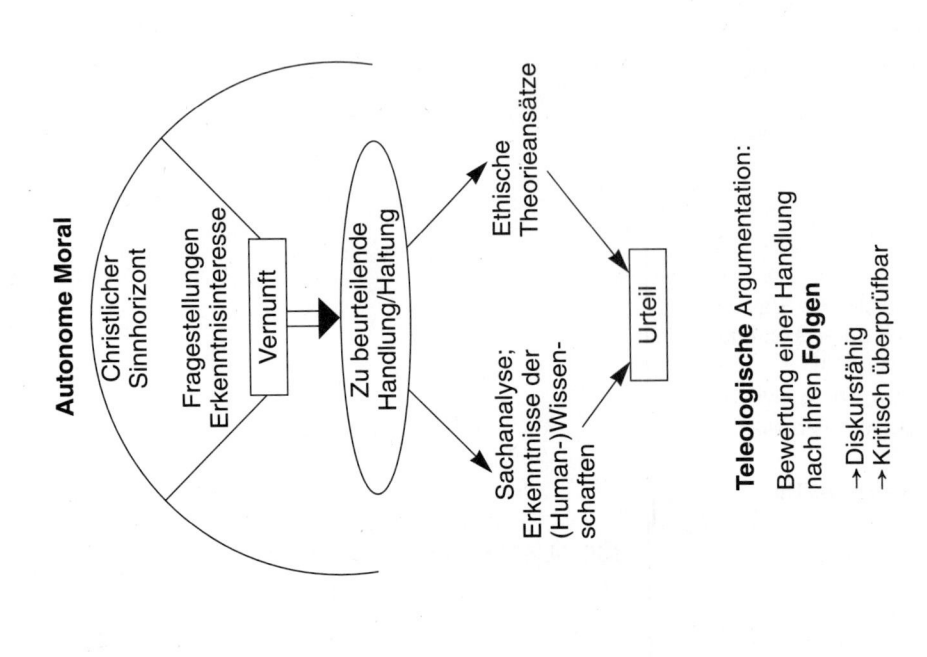

Autonome Moral: Christlicher Sinnhorizont, Fragestellungen, Erkenntnisinteresse → Vernunft → Zu beurteilende Handlung/Haltung → Ethische Theorieansätze / Sachanalyse; Erkenntnisse der (Human-)Wissenschaften → Urteil

Teleologische Argumentation: Bewertung einer Handlung nach ihren **Folgen**
→ Diskursfähig
→ Kritisch überprüfbar

22.–24. Stunde: Wert und Würde des ungeborenen Lebens: Zur ethischen Herausforderung des Schwangerschaftsabbruchs		*Glauben und Wissen*

Materialien und Medien:
- Foto: Menschlicher Embryo, 8 Wochen alt (Mat. 34)
- Text: Erich Blechschmidt, Individualität und Personalität des menschlichen Keims von Anfang an (Mat. 35)
- Text: Rat der EKD/Dt. Bischofskonferenz, Die Würde des vorgeburtlichen Lebens (Mat. 36)
- Text: Kuno Kirschfeld, Eine Zelle ist noch kein Mensch (Mat. 37)
- Text: Hans-Martin Sass, Die Entwicklung des Gehirns macht den Menschen aus (Mat. 38)
- Text: Peter Singer, Mensch und Tier. Oder: Das Prinzip der Gleichheit und der Wert des Lebens (Mat. 39)
- Text: Dietmar und Irene Mieth, Im Zweifel für das Leben (Mat. 40)
- Overheadprojektor
- 5 Folien (fertig beschrieben; s. Referatvergabe am Ende der 18. Stunde)
- 5 Thesen-Papiere (Klassensätze)

Unterrichtsverlauf	Methoden/Sozialformen	Kommentare und Resultate

Phase 1
Veranschaulichen/Bewußtmachen der Problemstellung (Wann beginnt das menschliche Leben? Hat es zu jedem Zeitpunkt [vor der Geburt] vollen Wert und ganze Würde?)
	<u>Bildbetrachtung in Stille/Einzelarbeit</u>
	Menschlicher Embryo, 8 Wochen alt (Mat. 34)
	Aufgaben:
	
	1. Notieren Sie Ihre Eindrücke und Gedanken zu diesem Foto.
	
	2. Überlegen Sie: Ist der 8 Wochen alte Embryo als Mensch zu bezeichnen? Halten Sie Ihre Überlegungen in einigen Stichworten fest.
	
	<u>Sammeln der Ergebnisse/TA</u>
		Aufgabe 2 stellt der Lehrer erst, wenn die Schüler ihre Eindrücke und Gedanken notiert haben.
		<u>Ergebnisse (= TA)</u>
		Zu 1. Wachstum; werdendes Leben; nicht lebensfähig; unförmig; Einheit Mutter/Embryo; menschliche Merkmale; schutzbedürftig
		
		Zu 2. – Menschliches Leben, das ein Mensch wird (kein Mensch)
		  – Nicht lebensfähiger Organismus, der sich *zum* Menschen entwickelt (kein Mensch)
		  – Schon ein Mensch, aber ein unvollkommener (Mensch ja, doch nicht im Vollsinn)
		  – Ein ganzer Mensch, auch wenn er *als* Mensch noch wird (ein voller Mensch, weil er keimhaft schon alles ist, was er werden kann)

Phase 2 Informationsaufnahme durch „Experten-Hearing" (Verschiedene Ansichten über den Beginn des Menschseins und den Wert des ungeborenen menschlichen Lebens)	Lehrervortrag	<u>Inhalt</u> – Benennen der Problemstellung (s. Stundenbeschreibung) – Ankündigen und Erklären der Methode des „Experten-Hearings" (5 „Experten": 2 Biologen, 2 Philosophen, 1 Theologe; zuerst 2 Stellungnahmen für die Auffassung, daß im Augenblick der Befruchtung der weiblichen Eizelle ein neuer [ganzer] Mensch da ist; dann 3 gegensätzliche Stellungnahmen)

Unterrichtsverlauf	Methoden/Sozialformen	Kommentare und Resultate
Phase 2 (Fortsetzung)	<u>Experten-Hearing</u> Vorträge/Overhead-Projektor 1. E. Blechschmidt (Mat. 35) 2. Rat der EKD/Dt. Bischofskonferenz (Mat. 36) 3. K. Kirschfeld (Mat. 37) 4. H.-M. Sass (Mat. 38) 5. P. Singer (Mat. 39) <u>Austeilen der Thesen-Papiere</u>	Jeder „Experte" hat die Hauptaussagen seines Vortrags in einem „Thesen-Papier" zusammengestellt (s. Stundenbeschreibung). Beim Vortrag zeigt er mit dem OHP eine Kurzform des Thesen-Papiers. Nach jedem Vortrag sind Fragen der Hörer (der Klasse) an den „Experten" möglich.
Phase 3 Erste vorläufige Auseinandersetzung mit den Stellungnahmen der „Experten"	<u>Unterrichtsgespräch</u> Fragen: 1. Haben Sie noch Fragen an die „Experten"? 2. Wie beurteilen Sie auf den ersten Blick die verschiedenen Stellungnahmen? Welche erscheinen Ihnen plausibel, gegen welche erheben Sie Einwände?	Zu 1. Hier muß der Lehrer auf Zügigkeit achten (nicht verzetteln!). Zu 2. Vermutliches Ergebnis: – Große Zustimmung für die Auffassungen von Kirschfeld und Sass (Empirisches Fundament → Vernünftigkeit) – (Fast) einhellige Ablehnung der Aussagen Singers („inhuman") – Vorbehalte gegen die Auffassung Blechschmidts und der Kirchen (Potentialitätsprinzip von den Schülern nicht genügend verstanden)
Phase 4 Kritische Auseinandersetzung mit den verschiedenen Auffassungen zum Wert des ungeborenen Lebens/Erarbeiten eines christlich reflektierten Standpunkts	<u>Lehrervortrag</u> Überleitung <u>Textlektüre (laut)</u> D. u. I. Mieth, Im Zweifel für das Leben (Mat. 40) <u>Unterrichtsgespräch</u> Impuls: Wie wirken die Ausführungen des Ehepaars Mieth auf Sie? <u>Textanalyse/Partnerarbeit</u> Arbeitsauftrag: Welche Argumente bringen die Verfasser gegen a) Sass' Bestimmung des menschlichen Lebensbeginns b) Singers Bewertung des fötalen Lebens vor? Geben Sie die Argumente in logischer Gliederung und in ganzen Sätzen wieder. <u>Sammeln der Ergebnisse/TA</u>	Zum Inhalt s. Stundenbeschreibung! <u>Ergebnis (Stichworte)</u> Fragend; abwägend; mit Bedacht formulierend; dialogisch; argumentativ… <u>Mögliche Ergebnisse in Stichworten (= TA)</u> Ehrfurcht vor dem Leben von Anfang an Mieth gegen Sass und Singer <u>Gegen Sass</u> – Person-Begriff (Selbstbewußtsein!) vernachlässigt den sozialen Aspekt. – Analogie-Schluß vom Hirntod als Lebensende auf das Hirnleben als Anfang menschlichen Lebens nicht überzeugend! <u>Gegen Singer</u> – Person-Begriff (Wesen, das Selbstbewußtsein hat und sich selbst bestimmt) noch enger als der von Sass – Gattungsunterscheidung Mensch – Tier ≠ Speziesismus (weil durch diese Unterscheidung die Tiere <u>nicht</u> herabgesetzt werden!) – Gemeinsamkeit von Mensch und Tier ≠ Gleichheit (→ Pro-Solidarität mit der Tierwelt, nicht Con-Solidarität) – Aufhebung der Gattungsgrenzen → „ethischer Dammbruch"

22.–24. Stunde: (Fortsetzung)
Wert und Würde des ungeborenen Lebens:
Zur ethischen Herausforderung des Schwangerschaftsabbruchs

Glauben und Wissen

Unterrichtsverlauf	Methoden/Sozialformen	Kommentare und Resultate
Phase 4 (Fortsetzung)	Unterrichtsgespräch Fragen: 1. Für wie wichtig oder richtig halten Sie die Maxime der Mieths: „Im Zweifel für das Leben"? 2. Welche Konsequenz ergibt sich aus dieser Maxime?	Ergebnis Zu 1. – Ein Gebot der Vernunft (vgl. den alten Spruch: „Im Zweifel für den Angeklagten") – Ein Gebot des christlichen Ethos der „Ehrfurcht vor dem Leben" Zu 2. – <u>Allgemein:</u> Solange nicht sicher ausgeschlossen werden kann, daß das menschliche Leben mit der Befruchtung der Eizelle beginnt, muß in der ethischen Beurteilung davon ausgegangen werden, daß das menschliche Leben vom Zeitpunkt der Befruchtung an existiert. – <u>Konkret:</u> Beispiel Empfängnisverhütung: Präferenz der Befruchtungsverhütung vor der Befruchtungszerstörung

25.–27. Stunde: Wert und Würde der Fortpflanzung: Zur ethischen Herausforderung der Reproduktionsmedizin	Glauben und Wissen

Materialien und Medien:
- Foto: Ohne Titel (Retortenkinder Louise und Natalie Brown; Mat. 41)
- Videofilm: Kinder-los: Eltern, Ethik und die Zeugung im Glas. 1985; 31 min. (Landesbildstelle: Nr. 4200703)
- Videoanlage
- Overheadprojektor
- Folie (Kopiervorlage s. S. 51)
- Kopie des Folienbilds (Klassensatz)
- Arbeitsblatt 6 (4 Seiten): Film „Kinder-los" (Gruppenarbeit)

Unterrichtsverlauf	Methoden/Sozialformen	Kommentare und Resultate
Phase 1 Motivieren/Interesse wecken/an die Thematik heranführen	Bildimpuls/Klassengespräch Foto: Ohne Titel (Retortenkinder L. und N. Brown; Mat. 41) Fragen: 1. Was sehen Sie? 2. Wie erscheinen Ihnen die beiden Mädchen? 3. Was für eine Situation ist auf dem Foto vermutlich festgehalten? Lehrerinformation Klassengespräch/(Fortführung) Fragen: 1. Haben Sie nach dieser Information einen anderen Eindruck von den beiden Mädchen? 2. Was ist überhaupt ein Retortenkind? Was wissen Sie darüber?	Ergebnisse Zu 1. S. Stundenbeschreibung! Zu 2. Glücklich, fröhlich, wie Geschwister; stehen im Mittelpunkt des Geschehens. Zu 3. Ein Fest, das für die Mädchen gefeiert wird. Zum Inhalt s. Stundenbeschreibung! Ergebnisse Zu 1. – Die beiden Mädchen wissen wohl von ihrer Entstehung. Ob sie das bedrückt? – Wegen der Künstlichkeit ihrer Zeugung im Mittelpunkt zu stehen – ist das für die Mädchen nicht belastend? Zu 2. Das Wissen der Schüler über Retortenbefruchtung ist manchmal sehr differenziert, oft ist es aber eher diffus.
Phase 2 Information über die grundsätzlichen Methoden der Reproduktionsmedizin	Lehrervortrag/Folienbild (OHP) zu Insemination und In-vitro-Fertilisation/Embryonentransfer	Statt Lehrervortrag Schülervortrag möglich! Kopiervorlage für das Folienbild s. S. 51 Nach Ende des Lehrervortrags erhält die Klasse eine Kopie des Folienbilds.

Unterrichtsverlauf	Methoden/Sozialformen	Kommentare und Resultate
Phase 3 Erste Bewertungen und erste Diskussion ethischer Probleme	<u>Unterrichtsgespräch</u> Fragen: – Wie stehen Sie gefühlsmäßig-spontan zur Reproduktionsmedizin? – Haben Sie Verständnis für die Paare, die sich auf diese Weise ihren Kinderwunsch zu erfüllen suchen? – Haben Sie ethisch-moralische Bedenken gegen die Reproduktionsmedizin vorzubringen? – Halten Sie bestimmte Verfahren und Möglichkeiten der Reproduktionsmedizin für besonders problematisch?	Zum möglichen Ergebnis s. Stundenbeschreibung!
Phase 4 Vertiefen und Weiterführen der Information/Schärfen des Problembewußtseins	<u>Lehreraktion</u> <u>Filmvorführung</u> Kinder-los. Eltern, Ethik und die Zeugung im Glas. Beobachtungsaufträge s. Arbeitsblatt 6 (4 Seiten) <u>Unterrichtsgespräch (fakultativ)</u> Fragen: – Was hat Sie besonders (positiv oder negativ) beeindruckt? – Hat sich durch den Film Ihre Einstellung zur künstlichen Befruchtung verändert?	– Einteilen von vier Gruppen – Austeilen von Arbeitsblatt 6 (S. 1–4) mit verschiedenen Beobachtungs- und Arbeitsaufträgen zum Film Beobachtungsergebnisse s. Stundenbeschreibung („Vorträge der Gruppensprecher")!
Phase 5 Diskutieren über die Informationen des Films	<u>Gruppenarbeit</u> Thema der Gruppe 1: „Trotz Kinderwunsch kinderlos. Was tun?" Thema der Gruppe 2: „Ärztliches Ethos im Zusammenhang mit der Reproduktionsmedizin" Thema der Gruppe 3: „Künstliche (extrakorporale) Befruchtung als Belastung von Körper und Seele" Thema der Gruppe 4: „Ethische Beurteilung der künstlichen Befruchtung (IVF/ET) aus christlicher Sicht"	Aufgaben s. Arbeitsblatt 6! – Zu Beginn der Gruppenarbeit Sprecher bestimmen. Dieser protokolliert die Ergebnisse und trägt sie dem Plenum vor. – Arbeitszeit der Gruppen: 20 Minuten

25.–27. Stunde: (Fortsetzung)
Wert und Würde der Fortpflanzung: Zur ethischen Herausforderung der Reproduktionsmedizin

Glauben und Wissen

Unterrichtsverlauf	Methoden/Sozialformen	Kommentare und Resultate
Phase 5 (Fortsetzung)	Vortrag der Gruppensprecher Schüler- und Lehreräußerungen nach jedem Vortrag	Mögliche Ergebnisse s. Stundenbeschreibung – Fragen und Stellungnahmen der Zuhörer – Ergänzungen/Präzisierungen/Zuspitzungen durch den Lehrer (vor allem nach Vortrag 4)
Phase 6 Abschließende Diskussion über die ethische Bewertung der (extrakorporalen) künstlichen Befruchtung	TA/Unterrichtsgespräch	TA These 1: Statt die Möglichkeiten künstlicher Befruchtung immer weiter voranzutreiben, sollten Medizin und Biologie den Schwerpunkt ihrer Forschung und Praxis auf die Vermeidung und Behandlung von Unfruchtbarkeit setzen. These 2: Das Leid der Kinderlosigkeit zu bewältigen, hat den Vorrang vor dem Bestreben, durch (heterologe und/oder) extrakorporale künstliche Befruchtung ein Kind zu „bekommen".

Folienbild zu Phase 2

Reproduktionsmedizin

Insemination
(Befruchtung: intrakorporal)

Sperma wird über einen Katheder in die Gebärmutter eingeführt.

Homologe Insemination
Insemination der Frau mit dem (aufbereiteten) Samen ihres (Ehe-)Manns

Heterologe Insemination

- Insemination der Frau (verheiratet oder Single) mit dem Samen eines anonymen Spenders
- Insemination einer Leihmutter mit dem Samen des Ehemanns

In-vitro-Fertilisation + Embryonentransfer
(Befruchtung: extrakorporal)

Eizellen werden durch Punktieren aus den Eierstöcken entnommen und in vitro (im Glas) mit (aufbereiteten) Spermien zusammengebracht. Einige (oder alle) befruchtete Eizellen (= Embryonen) werden (ca. 50 Stunden nach der Befruchtung) in die Gebärmutter übertragen.

Unterscheidung von

homologer(m)   **heterologer(m)**

In-vitro-Fertilisation

Embryonentransfer

♀   ♂

Hormonelle Stimulation des Zyklus/Reifen mehrerer Follikel bzw. Eizellen
↓
Punktion der Follikelflüssigkeit/Eizellgewinnung   Aufbereitung der Spermien
↓

Eizellen (von Ehefrau oder Spenderin)   Samenzellen (von Ehemann oder Spender)

Kryokonservierung (Eizellbank) → IVF ← Kryokonservierung (Samenbank)

↓

Embryonen

Kryokonservierung → ET

→ Gebärmutter der Ehefrau   Gebärmutter einer Leihmutter

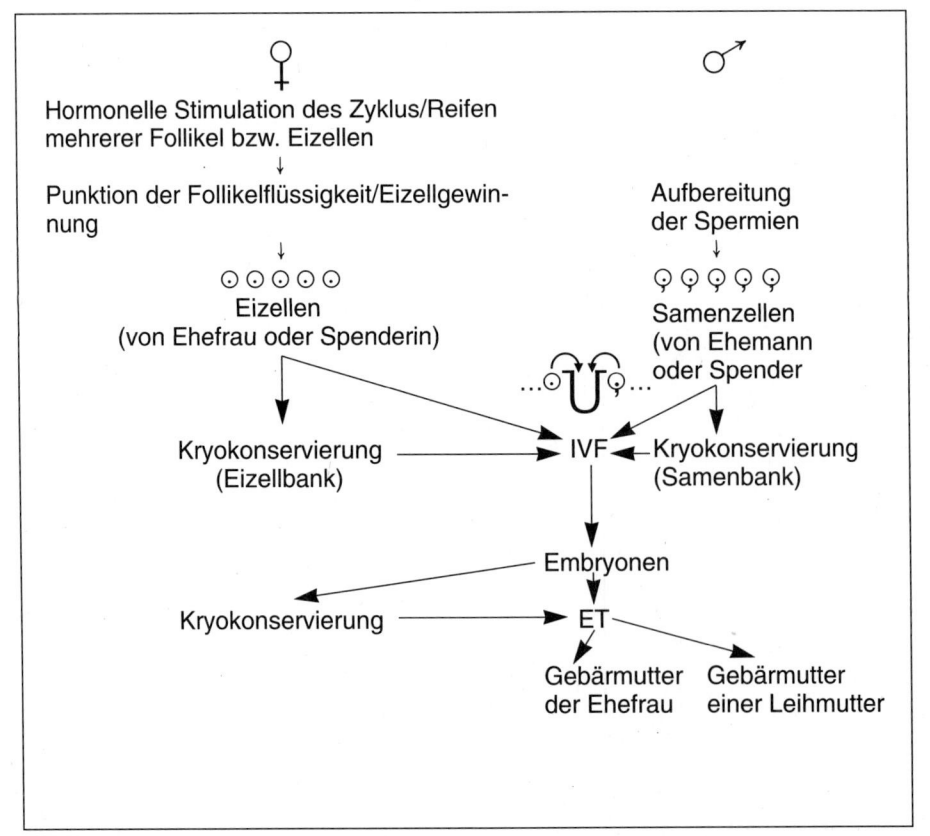

Arbeitsblatt 1

Glauben oder Wissen?

Glauben und Wissen

Aufgabe:
Überlegen Sie bei den folgenden Sätzen: Wird das, was ausgesagt wird, gewußt bzw. _kann_ es gewußt werden, oder wird es geglaubt? Ordnen Sie die Sätze entsprechend dem _Glauben_ oder dem _Wissen_ zu.

1. Bis zum Jahr 2030 wird sich die Klimatemperatur der Erde um durchschnittlich 1,5 Grad erhöhen.
2. Die Naturwissenschaft bietet bei der Suche nach Gott einen sichereren Weg als die Religion (Paul Davies).
3. Gott gibt es nur in den Köpfen der Menschen.
4. Wenn die Menschen so weitermachen, besiegeln sie ihren eigenen Untergang.
5. Ich erwarte in nächster Zeit das Ende dieser Welt.
6. Ich bin sicher, daß Du mich nicht im Stich läßt.
7. Die Israeliten haben Gott in ihrer Geschichte erfahren.
8. Die jüdische Religion ist monotheistisch.
9. Ohne Liebe verkümmert der Mensch.
10. Du bist mein Freund.
11. Manche Menschen reagieren auf Wasseradern.
12. Goethes Faust gehört zu den unvergänglichen Werken der Weltliteratur.

Glauben   **Wissen**

Arbeitsblatt 2

Glauben und Wissen

Aggressionsforschung

Aufgaben für die Gruppenarbeit:

1. Sie sind Psychologen und vertreten eine bestimmte Theorie über die Entstehung bzw. Herkunft von Aggression. Sie finden die Theorie, die sie vertreten in
   a) Mat. 9/I
   b) Mat. 9/II
   c) Mat. 9/III.
   Lesen Sie Ihren Text, und klären Sie dann im Gruppengespräch, ob die Theorie von allen verstanden worden ist.
2. Sie beobachten das Phänomen, daß Kinder in unterschiedlichem Maß aggressiv sind. Sie wollen dieses Phänomen erforschen.
   Wie gehen Sie vor?
   Versuchen Sie Ihre Vorgehensweise in einzelne Schritte zu zergliedern, und beschreiben Sie die Schritte so genau wie möglich.
3. Stellen Sie auf einer Folie die erarbeitete Vorgehensweise schematisch dar.

Hinweis:

Zu Beginn der Gruppenarbeit Protokollanten und Gruppensprecher bestimmen!

Der Protokollant hält die Ergebnisse der „Planungsphase" (→ Aufgabe 2) fest. Auf der Grundlage des Protokolls wird dann das Folienbild (= Schema der Vorgehensweise) entworfen.

Der Gruppensprecher stellt dem Plenum die seiner Gruppe zugedachte Aggressionstheorie kurz vor und erläutert anhand des Folienbilds die einzelnen Schritte des „geplanten Forschungsprojekts".

Arbeitsblatt 3

Glauben und Wissen

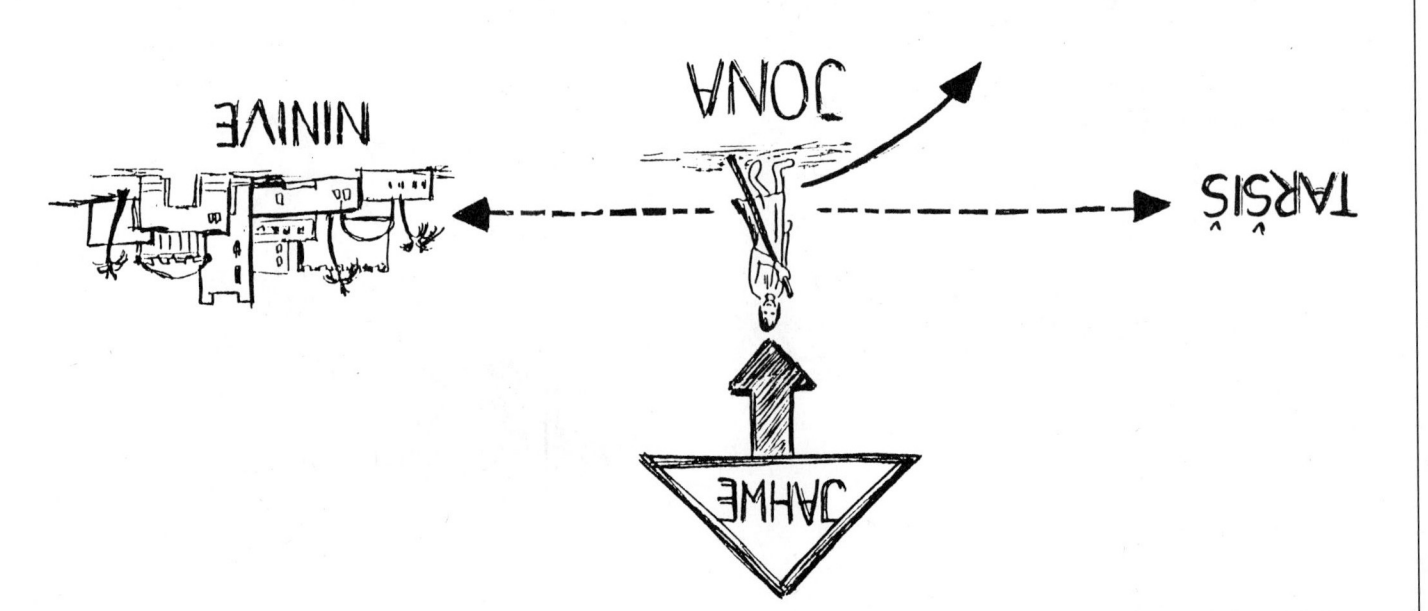

Arbeitsblatt 4

Glauben und Wissen

Jona

NINIVE

JONA

TARSIS

JAHWE

Arbeitsblatt 5 — Glauben und Wissen

Situationen des Gebets

Aufgabe:
Die Fotos Mat. 27/I–VIII zeigen Situationen, in denen Menschen beten oder zum Gebet veranlaßt werden. Bestimmen Sie in den entsprechenden Spalten des Arbeitsblatts stichwortartig die gezeigte Situation, den seelischen Zustand der betroffenen Person(en), die Sprachform des Betens, die in der jeweiligen Situation denkbar ist, sowie den möglichen körperlichen Ausdruck.
Arbeiten Sie mit dem Nachbarn zusammen.

Foto	Gezeigte Situation	Seelischer Zustand	Sprachformen (z. B. Bitten)	Körperlicher Ausdruck (Gestik, Haltung, sprachliche Artikulation)
27/I	Bergwanderer bei der Gipfelrast	Freude; Ruhe; Gefühl der Leichtigkeit, Sorglosigkeit	Loben; Danken	Inneres Sprechen Evtl. gefaltete Hände
27/II	Altes Ehepaar auf einer Bank	Freude; Zufriedenheit; Gelassenheit; evtl. Sorgen	Danken; Bitten; (Klagen)	Inneres Sprechen Evtl. gefaltete Hände
27/III	Familie am Mittagstisch	Verbundenheit; Entspanntsein; Sorglosigkeit; Andacht	Danken; Bitten; (Loben)	Inneres Sprechen, gemeinsames Sprechen/Singen "Gesammelte" Haltung; gefaltete Hände
27/IV	Mutter mit kleinem Kind	Liebe; Freude; Glück; Dankbarkeit	Danken; (Bitten)	Inneres Sprechen
27/V	Alter Mann im Krankenbett (Pfleger hält ihm die Hand)	Gefühl der Verlassenheit, Abhängigkeit; Sorgen; Verzweiflung; Hoffnung	Bitten; Flehen; Klagen; (Danken)	Inneres oder gemeinsames Sprechen; evtl. lautes Sprechen, Aufschrei Gefaltete Hände; mit den Händen bedecktes Gesicht
27/VI	Junge Frau an einem Straßenkreuz	Trauer; Schmerz; Verzweiflung; Zorn gegen Gott	Klagen; Anklagen; (Bitten; Fürsprache)	Inneres Sprechen; evtl. lautes Sprechen, Aufschrei Blick gesenkt oder nach oben gerichtet
27/VII	Priester segnet die Gemeinde	"Hoheitliches" Bewußtsein; feierlich-andächtige Gestimmtheit	Segenswunsch/-bitte; Zusage des Segens	Lautes Sprechen/Singen Waagrecht ausgestreckte Arme
27/VIII	Gemeinde im Gottesdienst	Andacht; Ehrfurcht; Freude; Dankbarkeit; Gefühl der Zusammengehörigkeit	Bekennen; Loben/Preisen; Danken; Bitten; Fürsprache	Gemeinsames Sprechen/Singen; inneres Sprechen Stehen; Knien; (Tanzen) Gefaltete Hände; Kreuzzeichen …

Arbeitsblatt 6 – Gruppe 1

Film „Kinder-los"

Glauben und Wissen

Thema:
Trotz Kinderwunsch kinderlos? Was tun?

Beobachtungsauftrag:
Notieren Sie zu den folgenden Fragen Stichworte:
1. Wie ist von den interviewten Ehepaaren ihre Kinderlosigkeit erlebt worden bzw. wird sie erlebt?

Ehepaar (= Ehefrau) 1; Ehepaar 4:

Ehepaar 2:

Ehepaar 3:

Ehepaar 5:

2. Wie stellen die Ehepaare ihren Kinderwunsch dar?

Ehepaar (= Ehefrau) 1:

Ehepaar 2:

Ehepaar 3:

Ehepaar 5:

3. Wie begründen es die Ehepaare 2 und 3, sich für eine Behandlung durch IVF/ET entschieden zu haben?

Ehepaar 2:

Ehepaar 3:

4. Was hat Ehepaar 5 angesichts seiner Kinderlosigkeit getan? Wie stellt es sich zum Zeitpunkt des Interviews zu der Vorstellung, Kinder zu haben?

Aufgaben für die Gruppenarbeit:
1. Vergleichen Sie in Ihrer Gruppe die Ergebnisse des Beobachtungsauftrags.
2. Sprechen Sie über die Ergebnisse unter dem Blickpunkt folgender Fragen:
   – Welche Aussagen kann ich mitvollziehen/bejahen?
   – Mit welchen Aussagen habe ich Schwierigkeiten/bin ich nicht einverstanden?
3. Versetzen Sie sich in die Situation ungewollter Kinderlosigkeit und diskutieren Sie die Frage: Wie würde ich mich selbst in dieser Situation verhalten? Alle Möglichkeiten der Fortpflanzungsmedizin nützen – ein Kind (Kinder) adoptieren – auf ein Kind (Kinder) verzichten?

Im Kaufpreis ist eine Gebühr für Kopien dieser Seite zur Ausgabe an Schüler enthalten.
Ernst Klett Verlag für Wissen und Bildung GmbH, Stuttgart

Arbeitsblatt 6 – Gruppe 2

Glauben und Wissen

Film „Kinder-los"

Thema:
Ärztliches Ethos im Zusammenhang mit der Reproduktionsmedizin

Beobachtungsauftrag:
Notieren Sie in Stichworten die medizinischen und ethischen Kriterien, nach denen die Ärzte und Wissenschaftler der Kieler Universitätsfrauenklinik bei der IVF/ET (Forschung und Anwendung) verfahren.

Aspekte:
– „Zulassung" kinderloser Paare zur IVF/ET

– Wieviele Versuche mit IVF/ET? Dauer der Behandlung?

– Wieviele der befruchteten Eizellen einsetzen?

– Kryokonservierung

– Embryonenforschung

Aufgaben für die Gruppenarbeit:
1. Vergleichen Sie in Ihrer Gruppe die Ergebnisse des Beobachtungsauftrags.
2. Diskutieren Sie die Richtlinien des Kieler Ärzte- und Biologen-Teams unter folgenden Gesichtspunkten:
   – Welchen stimmen Sie voll und ganz zu?
   – Welche würden Sie modifizieren (verschärfen oder abschwächen)?
   – Halten Sie zusätzliche Richtlinien für notwendig?

Arbeitsblatt 6 – Gruppe 3

Glauben und Wissen

Film „Kinder-los"

Thema:
Künstliche (extrakorporale) Befruchtung als Belastung von Körper und Seele

Beobachtungsauftrag:

1. Notieren Sie die im Film dokumentierten (angesprochenen oder gezeigten) medizinischen Eingriffe in den Körper der Frau während einer IVF/ET-Behandlung.

   Körperliche Auswirkungen

2. Halten Sie stichwortartig fest, wie die interviewten kinderlosen Ehepaare (insbesondere die Frauen) die körperlichen und seelischen Auswirkungen der IVF/ET-Behandlung beschreiben.

   Seelische Auswirkungen

Aufgaben für die Gruppenarbeit:

1. Vergleichen Sie in Ihrer Gruppe die Ergebnisse des Beobachtungsauftrags.
2. Tauschen Sie sich darüber aus, wie der im Film dokumentierte Vorgang der künstlichen Befruchtung auf sie gewirkt hat.
3. Diskutieren Sie darüber,
   – ob die körperlichen und seelischen Auswirkungen einer IVF/ET-Behandlung nicht ein zu „hoher Preis" sind für den meist (in ca. 80 % der Fälle) erfolglosen Versuch, sich den Kinderwunsch zu erfüllen,
   – welches Menschenbild hinter der künstlichen Befruchtung steht.

Arbeitsblatt 6 – Gruppe 4

Glauben und Wissen

Film „Kinder-los"

Thema:
Ethische Beurteilung der künstlichen Befruchtung (IVF/ET) aus christlicher Sicht.

Beobachtungsauftrag:
Halten Sie in Stichworten fest! Wie beurteilt und bewertet Prof. Honecker die folgenden vier *Problempunkte*:

– Kinderwunsch:

– Kinderlosigkeit:

– Zeugung oder Erzeugung von Menschen?

– Embryonenforschung:

Aufgaben für die Gruppenarbeit:
1. Vergleichen Sie in Ihrer Gruppe die Ergebnisse des Beobachtungsauftrags.
2. Besprechen/diskutieren Sie Prof. Honeckers Stellungnahme unter folgenden Fragen:
   – Stimmen Sie seinen Bewertungen zu?
   – Welche Gesichtspunkte erscheinen Ihnen in seiner ethischen Argumentation besonders wichtig?
   – Würden Sie vom christlichen Menschenbild her bei der ethischen Beurteilung noch andere Kriterien „ins Spiel bringen"?
   – Welche ethischen Probleme der Reproduktionsmedizin sehen Sie außer den von Honecker behandelten noch?
   – Können Sie hierzu ethische Urteile abgeben?

Unterrichtsverlauf	Methoden/Sozialformen	Kommentare und Resultate
Phase 2 Analyse der Gottesbegegnung des Elia	Lehrervortrag	Inhalt – Überleitung zu Elia (seine Gottesbegegnung als exemplarische Gottesbegegnung) – Elias Biographie in Kurzform; Erklären der Situation, in der ihm Gott begegnet (Siehe im einzelnen Stundenbeschreibung)
	Textlektüre (laut) 1 Kg 19, 9–16 (Mat. 20/I) Einzelarbeit Arbeitsauftrag: 1. Durch welche Merkmale ist Elias Gottesbegegnung gekennzeichnet? Stellen Sie die wesentlichen Gesichtspunkte stichwortartig dar.	Ergebnisse (= TA) Zu 1. Ort: Wüste(ngebirge) – wild, schroff, karg, gefährlich Seelische Verfassung Elias: Erschöpfung, Angst, Unsicherheit, Zweifel an seinem Auftrag und an Gott Gottesbegegnung als Prozeß: Zweimalige Gottesbegegnung, parallel im Verlauf, aber zweite Begegnung als Überbietung der ersten: 1. Begegnung / 2. Begegnung Gott spricht unvermittelt zu Elia, zeigt sich nicht. / Gott erscheint im leisen Säuseln des Windes, dann spricht er. Frage an Elia und Elias Antwort Aufforderung an Elia, vor die Höhle zu treten / Auftrag an Elia, aus der Wildnis zurückzukehren und Jehu und Hasael zu salben (damit sie dem gottlos gewordenen Königshaus entgegentreten) Gottesbegegnung im Unscheinbaren, kaum Merklichen
	2. Vergleichen Sie Elias Gottesbegegnung mit der Gottesbegegnung des Mose am gleichen Ort (Berg Horeb), Ex 19,16–20 (Mat. 20/II). Sammeln der Ergebnisse/TA	Zu 2. Für Mose und das Volk manifestiert sich Gottes Offenbarung am Horeb in gewaltigen Naturerscheinungen (Donner, Blitze, Feuer, Rauch, Erdbeben), bei Elia dagegen offenbart sich Gott nichtspektakulär „im leisen, sanften Säuseln".
Phase 3 Weiterführende Überlegungen zu Elias Gottesbegegnung	Unterrichtsgespräch Leitfragen: 1. Mose und Elia bekundet sich Gott am Horeb auf ganz verschiedene Weise. Wie beurteilen Sie das?	Ergebnisse Zu 1. Von Gott her Er ist in seinen Manifestationen nicht festgelegt. Jede seiner Manifestationen ist geschichtlich-relativ in dem Sinn, daß sie sich im Kontext eines jeweils bestimmten Denk-, Verständnis- und Erfahrungshorizonts der Menschen ereignet.

14. Stunde:
Momente des religiösen Glaubens I: Gott hören/Gott begegnen (Elia)

Glauben und Wissen

Materialien und Medien:
- Text: Reiner Kunze, Zuflucht noch hinter der Zuflucht (Mat. 19)
- Text: 1 Kg 19,9–16: Elia am Horeb (Mat. 20/I)
- Text: Ex 19,16–20: Mose am Horeb (Mat. 20/II)

Unterrichtsverlauf	Methoden/Sozialformen	Kommentare und Resultate
Phase 1 Hinführung zum Thema und Motivation	Textlektüre (laut) R. Kunze, Zuflucht noch hinter der Zuflucht (Mat. 19) Unterrichtsgespräch Frageimpulse: 1. Wie stellen Sie sich den Ort vor, von dem das Gedicht spricht? 2. In welchem Bild erscheint Gottes Kontakt zur Erde? 3. Was ist am Dialog zwischen Gott und dem „Ich" bemerkenswert? 4. Welchen Zusammenhang sehen Sie zwischen der Besonderheit des Orts und der besonderen Situation an diesem Ort (einerseits) und Gottes „Anruf" (andererseits)? 5. Wie eindeutig ist die Gottesbegegnung im Gedicht?	Der Lehrer liest das Gedicht vor. Mögliche Ergebnisse Zu 1. Einsames Gehöft; nicht mehr bewirtschaftet; zerfallend; Natur breitet sich aus; anziehender und zugleich unheimlicher Ort, abgeschlossen von der Außenwelt; Ort des Rückzugs, der Zuflucht – Bedrohung, nicht Freiwilligkeit führt den Menschen hierher. Zu 2. Gott telefoniert gleichsam, sein „Anruf" wird durch unzählige „Leitungen" übermittelt. Zu 3. Gottes „Anruf" ist unvermittelt. Oder ist das Naturereignis „Regen" eine der Leitungen? Gottes Frage und die Antwort des „Ich" passen offenkundig nicht zusammen. Das „Ich" macht nichts, tätig ist nur der Regen. Auffällig ist auch, daß das „Ich" in seiner Gegenfrage das unpersönliche „man" gebrauchte. Gottes Antwort auf die Frage des „Ich" ist sprachlos, sie ereignet sich im Vorgang des Wachsens. Zu 4. Der Zufluchtsort ist für das „Ich" kein Ort der Geborgenheit, er ist eher ein „ungeheurer" Ort. Das „Ich" ist durch seine Einsamkeit, seine Unruhe und seine zwiespältigen Eindrücke für Gottes „Anruf" aufgeschlossen. Zu 5. Das Gedicht knüpft bei der traditionellen Vorstellung an, daß Gott hörbar zu den Menschen spricht. Diese Vorstellung erscheint dadurch „modern", daß Gottes Sprechen als Telefonieren suggeriert wird. Die beiden letzten Verse zerbrechen aber das naive Verständnis eines hörbaren Anrufs Gottes; Gottes Antwort ist ein vieldeutiger, auch gottlos aufzufassender Naturvorgang.

Unterrichtsverlauf	Methoden/Sozialformen	Kommentare und Resultate
Phase 3 (Fortsetzung)	2. Worin besteht die Transzendenzerfahrung des Menschen? 3. Können Sie folgenden Satz durch Beispiele verdeutlichen: „… die Unendlichkeit, in die er (der Mensch) sich ausgesetzt erfährt, durchdringt … sein alltägliches Tun"?	Zu 2. In der Erfahrung seiner Endlichkeit ist der Mensch immer schon über diese Endlichkeit hinausverwiesen. Die Erfahrung der Endlichkeit ist reflex nur möglich, wenn sie auf das Unendliche bezogen oder im Horizont der Unendlichkeit gedacht ist. Zu 3. – Nachdenken über den Sinn (meines Tuns, eines Schicksals, des Lebens…) – (Sukzession von) Lebensziele(n) – Forschung/Wissenschaft – Individuelles/persönliches Wissen

13. Stunde: (Fortsetzung)
Glauben als Grundzug menschlicher Existenz

Glauben und Wissen

Unterrichtsverlauf	Methoden/Sozialformen	Kommentare und Resultate
Phase 2 (Fortsetzung)	4. Versuchen Sie, die Erfahrung des fliegenden „Ich" in einer zusammenfassenden Formulierung zu benennen. 5. Kennen Sie andere Situationen/Erlebnisse, in denen wir Menschen uns als „entgrenzt" oder aus der „normalen" Wirklichkeit „herausgehoben" erfahren? Lehrer-Vortrag/TA zum Begriff „Transzendenzerfahrung"	Zu 4. Das Ich erfährt im Fliegen die Befreiung von irdischer Schwere und Begrenztheit; es „schaut" dabei die Schönheit und Wahrheit der umfassenden Wirklichkeit und erlebt höchste Freude. Zu 5. – Sport (z. B: Dauerlauf, Bergsteigen) – Naturerlebnis (Abendstimmung ...) – Gesundwerden (nach schwerer Krankheit) – Liebe (gemeinsames Leben; Liebesakt) – Rückblick auf das Leben – Geburt eines Kindes – Tod eines nahen Menschen Tafelbild Transzendenzerfahrung Transzendenz von lat. „transcendere" = (hin)übersteigen: – das Übersteigende – das, • was über die sinnlich erfahrbare/objektivierbare/wißbare Wirklichkeit hinaus ist; • was jenseits dieser Wirklichkeit oder hinter ihr liegt; • was die Dimension des in dieser Welt Erreichbaren/Machbaren/Gültigen übersteigt. Transzendenz-Erfahrung – Erfahrung, über eine (eigene) Grenze hinauszukommen bzw. hinausgekommen zu sein; – Erfahrung, daß meine/unsere Wirklichkeit in einer größeren Wirklichkeit ruht oder von einer größeren Wirklichkeit umfaßt wird.
Phase 3 Das Verständnis der Transzendenz-Erfahrung philosophisch vertiefen	Textlektüre (laut) K. Rahner, Der Mensch als Wesen der Transzendenz (Mat. 18) Klassengespräch Fragen: 1. Durch welche Gegensätze kennzeichnet Rahner den Menschen?	Ergebnisse Zu 1. Endliches Wesen — Wesen eines unendlichen Horizonts Endliche Wirklichkeit — Unendliche Möglichkeit Begrenzte Fähigkeit zur Antwort — Unendlicher Fragehorizont Auf Ziele hinleben — Vorläufigkeit jeden Ziels Menschlicher Geist — „Reiner" Geist

Unterrichtsverlauf	Methoden/Sozialformen	Kommentare und Resultate
Phase 1 (Fortsetzung)		Erziehung – *Gegenseitiges Vertrauen* (zwischen Kind und Eltern) – *Selbstvertrauen* (Eltern: Gute Erzieher … ; Kind: Widerstand gegen die Eltern …) – *Hoffnung* (daß das Kind bzw. die Eltern gesund bleiben …) – *Überzeugtsein* (von der Begabung des Kindes; dem Können der Eltern …) – *Erwartung* (von den Eltern belohnt zu werden; vom Kind nicht enttäuscht zu werden …)

Phase 2
Situationen der Transzendenzerfahrung bestimmen und den Begriff „Transzendenzerfahrung" klären
	Hören eines Lieds
	R. Mey, Auf eines bunten Vogels Schwingen (Text: Mat. 17)
	
	Spontane Äußerungen
	
	Lesen des Liedtextes
	Mat. 17
	
	Unterrichtsgespräch
	Fragen:
	1. a) Womit fliegt das „Ich"?
	
	  b) Welche Beziehung hat das „Ich" zu seinem Flugzeug?
	
	2. Durch welche Vergleiche und Bilder drückt das fliegende „Ich" seine Eindrücke und Gefühle aus?
	
	3. In welchen Gegensätzen wird die Erfahrung des Fliegens von dem irdisch-alltäglichen Leben abgesetzt?
		Mögliche Äußerungen (Stichworte)
		– Stimmung: romantisch, heiter, unbeschwert
		– „Ich" fliegt selbst, wird nicht geflogen
		– „Ich" fühlt sich beim Fliegen völlig sicher und frei; schildert Fliegen als „himmlisches" Erlebnis, höchste Freude
		– Sprache: bildhaft und gegensatzbestimmt
		
		Ergebnisse (Stichworte)
		
		Zu 1. a) „Alter Drachen" = Flugzeug; Propellermaschine (→ „ruhiges Surren, zufriedenes Schnurren"; „öliger Lappen"; „schwarze Fingernägel")
		
		  b) Flugzeug erscheint dem „Ich" wie ein Lebewesen; es vertraut ihm.
		
		Zu 2. – Die Dinge der Erde erscheinen von oben wie „Spielzeug".
		– Das Flugzeug ist wie ein „gemütliches Tier", das surrt und schnurrt.
		– Die Flugzeugflügel sind eines „bunten Vogels Schwingen".
		– Fliegen ist gleichsam ein „Eintauchen in das tiefe Blau".
		– Das „Ich" fühlt sich „frei von allen Zügeln"; es ist ihm, als wollte „das Herz vor Freude zerspringen".
		
		Zu 3. – Oben – unten
		– (Leichtes) Schweben – Beschwernisse des alltäglichen Lebens
		– Lästige Bürden – ein Stück Himmel
		– Sehen der Welt aus der Nähe (Unklarheit) – Sehen der Welt aus der Ferne (Offenbarung: Welt- und Selbstverständnis)
		– Zwänge und qualvolle Enge (für die Gedanken) – Freiheit von allen Zügeln/Kindheitstraum

13. Stunde: Glauben als Grundzug menschlicher Existenz

Glauben und Wissen

Materialien und Medien:
- Lied: Reinhard Mey, Auf eines bunten Vogels Schwingen (Mat. 17)
- Text: Karl Rahner, Der Mensch als Wesen der Transzendenz (Mat. 18)
- Platten- oder CD-Spieler

Unterrichtsverlauf	Methoden/Sozialformen	Kommentare und Resultate
Phase 1 Alltägliche Formen des Glaubens erkennen	<u>Behauptung als Impuls/TA</u> „Es gibt keinen Menschen, der nicht glaubt." <u>Spontane Äußerungen</u> <u>Lehrervortrag</u> <u>Gruppenarbeit (arbeitsteilig)</u> Arbeitsauftrag: Analysieren Sie folgende Situationen bzw. Beziehungen unter dem Gesichtspunkt, ob und wie in ihnen Glauben im nicht-religiösen Sinn eine Rolle spielt: – Schwangerschaft (Gruppe 1) – Verreisen/im Urlaub (Gruppe 2) – Partnerschaft (Gruppe 3) – Verkehr (Gruppe 4) – Erziehung (Gruppe 5). Versuchen Sie den Glauben in seiner jeweiligen Form mit einem passenden Begriff zu benennen. <u>Sammeln der Ergebnisse/TA</u>	 Mögliche Äußerungen – Was heißt hier „glauben"? Um die These zu beurteilen, muß der Begriff geklärt sein. – Die These stimmt, wenn nicht der religiöse Glauben gemeint ist. – Die These stimmt auch dann, wenn der religiöse Glauben mit gemeint ist. Nicht-an-Gott-Glauben ist von der Art her dasselbe wie An-Gott-Glauben. Inhalt – Überleitung zum Thema der Gruppenarbeit „Glauben im Alltag" – Organisation der Gruppenarbeit (= Einteilen der Gruppen und Stellen des Arbeitsauftrags) Ergebnisse (TA = das in kursiv Geschriebene) Schwangerschaft – *Hoffen* (auf eine komplikationslose Schwangerschaft, ein gesundes Kind …) – *Vertrauen* (auf den Partner, den Arzt, die Hebamme …) – *Erwartung* (einer verständnisvollen Beratung bei einer Konfliktschwangerschaft …) Urlaub – *Erwartung* (neuer Bekanntschaften …) – *Hoffnung* (daß persönliche Probleme sich lösen …) – *Vertrauen* (daß die Angaben des Reiseveranstalters stimmen …) – *Überzeugtsein* (daß der Urlaubsort gut gewählt ist …) Partnerschaft – *Hoffnung* (auf eine gute gemeinsame Zukunft …) – *Gegenseitiges Vertrauen* (Echtheit der Gefühle, Zueinanderstehen …) – *Zuversicht* (daß eine gemeinsame Aufgabe gelingt …) – *Vermutung/Befürchtung* (daß der andere nicht ehrlich ist …) Verkehr – *Zuversicht* (heil nach Hause zu kommen …) – *Selbstvertrauen* (eigenes Fahrkönnen) – *Vertrauen auf andere* (Busfahrer, Lokführer …) – *Überzeugtsein* (von der Leistungsfähigkeit des Autos, der Zuverlässigkeit der Technik …)

Folienbild zu Phase 2

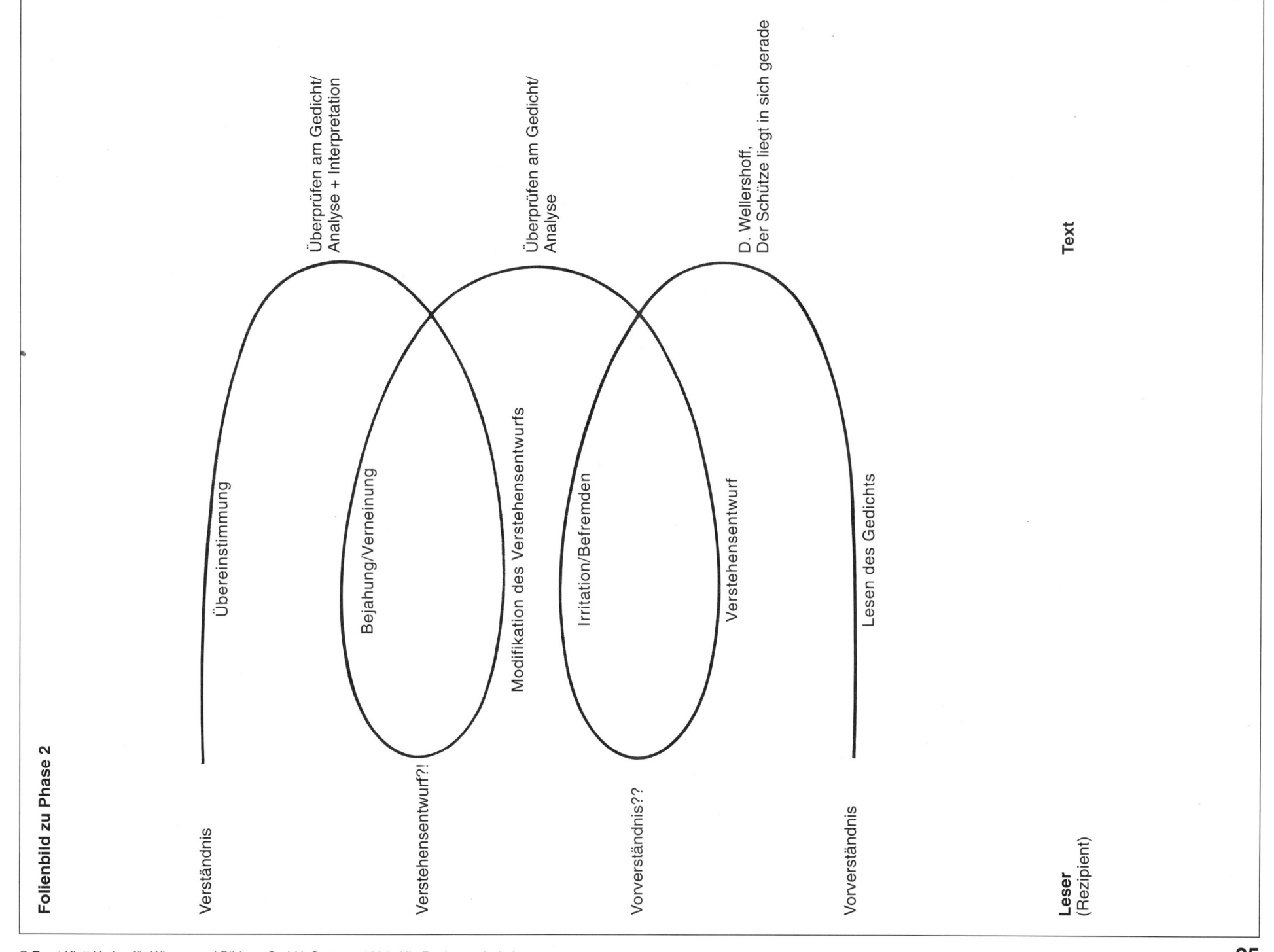

Verständnis — Übereinstimmung — Überprüfen am Gedicht/Analyse + Interpretation

Verstehensentwurf?! — Bejahung/Verneinung — Modifikation des Verstehensentwurfs

Vorverständnis?? — Irritation/Befremden — Überprüfen am Gedicht/Analyse

Vorverständnis — Verstehensentwurf — D. Wellershoff, Der Schütze liegt in sich gerade

Lesen des Gedichts

Leser (Rezipient) — **Text**

11./12. Stunde: (Fortsetzung)
Zur Methodik der Geisteswissenschaften: Die Hermeneutik

Glauben und Wissen

Tafelbild zu den Phasen 1 – 3

<u>Verstehen – Hermeneutik</u>

Gespräch als Verständigung zweier Menschen

<u>Bedingungen einer glückenden Verständigung</u>
- Gemeinsame Sprache
- Gemeinsamer Sinnhorizont
- Zuhören können/sich ausdrücken können
- Gleiches/ähnliches oder sich ergänzendes Gesprächsinteresse
- Kognitive und affektive Kompetenz beider Gesprächspartner
- Gegenseitiger Respekt
- Gleichwertigkeit der Gesprächspartner
- ...

Textverstehen als „Gespräch" zwischen Leser und Text

Beispiel: D. Wellershoff, Der Schütze liegt in sich gerade

<u>Strukturelemente des Verstehensprozesses</u>

- Vorverständnis des Lesers („die im Krieg Gefallenen"):
  „Männer; verkrümmte/zerfetzte Leichen; Totenstarre; Blut; Angst; Tränen; Trauer der Witwen; Brutalität; sinnloses Morden"

- Erste Begegnung / Aus-ein-ander-setzung des Lesers mit dem Text:

  Vorverständnis trifft auf **auffällige/befremdliche Stellen:**
  - „Die Toten liegen schön da"
  - „ ... blicken zum Himmel ... breiten die Arme aus"
  - „wie Teilnehmer einer Scharade ... wie gestürzte Läufer" (Bildlichkeit!)
  - „überzeugende Darsteller eines Augenblicks"
  - „Der General sagt es nicht" (Was? Warum?)
  - Zäsur bei V. 4: Wechsel von Er- zu Ich-Form, von „objektiver" zu „subjektiver" Perspektive, vom Blick auf den Schützen zum Blick auf sein Ziel
  - Wort „Ziel" am Anfang und am Ende: unterschiedliche Bedeutung

- Verständigungsversuch des Lesers:

  Er **antizipiert** das **Sinnganze** des Textes = **Verstehensentwurf/Interpretationsidee:**

  - Antikriegsgedicht
  - Ästhetisierung des Kriegstods

Hermeneutik

<u>Etymologie</u>

Von griech. hermeneuein = auslegen, erklären, übersetzen (vgl. den Namen des Götterboten: Hermes).

<u>Begriff</u>

1. Verstehen des Verstehens = Lehre vom Verstehen (Was ist Verstehen? Wie ist Verstehen möglich? Durch welche Wesensmomente ist der Verstehensprozeß gekennzeichnet? ...)

2. Kunst des Verstehens = (wissenschaftlich) reflektiertes Verfahren des Verstehens und Auslegens von Texten und Kunstwerken (Interpretation)

Unterrichtsverlauf	Methoden/Sozialformen	Kommentare und Resultate
Phase 4 (Fortsetzung)		

Folienbild

Naturwissenschaften		Geisteswissenschaften
Phänomene und ihre Determinanten → kausaler Zusammenhang	Gegenstandsbereich	Individuelle **Sinngebilde** → geschichtlicher Zusammenhang
Analyse – Isolierendes Verfahren im Experiment – Zurückgehen auf kleinste selbständige Einheiten	Erfassen / Erkennen	**Interpretation** – Verstehen eines komplexen Ganzen – Zusammenspiel von synthetischem und analytischem Verstehen

Hermeneutischer Zirkel

<u>subjektiv</u>
Vorverständnis und Sinnentwurf des Lesers sind die Bedingung des Textverständnisses, der Sinn des Textes wiederum differenziert und expliziert das Vorverständnis und den Vorentwurf des Sinns.

<u>objektiv</u>
Das Einzelne (eines Sinngebildes) ist nur aus dem Ganzen (eines Sinngebildes), das Ganze nur aus dem Einzelnen zu verstehen.

11./12. Stunde: (Fortsetzung)
Zur Methodik der Geisteswissenschaften: Die Hermeneutik

Glauben und Wissen

Unterrichtsverlauf	Methoden/Sozialformen	Kommentare und Resultate
Phase 2 (Fortsetzung)		– Neue Fragen an das Gedicht (z. B. mit Blick auf die Zäsur in V. 4, die unterschiedliche Bedeutung des Worts „Ziel" am Anfang und am Schluß...) – Weitere Analyse – Ausfaltung des Verstehensentwurfs zum Verständnis des Gedichts (= Zusammensehen der Teilanalysen; Deutung des Sinn-Ganzen)
	Lehrerdemonstration/OHP	Kopiervorlage s. S. 25
Phase 3 Einführen und Erklären des Begriffs Hermeneutik	Lehrervortrag/TA	Überleitung: Das Verstehen des Gedichts war – als methodisch reflektierter Verständigungsprozeß – *Hermeneutik*. Zum weiteren Inhalt des Lehrervortrags s. Tafelbild S. 24, rechte Spalte
Phase 4 Klären des Unterschieds zwischen Natur- und Geisteswissenschaften; Erarbeiten des Begriffs „hermeneutischer Zirkel"	Textlektüre Die Zirkelstruktur des Verstehens (Mat. 16) Textanalyse/Partnerarbeit Aufgaben: 1. Wodurch unterscheiden sich Natur- und Geisteswissenschaften? 2. Was versteht man unter einem „hermeneutischen Zirkel"? Versuchen Sie eine schematische Darstellung, in die Sie die wesentlichen Begriffe des Textes eintragen. Sammeln der Ergebnisse/Folienbild	Ergebnisse = Folienbild s. S. 23

Unterrichtsverlauf	Methoden/Sozialformen	Kommentare und Resultate
Phase 2 Herausarbeiten der Grundelemente des Verstehens von Literatur und Kunst (Beispiel: Text-Verstehen)	<u>Lehrervortrag</u> als Überleitung <u>Einzelarbeit</u> Aufgabe: Was fällt Ihnen ein bei dem Stichwort „die im Krieg Gefallenen"? Notieren Sie Ihre Gedanken stichwortartig. <u>Sammeln der Notizen/TA</u> <u>Textlektüre (laut)</u> D. Wellershoff, Der Schütze liegt in sich gerade (Mat. 15) <u>Einzelarbeit</u> Aufgabe: Welche Stellen in Wellershoffs Gedicht erscheinen Ihnen auffällig oder befremdlich? Halten Sie diese Stellen fest. <u>Sammeln der Ergebnisse/TA</u> <u>Lehrer-Schüler-Gespräch</u> Fragen: 1. Welche der genannten Stellen erscheint Ihnen als Schlüsselstelle für das Verständnis des Gedichts? 2. Welche Wirkung geht von dieser Stelle aus? Wie paßt sie zu Ihrem Vorverständnis vom „Kriegstoten"? 3. Können Sie mit Blick auf diese Stelle und die anderen genannten Stellen eine Interpretationsidee formulieren? 4. Wie ist die Verständigung zwischen uns Lesern und dem Gedicht fortzuführen, damit wir die Gültigkeit der Interpretationsidee erkennen und zum Verständnis des ganzen Gedichts gelangen?	<u>Inhalt</u> Das Verstehen von Literatur und Kunst entspricht dem Verstehensprozeß im Gespräch (s. Stundenbeschreibung). Vorbereiten der Textinterpretation = Feststellen des *Vorverständnisses* <u>Ergebnisse</u> s. Tafelbild S. 24, mittlere Spalte Der Lehrer liest das Gedicht vor. <u>Mögliche Ergebnisse</u> s. Tafelbild S. 24, mittlere Spalte <u>Ergebnisse</u> Zu 1. „die Toten liegen schön da" Zu 2. Provokation; Schock Diametraler Gegensatz zum eigenen Vorverständnis Zu 3. Ästhetisierung der Kriegstoten als Mittel, um das rein instrumentelle Verständnis von Töten seitens des Generals (des Militärs) zu entlarven und die Sinnlosigkeit des Krieges deutlich zu machen Zu 4. – Fragen an das Gedicht, die Ästhetisierung der Kriegstoten betreffend (Welcher Art sind die Vergleiche und Bilder? Welchen Eindruck bewirken sie? Wie ist das abschließende Bild „überzeugende Darsteller eines Augenblicks" zu verstehen?...) – Analyse (= Sprechenlassen) des Gedichts entsprechend der Fragen (Vergleiche stammen aus Spielen, suggerieren Aktivität, erwecken den Eindruck friedlicher Unterhaltung...) – Präzisieren des Verstehensentwurfs (der Interpretationsidee)

11./12. Stunde:
Zur Methodik der Geisteswissenschaften: Die Hermeneutik

Glauben und Wissen

Materialien und Medien:
- Lied: Ludwig Hirsch, Herbert (Mat. 14)
- Text: Dieter Wellershoff, Der Schütze liegt in sich gerade (Mat. 15)
- Text: Die Zirkelstruktur des Verstehens (Mat. 16)
- Platten- bzw. CD-Spieler
- Overhead-Projektor
- 1 leere Folie; 1 Folienbild zu Phase 2 (s. S. 25)
- Folienstifte

Unterrichtsverlauf	Methoden/Sozialformen	Kommentare und Resultate
Phase 1 Einstieg: Überlegungen zu einem mißglückten Gespräch	<u>Hören eines Lieds</u> L. Hirsch, Herbert (Text: Mat. 14) <u>Spontane Äußerungen</u> Impulse: – Was denken Sie nach dem Hören des Lieds? – Welchen Eindruck haben Sie vom Lied? – Was ist Ihnen aufgefallen? <u>Klassengespräch</u> Fragen: 1. Woher rührt das „Mißverständnis" des Hörers? 2. Aus welchen Gründen scheitert das Gespräch zwischen „Ich" und „Du" (Herbert)? 3. Welche Bedingungen müssen gegeben sein, damit ein Gespräch glückt / zwei Menschen sich verstehen?	<u>Mögliche Äußerungen zum Inhalt (Stichworte)</u> – Gesprächssituation: Eine(r!) ist „sitzengelassen" worden; braucht Trost, Zuspruch... – Vom Gespräch nur die Beiträge einer Seite – der Seite des Ich – direkt dargestellt. – Mißglücktes Gespräch: „Ich" redet am „Du" vorbei; „Du" ist nur eingeschränkt gesprächsfähig und kann nicht „gegensteuern". – Mißverständnis des Hörers: er hält das sitzengelassene „Du" bis zum Schluß für eine Frau. <u>Ergebnisse</u> Zu 1. Die Kennzeichnungen des „Du" erscheinen typisch weiblich und entsprechen genau dem Vorverständnis, das der Hörer von einer „sitzengelassenen Frau" hat. Zu 2. <u>Von seiten des „Ich":</u> – Es fehlt an Gesprächsbereitschaft, Einfühlungsvermögen und Mitgefühl – Mangelhafte Auffassung vom Ethos einer Liebesbeziehung – Nicht-ernst-Nehmen der Worte des „Du" – Vorwürfe an das „Du" <u>Von seiten des „Du":</u> – Bestimmt von widerstreitenden Gefühlen, die es nur beschränkt mitteilen kann (inhaltliches Sprachproblem); „angeschlagenes" Selbstwertgefühl... – Einschränkung der Sprachfähigkeit durch Gefühle (formales Sprachproblem) <u>Mit Blick auf das Verhältnis von „Ich" und „Du":</u> – Ungleiche Sprechsituation – Verschiedenes Gesprächsinteresse – Verschiedene Auffassungen der Liebe Zu 3. S. Tafelbild S. 24, linke Spalte

**10. Stunde: (Fortsetzung)
Freiheit der Forschung?**

Glauben und Wissen

Tafelbild zu Phase 2

Freiheit der Forschung?
(Hans Jonas)

Wissenschaft = Erlangung von Wissen = „reine" Theorie
- „Sittliches Eiland" (ohne Pflichtverhältnisse zur Welt außer ihr)
- Nur dem „wissenschaftlichen Ethos" verpflichtet

Wissenschaft = Verschmelzung von Theorie und Praxis
- Umsetzung von Theorie in Technik (Praxis)
- Zurückwirken technischer Anwendung auf die Wissenschaft (Theorie)
- Richtung der Wissenschaft (Forschung) durch Industrie (= technischen Anwendungsbereich) vorgegeben
- Fortgeschrittene Technik als Vehikel des wissenschaftlichen Fortschritts
- Selektive Förderung/Finanzierung wissenschaftlicher Forschung durch Industrie/Politik (Nutzwert!)

Traditionelles Selbstbildnis der Wissenschaft

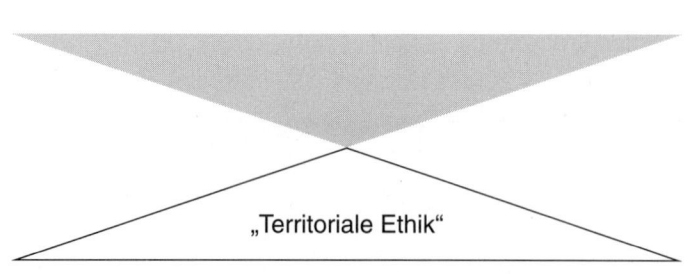

Faktische (heutige) Gestalt der Wissenschaft

„Territoriale Ethik"

Verantwortungsethik

- Intellektuelle Redlichkeit und Strenge
- Persönliche Tugenden der Hingebung, Ausdauer, Disziplin

- Ethische Schranken der Forschung
- Keine „moralische Immunität" für die Forscher/die Forschung, sondern

Mitsprache des Gemeinwohls

<u>Von innen</u>
(Gewissen des Forschers)

<u>Von außen</u>
(Politik)

- Bewußtsein der Verantwortung für das Nutzungspotential des von ihm erzeugten Wissens
- Selbstbeschränkung (angesichts der Möglichkeit „böser Praxis")

- Steuerung der Wissenschaft durch „selbstlos-weitsichtige Gesellschaft"

Unterrichtsverlauf	Methoden/Sozialformen	Kommentare und Resultate
Phase 2 (Fortsetzung)	Textanalyse/Partnerarbeit Aufgaben: 1. Unterstreichen Sie im Text die Schlüsselbegriffe und die Kernsätze. 2. a) In welchem Sinn hat die Losung von der „Freiheit der Forschung" ihr Recht? b) Warum ist diese Losung „nicht die ganze Wahrheit"? (Skizzieren Sie in der Antwort <u>zuerst</u> die Verschmelzung von Theorie und Praxis in der modernen Wissenschaft und <u>dann</u> die ethischen Konsequenzen dieser Verschmelzung.) <u>Sammeln der Ergebnisse/Ergebnissicherung durch TA</u>	 Tafelbild s. S. 19
Phase 3 Überlegungen zu den Einflußchancen der Ethik im Kontext des wissenschaftlich-technischen Fortschritts	<u>Unterrichtsgespräch</u> Leitfragen: – Wie notwendig erscheint es Ihnen, daß die Ethik den Fortgang der wissenschaftlichen Forschung (mit)bestimmt? – Wie groß erscheint Ihnen die Chance, daß die Ethik auf den Fortschritt des Wissens und technischen Könnens steuernd einwirken und Beschränkungen oder sogar Unterlassungen erreichen kann?	<u>Mögliches Ergebnis (Stichworte)</u> – Notwendigkeit: unbestreitbar – Einflußchance eher gering; Möglichkeiten ethischer Einwirkung: Ethikkommissionen; Politikberatung

10. Stunde: Freiheit der Forschung?		Glauben und Wissen

Materialien und Medien:
- Text: Erwin Chargaff, Der Forscher (Mat. 12)
- Text: Hans Jonas, Freiheit der Forschung? (Mat. 13)

Unterrichtsverlauf	Methoden/Sozialformen	Kommentare und Resultate

Phase 1
Einstieg und Motivation (durch essayistisch-pointierten Text)
	<u>Textlektüre (laut)</u>
	E. Chargaff, Der Forscher (Mat. 12)
	
	<u>Spontane Äußerungen</u>
	Impuls:
	Nennen Sie ihre Texteindrücke und Ihre Gedanken zum Text.
	
	<u>Klassengespräch</u>
	Fragen:
	1. Warum ist nach Chargaff der Forscher bei seiner Arbeit gefühllos (gleich gewissenlos)?
	
	2. An welche Räume, die der Forscher nicht betreten sollte, ist zu denken?
	
	3. Welche Faktoren steuern nach Ihrer Meinung die naturwissenschaftliche Forschung?
		Information über E. Chargaff s. Stundenbeschreibung!
		
		<u>Mögliche Äußerungen:</u>
		– Das ist übertrieben, einseitig, polemisch…
		– Chargaff spitzt natürlich zu, aber im Grunde hat er recht. Die Forschung der Rüstungsindustrie ist nur ein Beispiel für seine Behauptung.
		– Ich glaube nicht, daß die Forscher in der Mehrzahl kein Verantwortungsbewußtsein haben.
		
		<u>Mögliche Ergebnisse (in Stichworten)</u>
		
		Zu 1. – Wirtschaftliche Abhängigkeit
		      – Berufliche Karriere
		      – Hierarchie in den Forschungseinrichtungen: Wer unten ist, hat nichts zu sagen; wer oben ist, verhält sich affirmativ
		
		Zu 2. Erforschung der Kernkraft; Rüstungsforschung (insbesondere im Bereich der ABC-Waffen); Genforschung; Medizinforschung (z. B. im Bereich der Reproduktionsmedizin)
		
		Zu 3. – Eigendynamik der Naturwissenschaften: Mehr wissen, mehr können wollen
		      – Herrschende öffentliche Meinung innerhalb der Naturwissenschaften: „Denken im Chor"
		      – Kommerz: Aufgaben und Ziele der Forschung werden von finanziellen Interessen bestimmt
		      – Politik: unterstützt, orientiert, forciert die Forschung nach Sachlage und politischer Zielvorstellung

Phase 2 Auseinandersetzung mit der Idee der Forschungsfreiheit	<u>Lehrervortrag</u> <u>Textlektüre (laut)</u> H. Jonas, Freiheit der Forschung? (Mat.13)	<u>Information als Vorbereitung der Textarbeit:</u> – Das „Dogma" von der Freiheit der Forschung – Hans Jonas } s. ausführliche Stundenbeschreibung

Unterrichtsverlauf	Methoden/Sozialformen	Kommentare und Resultate

Phase 2
Selbständige Analyse der Begrenztheit naturwissenschaftlicher Erkenntnis
	<u>Lehrervortrag (Fortsetzung)</u>
	– zum sog. „objektivistischen Schein" der Naturwissenschaften
	– zu Hans-Peter Dürr
	
	<u>Textlektüre (laut)</u>
	H.-P. Dürr, Naturwissenschaft und Wirklichkeit (Mat. 11)
	
	<u>Textanalyse/Einzelarbeit</u>
	Aufgaben:
	1. Wie definiert der Naturwissenschaftler das Objekt seiner Erkenntnis (den Gegenstand seiner Forschung)?
	2. Auf welche Weise erkennt der Naturwissenschaftler die Wirklichkeit?
	3. Von welcher Art ist die vom Naturwissenschaftler erfaßte Wirklichkeit?
	4. Worin liegt die Leistungsfähigkeit des naturwissenschaftlichen Zugangs zur Wirklichkeit, worin die Grenze?
	
	<u>Sammeln der Ergebnisse/TA</u>
		Siehe ausführliche Stundenbeschreibung!
		
		<u>Mögliche Ergebnisse (= TA)</u>
		
		Zu 1. Prinzipielle Einschränkung der Wirklichkeit auf das, was im naturwissenschaftlichen Sinn beobachtbar und analysierbar ist.
		
		Zu 2.
		– Prozeß von „trial and error"
		– Methodische Stringenz: Überprüfbarkeit der Experimente und Forschungsergebnisse
		– Beobachtung der Natur
		   • unter theoretischen Prämissen und Hypothesen
		   • mit Werkzeugen (ursprünglich: eigene Sinne, dann: immer kompliziertere Geräte)
		
		Zu 3. Naturwissenschaftliche Welt ist nicht die eigentliche Wirklichkeit.
		= Bestimmte Projektion der „eigentlichen" Wirklichkeit. Art der Projektion (Abbildung) abhängig von den theoretischen Prämissen, der angewandten Methode und den benützten Instrumenten.
		= Maßstruktur der Wirklichkeit
		
		Zu 4. <u>Leistung der Naturwissenschaft:</u>
		Ihre Projektion der Welt ermöglicht ein immer genaueres und vollständigeres Erfassen von Wirklichkeitsaspekten.
		
		<u>Grenze der Naturwissenschaft:</u>
		– Eingeschränkter Blick auf die Wirklichkeit → eingeschränkte Erkenntnis der Wirklichkeit (Herausfiltern der naturwissenschaftlich zugänglichen Aspekte)
		– Quantifizieren der Wirklichkeit führt nicht zum „Was", „Wesen" oder „Inhalt" der Dinge.

Phase 3 Vertiefen des erarbeiteten Wissens durch Veranschaulichen der Eigenart naturwissenschaftlicher Erkenntnis	<u>Projizieren eines Folienbilds</u> <u>Schüler- und/oder Lehrervortrag</u>	Kopiervorlage s. Stundenbeschreibung Erläutern/Erklären des Folienbilds

9. Stunde: Begrenzte Erkenntnis der Naturwissenschaften

Glauben und Wissen

Materialien und Medien:
- Foto: Konrad Oker, Waldsee (Mat. 10)
- Text: Hans-Peter Dürr, Naturwissenschaft und Wirklichkeit (Mat. 11)
- Arbeitsblatt 3
- Overheadprojektor
- Folienbild (Kopiervorlage s. Stundenbeschreibung)

Unterrichtsverlauf	Methoden/Sozialformen	Kommentare und Resultate
Phase 1 Interessieren/Motivieren; Bewußtmachen der Aspekthaftigkeit (= Begrenztheit) von Erkenntnis	<u>Foto als Impuls</u> K. Oker, Waldsee (Mat. 10) <u>Spontane Äußerungen (Assoziationen)</u> <u>Lehrervortrag (kurz)</u> <u>Einzelarbeit/Arbeitsblatt</u> Arbeitsauftrag: Wie „sieht" ein Angler, ein Dichter, ein Biologe und ein Theologe diese Wasserlandschaft? Versetzen Sie sich in sie und notieren Sie entsprechende Gedanken und Gefühle stichwortartig in die jeweilige „Denkblase". <u>Sammeln der Ergebnisse/TA</u> <u>Klassengespräch</u> Fragen: 1. Welche grundsätzlichen Gemeinsamkeiten und Unterschiede stellen Sie im Denken und Fühlen der vier Personen fest? 2. Wie erklären Sie die Unterschiede? <u>Lehrervortrag</u>	Mögliches Ergebnis Weite; Tiefe; Idylle; Sehnsucht; Stille; Schönheit… Zum Inhalt s. Stundenbeschreibung Mögliches Tafelbild **Angler:** Fischreiches Gewässer? Was für Fische (Größe, Art)? Wie zu fangen (Köder, Technik…)? **Theologe:** Selbstvergessenheit („ganz Aug' und Ohr"); herrlicher Ort; Dankbarkeit („Wie schön ist die Welt!") **Dichter:** Stille; Ruhe; Rauschen des Winds; Vogelzwitschern; Spiel des Wassers; Einklang mit der Natur **Biologe:** Wasserqualität (Bioindikatoren)? Welche Lebewesen? Seltene Pflanzen/Tiere? Schädliche Immissionen? Biotopvernetzung? Ergebnis Zu 1. <u>Angler und Biologe</u>: Sachliche Aspekte, „objektives", z. T. wissenschaftliches Betrachten der Wirklichkeit: *Verstand* <u>Dichter und Theologe</u>: Erlebnishafte und „metaphysische" Aspekte, Empfinden/Fühlen der Wirklichkeit und ihrer Transzendenz: *Herz* Zu 2. Verschiedenes Blicken und Zugehen auf die Wirklichkeit durch unterschiedliche Voraussetzungen und Vorherbestimmungen der „Erkenntnissubjekte" Der Lehrer führt den Begriff *Erkenntnisinteresse* ein und erklärt ihn ausführlich (s. Stundenbeschreibung)

Tafelbild zu Phase 5

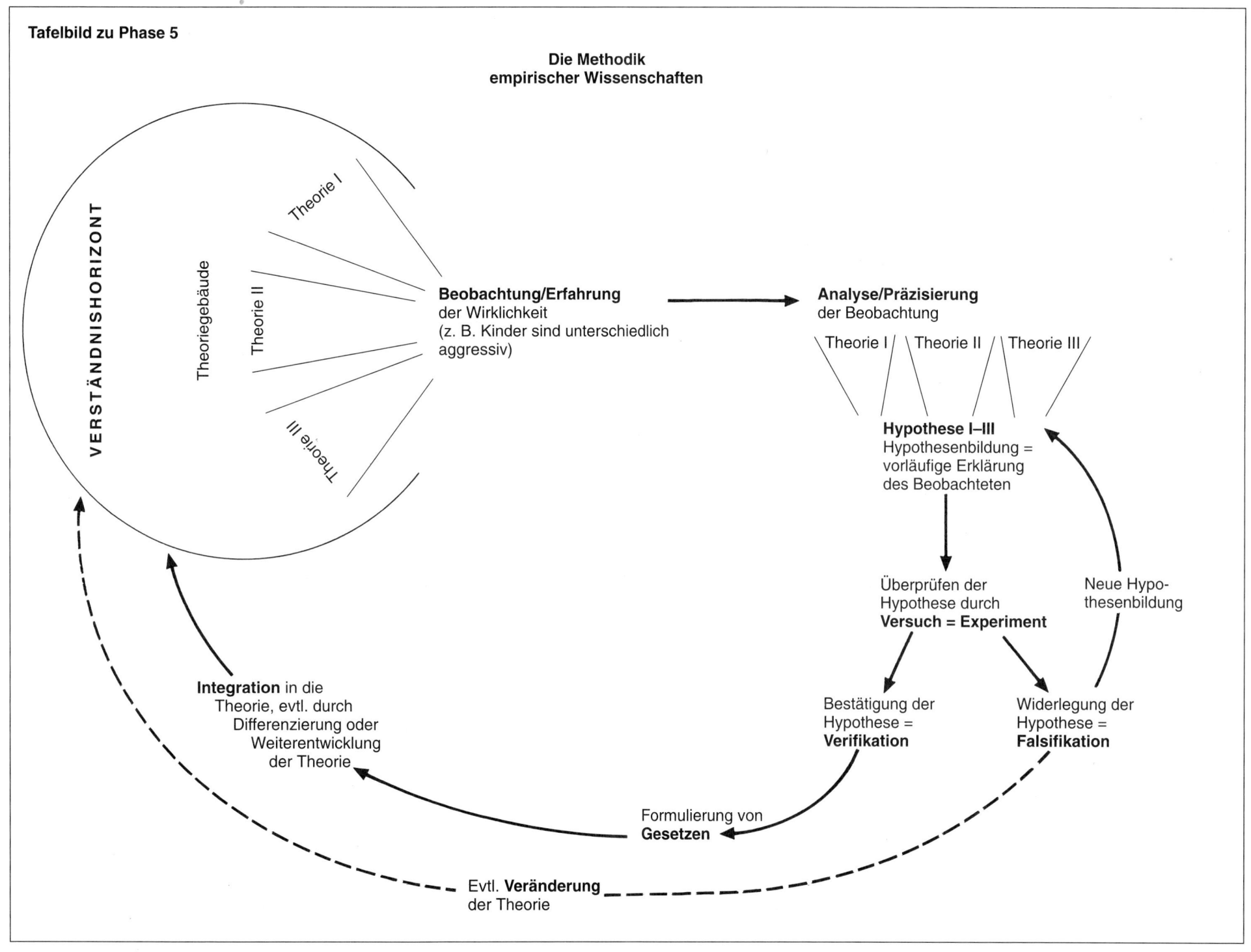

Die Methodik empirischer Wissenschaften

- **VERSTÄNDNISHORIZONT** (Theoriegebäude: Theorie I, Theorie II, Theorie III)

- **Beobachtung/Erfahrung** der Wirklichkeit (z. B. Kinder sind unterschiedlich aggressiv) → **Analyse/Präzisierung** der Beobachtung

- Theorie I / Theorie II / Theorie III → **Hypothese I–III**: Hypothesenbildung = vorläufige Erklärung des Beobachteten

- Überprüfen der Hypothese durch **Versuch = Experiment**
  - Bestätigung der Hypothese = **Verifikation**
  - Widerlegung der Hypothese = **Falsifikation** → Neue Hypothesenbildung

- Formulierung von **Gesetzen**

- **Integration** in die Theorie, evtl. durch Differenzierung oder Weiterentwicklung der Theorie

- Evtl. **Veränderung** der Theorie

7./8. Stunde: (Fortsetzung)
Die Methodik der empirischen Wissenschaften (Beispiel: Aggressionsforschung)

Glauben und Wissen

Unterrichtsverlauf	Methoden/Sozialformen	Kommentare und Resultate
Phase 2 (Fortsetzung)	IV. Aufgabenstellung	s. Arbeitsblatt 2
	V. Organisatorische Bemerkungen – zum zeitlichen Ablauf	45 Minuten (= Rest der 7. Stunde + 10 Minuten der 8. Stunde) für die selbständige Gruppenarbeit, anschließend Ergebnispräsentation und Auswertung der Gruppenarbeit
	– zur Arbeitsweise	Gruppenarbeit protokollieren (Protokollanten wählen!)
	– zur Präsentation der Ergebnisse	Gruppensprecher wählen, der die jeweilige Aggressionstheorie vorstellt und das „Forschungsprojekt" erläutert.

Phase 3 Selbständiges Bearbeiten des Arbeitsauftrags	<u>Gruppenarbeit</u>
	I. Textlektüre
	  Gruppe 1: Mat. 9/I
	  Gruppe 2: Mat. 9/II
	  Gruppe 3: Mat. 9/III
	II. Besprechen des Textes
	III. Planung des „Forschungsprojekts"
	IV. Schematische Darstellung des geplanten „Projekts"
		Folien und Folienstifte an die Gruppen ausgeben!

Phase 4 Präsentation der Ergebnisse der Gruppenarbeit	<u>Schülervortrag/Projektion von Folien</u>	
Phase 5 Besprechen der Ergebnisse der Gruppenarbeit	<u>Klassengespräch</u> Fragen: 1. Welche Unterschiede zwischen den von den Gruppen erarbeiteten Vorgehensweisen fallen auf? Wie erklären sich die Unterschiede? 2. Was ist das Gemeinsame in allen „Forschungsprojekten"? Wodurch ist die Übereinstimmung begründet? <u>Lehrervortrag/TA</u>	<u>Ergebnis</u> Zu 1. Unterschiede: a) in der Hypothese, b) im Experiment. Erklärung: Verschiedener Verständnishorizont = Blick auf die Wirklichkeit (Theorievorgabe!) Zu 2. Gemeinsam ist die methodische Grundstruktur. Begründet ist die Gemeinsamkeit durch den „Zwang der Sache" – oder die „Objektivität". Der Lehrer entwickelt auf der Basis des bisher Erarbeiteten ein Tafelbild (oder Folienbild) „Methodik der empirischen Wissenschaften" (s. Seite 14)

7./8. Stunde:
Die Methodik der empirischen Wissenschaften (Beispiel: Aggressionsforschung)

Glauben und Wissen

Materialien und Medien:
- Foto: Feinde (Mat. 8)
- Text: Herbert Selg, Die Frustrations-Aggressions-Theorie (Mat. 9/I)
- Text: Ute Jakobi u.a., Der Aggressionstrieb bei Konrad Lorenz (Mat. 9/II)
- Text: Bernhard Oßwald, Das Lernen von Aggression (Mat. 9/III)
- Arbeitsblatt 2: Aggressionsforschung (Gruppenarbeit)
- Overheadprojektor
- Folien; Folienstifte

Unterrichtsverlauf	Methoden/Sozialformen	Kommentare und Resultate
Phase 1 Bildbetrachtung als Hinführung zum Thema der Doppelstunde	<u>Äußern der Bildeindrücke</u> Foto „Feinde" (Mat. 8) <u>Bildanalyse im Klassengespräch</u> Aufgaben: 1. Kennzeichnen Sie möglichst genau den Körperausdruck der Jungen. 2. Versuchen Sie zu entscheiden: Ist im Foto Spiel oder Ernst festgehalten? <u>Unterrichtsgespräch als Weiterführung und Vertiefung</u> Fragen: 1. Welche Gründe könnten den Jungen zu seiner aggressiven Handlung veranlaßt haben? 2. Sind die vermuteten Gründe ausreichend, um die aggressive Handlung zu erklären?	<u>Mögliche Äußerungen</u> – Der schlagende Junge wirkt sehr aggressiv. – Der andere Junge ist schon von seiner Stellung her der Unterlegene. – Der dritte Junge (das Mädchen?): unbeteiligt? <u>Ergebnisse</u> Zu 1. Der Junge, der angreift, steht aufrecht. In den Händen hält er einen Stock, er holt mit den Armen weit zum Schlag aus. Der Mund ist leicht geöffnet, es scheint so, daß der Junge die Zähne zusammenbeißt. Der Junge, der angegriffen wird, hockt am Boden. Er schaut zum Angreifer hoch, den linken Arm hält er schützend vor seinen Körper. Zu 2. Der Körper des Angreifers drückt ernsthafte Aggression aus, der hockende Junge reagiert mit entsprechender Abwehrhaltung. <u>Ergebnisse</u> Zu 1. Mögliche Gründe: a) Verbaler Streit der Jungen schlägt um in handfeste Aggression. b) Aggression im Spiel verwandelt sich zu ernsthafter Aggression. c) Der Angreifer ist von dem, der angegriffen wird, geärgert worden. d) Der ältere Bruder kämpft für seinen jüngeren Bruder (seine Schwester?). Zu 2. Gründe a und b sicher nicht ausreichend; sie setzen voraus, daß der Angreifer die Bereitschaft zur Aggression schon hat.
Phase 2 Organisation der Gruppenarbeit	<u>Lehrervortrag/-aktion</u> I. Überleitende Bemerkungen II. Ankündigung der Gruppenarbeit III. Einteilung von drei Gruppen	<u>Inhalte (Stichworte)</u> Woher kommt die Aggression, wie entsteht sie? Entwerfen von drei Projekten, die – unter jeweils anderem Blickpunkt – die Herkunft von Aggression erforschen wollen Gruppenbildung nach Sympathie

5./6. Stunde: (Fortsetzung)
Wissen und Glauben: Verschiedene Zugänge zur Welt (F. Bacon – A. Schweitzer)

Glauben und Wissen

Tafelbild zu Phase 3

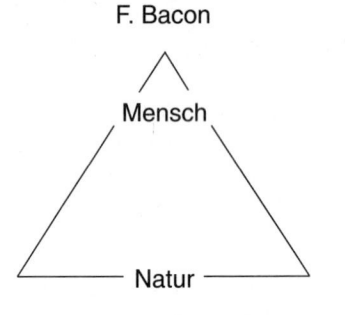

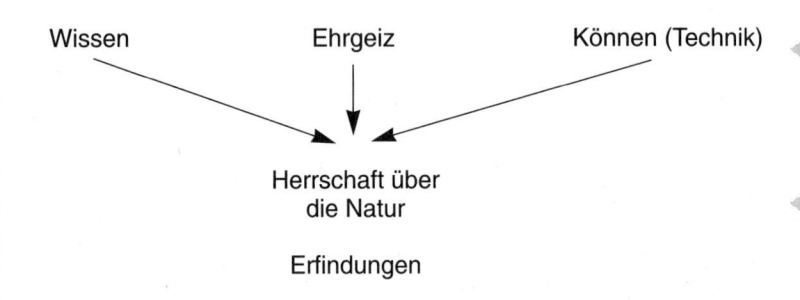

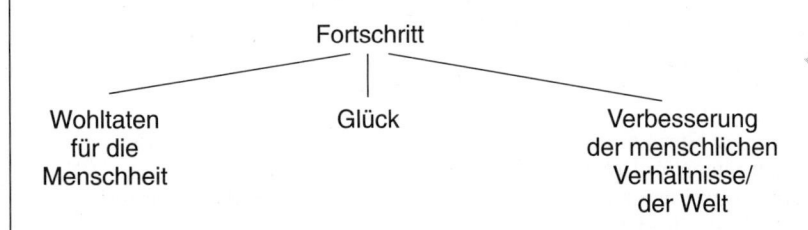

F. Bacon

Mensch — Natur (Dreieck)

Wissen — Ehrgeiz — Können (Technik)
→ Herrschaft über die Natur
Erfindungen

Fortschritt
- Wohltaten für die Menschheit
- Glück
- Verbesserung der menschlichen Verhältnisse/ der Welt

A. Schweitzer

Mensch in Natur (Kreis)

Wahres und tiefes Denken — Denkend gewordener Wille zum Leben — Liebe „Sympathie"
→ Ehrfurcht und Verantwortung gegenüber allem Leben
Erhalten, Fördern, Entwickeln des Lebens

Neue Renaissance
- Ethische Kultur
- Vollendung des Menschen und der Menschheit
- Zeit des Friedens

Mittelspalte (Kritik):
- Armseliger Wirklichkeitssinn
- Gedankenlose Welt- und Lebensbejahung
- Sinnlose grausige Kriege

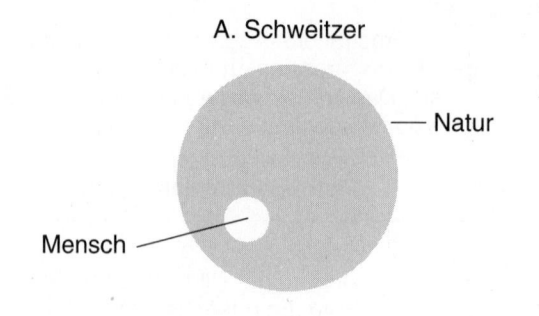

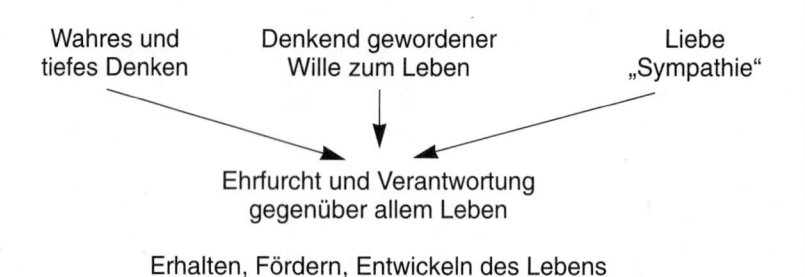

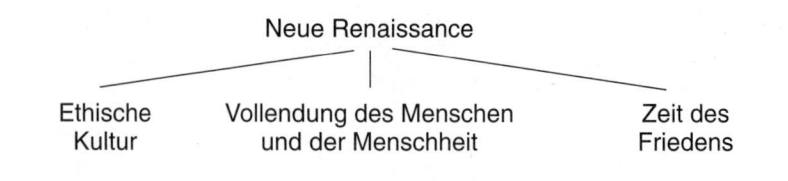

Unterrichtsverlauf	Methoden/Sozialformen	Kommentare und Resultate

Phase 3
(Fortsetzung)
	Partnerarbeit (arbeitsteilig)
	Arbeitsauftrag:
	1. Notieren Sie die Schlüsselbegriffe des Textes.
	
	2. Beantworten Sie in Stichworten:
	   a) Von welchem Standpunkt aus betrachtet der Text das Verhältnis des Menschen zur Natur und zum anderen Leben?
	   b) Welche menschlichen Fähigkeiten sind im Umgang mit der Natur von Bedeutung? Was bewirken sie?
	   c) Durch welche Aspekte wird der Fortschritt oder das Zukunftsideal bestimmt?
	   d) Zusatzfrage zum Schweitzer-Text: Wogegen grenzt Schweitzer sein Ideal der wahrhaft ethischen Kultur ab, wie beurteilt er den Gegensatz seines Ideals?
	
	Sammeln der Ergebnisse/Ergebnissicherung durch TA und Hefteintrag
		Die eine Klassenhälfte beschäftigt sich mit Bacons Text, die andere mit Schweitzers.
		
		Ergebnisse s. Tafelbild (TA), S. 11

Phase 4
Beurteilung der Mensch-Welt-Auffassung Bacons und Schweitzers
	Unterrichtsgespräch
	Impuls:
	Wie stellen Sie sich selbst zu den unterschiedlichen Auffassungen Bacons und Schweitzers?
	Wogegen haben Sie Einwände, womit stimmen Sie überein?
	Versuchen Sie, Ablehnung und Zustimmung zu begründen.
		Mögliches Ergebnis (Stichworte)
		
		Zu Bacon:
		– Ambivalenz der „Herrschaft über die Natur":
		  Fortschritt des naturbeherrschenden Wissens bringt einerseits „Verbesserungen" für die Menschheit, bedroht sie aber andererseits.
		– Abwägen der negativen und positiven Folgen der Naturbeherrschung. Befund: Das Gefährliche und Bedrohliche überwiegt (immer mehr). Forderung/Konsequenz: „Paradigmenwechsel" = neue Idee und Praxis im menschlichen Umgang mit der „Natur".
		
		Zu Schweitzer:
		– Seine Ethik der „Ehrfurcht vor <u>allem</u> Leben" kann in ihrer Radikalität theoretisch und praktisch in Frage gestellt werden:
		  • „Wille zum Leben" wirklich jedem Lebewesen zugestehbar?
		  • „Helligkeit" des Lebens auch bei Bakterien und Parasiten?
		  • Gleichheit oder Hierarchie des Werts von Leben?
		  • Der Mensch kann nur leben, wenn er anderes Leben vernichtet...
		– Aber: Schweitzers radikal „physiozentrischer" Ansatz ist ein wichtiger Gegenpol.

5./6. Stunde:
Wissen und Glauben: Verschiedene Zugänge zur Welt (F. Bacon – A. Schweitzer)

Glauben und Wissen

Materialien und Medien:
- Text: Francis Bacon, Menschliches Wissen und Können als Grundlage der Naturbeherrschung (Mat. 6)
- Text: Albert Schweitzer, Ehrfurcht vor dem Leben als Lebensbejahung und Ethik (Mat. 7)

Unterrichtsverlauf	Methoden/Sozialformen	Kommentare und Resultate
Phase 1 Bewußtmachen von zwei gegensätzlichen Stellungen zur Um-Welt; Motivation	Rollen-Diskussion „Pro und Contra" Thema: In einem kalten Land soll wie jedes Jahr im Herbst die Jagd auf die wertvollen Pelztiere beginnen. Doch dieses Mal kommt es zu einer öffentlichen Diskussion über die Zulässigkeit der Jagd. Mit welchen Argumenten kann die Jagd befürwortet, mit welchen kann sie abgelehnt werden? Unterrichtsgespräch Leitfrage: Welche grundlegende Stellung zur Tierwelt hat der Pro-Redner, welche der Contra-Redner?	Der Lehrer hat in der Stunde vorher zwei Schülern die Aufgabe gegeben, sich für das Pro und Contra des Themas vorzubereiten. Mögliche Argumente im Streitgespräch (Stichworte) **Pro** – Pelztierjagd als Wirtschaftsfaktor: Arbeitsplätze etc. – Zeitliche Begrenzung der Jagd; Festlegen einer Jagdquote: Regeneration der Pelztiere – Uneingeschränkte (weitgehende) Verfügungsgewalt des Menschen über Tiere – Keine Tier-„Rechte"; menschliche Interessen vor tierischen **Contra** – Gezielte Jagd auf Pelztiere: Störung der Ökologie – Tiere vom Menschen zu nützen, aber (möglichst) ohne Schädigung – Lebensrecht der Tiere → ethische Forderung für den Menschen, ihr Leben zu erhalten Ergebnis (Stichworte) **Pro** Mensch – Herr und Machthaber über die Tiere, berechtigt zu ihrer Ausbeutung **Contra** Mensch – achtet Rechte und Interessen der Tiere, anerkennt ihren Wert
Phase 2 Informieren über F. Bacons und A. Schweitzers Biographie	Schülerreferat 1/Hektographie Thema: Francis Bacon Schülerreferat 2/Hektographie Thema: Albert Schweitzer	Zum möglichen Inhalt des Referats s. Stundenbeschreibung Zum möglichen Inhalt des Referats s. Stundenbeschreibung
Phase 3 Erarbeiten der Grundgedanken F. Bacons und A. Schweitzers (die Stellung und Aufgabe des Menschen in der Welt betreffend)	Textlektüre (laut) F. Bacon, Menschliches Wissen und Können (Mat. 6) A. Schweitzer, Ehrfurcht vor dem Leben (Mat. 7)	Klärung der unbekannten Begriffe (s. Stundenbeschreibung)

Unterrichtsverlauf	Methoden/Sozialformen	Kommentare und Resultate
Phase 3 (Fortsetzung)		<u>Verschiedene Sprachebene</u> Wissensaussage: Glaubensaussage: Denotativ („So ist es.") Emotionale und appellative Konnotation („Glaube mir…") Sachlich besprechbar Nicht „sachlich" besprechbar <u>Verschiedenes Kommunikationsinteresse</u> Heilung, Krankschreibung Glück, Vertrauen, Lebenssinn

Hausaufgabe für zwei Schüler:
Vorbereitung einer Rollen-Diskussion (Pro und Contra „Pelztierjagd"; s. Stundenbeschreibung)

4. Stunde:
Was ist Glauben, was ist Wissen?

Glauben und Wissen

Materialien und Medien:
– Arbeitsblatt 1: Glauben oder Wissen?

Unterrichtsverlauf	Methoden/Sozialformen	Kommentare und Resultate
Phase 1 Abgrenzung von „Glauben" und „Wissen" aus dem Stegreif	Impuls/TA „Glauben heißt nicht wissen." Unterrichtsgespräch	Keine Vorbemerkung des Lehrers. Mögliche Ergebnisse: – Es kommt darauf an, was man unter „glauben" und „wissen" versteht. – Glauben und Wissen brauchen sich nicht auszuschließen, sind keine reinen Gegensätze… – Wenn man Wissen als „objektive Erkenntnis" auffaßt, trifft der Satz zu.
Phase 2 Kennzeichnung von Glauben und Wissen durch Zuordnung vorgegebener Sätze	Partnerarbeit/Arbeitsblatt Aufgabe s. Arbeitsblatt 1 Sammeln der Ergebnisse/vorläufiger TA Besprechen der Ergebnisse/endgültiger TA Unterrichtsgespräch: Leitfrage: Von welchem Begriff von Glauben und Wissen sind wir bei der Zuordnung der Sätze ausgegangen?	Der Lehrer notiert die Ergebnisse von drei/vier Schülern. Der Lehrer stellt die Lösungen zur Diskussion, die voneinander abweichen. Mögliches Ergebnis nach der Diskussion (= endgültiger TA) Glauben Glauben und Wissen Wissen 5 6 7 2 3 10 11 1 4 8 9 12 Ergebnis Glauben: subjektive Erfahrung/Erkenntnis; (begründetes) Vertrauen; (nicht begründbare) Vermutung Wissen: objektive (meßbare, intersubjektiv nachvollziehbare) Erfahrung/Erkenntnis
Phase 3 Vergleichende Analyse einer Glaubens- und einer Wissensaussage	Fragend-entwickelndes Verfahren/TA Fragen: – Was wird mitgeteilt? – Welchen Erfahrungsbereich betrifft die eine und die andere Aussage? – Worin bestehen die sprachlichen Unterschiede der beiden Aussagen? – In welcher Absicht werden die Aussagen gemacht?	Mögliche Ergebnisse (= TA) (Patient zum Arzt:) (Mann zur Frau:) „Ich habe Fieber." „Ich liebe Dich." Mitteilen eines Sachverhalts/von Wirklichkeit Aber: Verschiedener Erfahrungsbereich Physischer/biologischer/ Personaler/seelischer/ medizinischer Bereich: zwischenmenschlicher Bereich: Meßbar; objektiv Nicht meßbar; „nur" subjektiv feststell- bzw. nachprüfbar feststell- bzw. nachprüfbar

© Ernst Klett Verlag für Wissen und Bildung GmbH, Stuttgart 1994. Alle Rechte vorbehalten.

Unterrichtsverlauf	Methoden/Sozialformen	Kommentare und Resultate
Phase 2 (Fortsetzung)	Textanalyse/Partnerarbeit Arbeitsauftrag: 1. Was kritisiert Reimarus am geschichtlich gewordenen Christentum? 2. Wodurch zeichnet sich dagegen die vernünftige und wahre Religion (= das echte Christentum) aus? 3. Auf welche Weise gehen laut Reimarus die Amtskirche und die Theologie gegen die Vernunftgläubigen vor? 4. Mit welchen Argumenten weist Reimarus die Feindseligkeit von Theologie und Kirche zurück? Sammeln und Korrigieren der Ergebnisse/ Klassengespräch	Ergebnisse: Zu 1. Das Christentum ist – von Anfang an Verfälschung der „reinen Lehre Jesu" = Vermischung der jesuanischen „vernünftigen praktischen Religion" mit dem jüdischen Glaubenssystem – blinder Glaube ohne Einsicht, d. h. mit Vernunftgründen nicht zu bewahrheiten Zu 2. Die vernünftige und wahre Religion – bestreitet „aus wichtigen Ursachen" die Glaubenssätze des Christentums – glaubt an Gott und verehrt ihn aufgrund vernünftiger Erkenntnis – praktiziert tätige Nächstenliebe, Loyalität gegenüber dem Staat und „Tugendhaftigkeit" in allen Stücken Zu 3. Die Amtskirche und die Theologen beschimpfen und verleumden die Vernunftgläubigen vor dem gemeinen *Volk* und der Obrigkeit als Religionsspötter, Gotteslästerer, Atheisten und Heiden. Zu 4. – Die Vernunftgläubigen versäumen gegenüber den Mitmenschen, dem Staat und der Tugend in keinem Punkt ihre Pflicht. – Die Christen werden ohne ihren Willen und ohne Wissen durch die Kindertaufe von der Kirche vereinnahmt; sie haben daher das Recht, wenn sie mündig geworden sind, sich von dem „blindlings eingeflößten Glauben" loszusagen. – Amtskirche und Theologie verhalten sich bei ihren Angriffen wie einst die Heiden beim Kampf gegen die frühen Christen.
Phase 3 Differenzieren zwischen d'Holbachs und Reimarus' Religionskritik	Unterrichtsgespräch/TA Leitfrage: In welchem Verhältnis stehen Glauben und Wissen bei d'Holbach zueinander, in welchem bei Reimarus?	Ergebnis (= TA) *d'Holbach* – Feindseliges, unversöhnliches Verhältnis von Glauben und Wissen – Glauben(Religion) durchweg negativ bestimmt, Wissen durchweg positiv bestimmt – Das Wissen muß dem Menschen zuliebe den Glauben zerstören. *Reimarus* – Wissen/Vernunft in Konflikt mit vernunftwidrigem, unwahrem Glauben (= christlichem Offenbarungsglauben) – Wissen und Glauben müssen vermittelt werden zur höheren Einheit (= zur vernünftigen Religion, die anknüpft an die reine Lehre Jesu).

3. Stunde:
Glauben und Wissen im Konflikt und als höhere Einheit: Das Beispiel der Aufklärung

Glauben und Wissen

Materialien und Medien:
- Text: Paul Thiry d'Holbach, Die neue Religion (Mat. 4)
- Text: Hermann Samuel Reimarus, Für die vernünftigen Verehrer Gottes (Mat. 5)

Unterrichtsverlauf	Methoden/Sozialformen	Kommentare und Resultate	

Phase 1
Vergegenwärtigung der Stimmung und der Ideen der Aufklärung
	Textlektüre
	P. Thiry d'Holbach, Die neue Religion (Mat. 4)
	
	Unterrichtsgespräch/TA
	Fragen:
	– Wie wirkt der Text?
	– An welche Textsorte erinnert er?
	– Welche Begriffe sind
	  a) den alten Göttern/der Religion,
	  b) den neuen Gottheiten (der Natur und ihren Töchtern) zuzuordnen?
		Der Lehrer liest den Text vor.
		
		Ergebnisse (= TA)
		
		Wirkung: Poetisch, lyrisch, feierlich, erhaben…
		Form: Gebet, Hymnus
		Inhalt:	

		<u>Alte Götter (Religion) =</u> <u>Phantome, Hirngespinste, Imaginationen,</u> <u>aus Furcht erzeugt</u>	<u>Neue Gottheiten =</u> <u>Natur, Beherrscherin aller Dinge,</u> <u>und ihre Töchter: Tugend, Vernunft,</u> <u>Wahrheit</u>
		Irrtum, Bösartigkeit, Verwirrung	Wissenschaft, Güte, Heiterkeit
		Blendwerk, Lüge; verschleierte und verblendete Augen	Erleuchtung; Leitung auf unsicheren Pfaden
		Zermalmende Tyrannei; Ketten; unheilvolle Herrschaft	Mut; Energie; Freiheit; Wagnis; Selbst- und Nächstenliebe; Menschenwürde
		Abgründe; Rasereien; Betrübnis; Angst	Glück; Trost; Lebensgenuß; Furchtlosigkeit
	Lehrervortrag über d'Holbach	Zum Inhalt s. Stundenbeschreibung	
Phase 2 Erarbeiten der religionskritischen (aufklärerischen) Grundgedanken des Reimarus	Lehrervortrag (Fortsetzung) über Reimarus Textlektüre (laut) H. S. Reimarus, Für die vernünftigen Verehrer Gottes (Mat. 5)	Zum Inhalt s. Stundenbeschreibung Klärung der unbekannten Begriffe (s. Stundenbeschreibung)	

Unterrichtsverlauf	Methoden/Sozialformen	Kommentare und Resultate

Phase 2 (Fortsetzung)	<u>Textlektüre (laut)</u>
	B. Oßwald, Die „Torheit" des „Wortes vom Kreuz" (Mat. 3)
	
	<u>Textanalyse/Einzelarbeit</u>
	Arbeitsauftrag:
	1. Welche verächtlichen Bezeichnungen gibt das Heidentum dem Christentum bzw. den Christen?
	
	2. Welcher Art ist das Gottesbild des gebildeten antiken Menschen?
	
	3. Welche Punkte kennzeichnen Kelsos' Kritik des Christentums?
	
	4. Inwiefern zeigt die spätantike Kritik am Christentum Glauben und Wissen im Konflikt?
	
	<u>Sammeln der Ergebnisse/Ergebnissicherung durch TA</u>
		Ergebnisse in Stichworten (=TA 5)
		
		Zu 1. Christentum: wüster, maßloser Aberglaube; eitler Wahn; Verkehrtheit
		       Christen: gottlos; arme Teufel; Verrückte; Lügner
		
		Zu 2. Formal: Abgesetzt vom Gottesbild der Masse; reflektiert, kritisch, aufgeklärt, vernünftig
		       Inhaltlich: Kein Anthropomorphismus; scharfe Unterscheidung von Göttern und Menschen: Götter sind prinzipiell unsterblich, selig, leidlos, unveränderlich
		
		Zu 3. Christentum lehnt die Vernunft ab, und dies führt zur Verkehrung der Wahrheit. Unwahr ist
		  – der Glaube an die Menschwerdung Gottes, denn Gott verändert sich nicht,
		  – noch mehr aber der Glaube an die Kreuzigung Gottes, denn Gott leidet nicht.
		
		Zu 4. Spätantike Gebildete reklamieren für sich den Standpunkt des (im philosophischen Dialog begründ- und ausweisbaren) Wissens. Christlicher Glaube erscheint ihnen als genaues Gegenteil dieses Wissens. Vermittlung zwischen Wissen = spätantiker Philosophie und Glauben = Christentum aus der Sicht des Wissens nicht möglich!

Phase 3
Weiterführende Überlegungen zur heidnischen Kritik des Christentums
	<u>Besprechen der Ergebnisse/Klassengespräch</u>
	Leitfragen:
	1. Wie hat das Christentum auf die Kritik der gebildeten Spätantike reagiert?
	
	2. Kennen Sie aktuelle Beispiele dafür, daß dem Christentum ähnlich wie damals Unvernunft, Dummheit oder sogar Verrücktheit vorgeworfen wird?
		Ergebnisse in Stichworten
		
		Zu 1. – Philosophisch-rationale Apologie in Gegenschriften
		     – Unterdrückung der heidnischen Kritik
		     – Übernahme von heidnischen Vorstellungen
		
		Zu 2. – Kirchliche (speziell katholische) Sexualmoral (Kritik von innen: U. Ranke-Heinemann…; von außen: Janosch, Der Spiegel…)
		     – Christliche Auffassung über die Würde des ungeborenen menschlichen Lebens (Kritik von außen: P. Singer u. a.)
		     – Leibhaftige Auferstehung Jesu (Kritik von innen: E. Drewermann…; von außen: Der Spiegel…)
		     – Glaube an Gott angesichts des Leids in der Welt (Kritik von außen: F. Zorn, F. Buggle…)
		     – Kreuzestod Jesu als Sühneopfer (Kritik von außen: F. Buggle…)
		     – …

2. Stunde:
Glauben und Wissen im Konflikt: Christentum und spätantikes Denken

Glauben und Wissen

Materialien und Medien:
- Bild: Griechische Bronzeskulptur, um 460 v. Chr. (Mat. 1)
- Bild: Guido Rocha, Der gemarterte Christus, Skulptur, 1975 (Mat. 2)
- Text: B. Oßwald, Die „Torheit" des „Wortes vom Kreuz". Zur Auseinandersetzung der gebildeten Spätantike mit dem Christentum (Mat. 3)

Unterrichtsverlauf	Methoden/Sozialformen	Kommentare und Resultate

Phase 1 Motivation; Erarbeiten einer Verständnisgrundlage	Bildbetrachtung
	I. Impulse:
	  1. Betrachten Sie das Bild in Ruhe. Notieren Sie Ihre Eindrücke in Stichworten.
	  2. Welches Bild vom Menschen zeigt die Skulptur? Notieren Sie Stichworte.
	
	II. Sammeln der Ergebnisse/TA
	
	III. Vergleichende Bildbetrachtung
	  – Stummer Impuls: „Gott"
	  – Frageimpuls: Beide Bilder zeigen Gott. Können Sie das nachvollziehen?
		Die beiden Bilder werden zuerst je für sich betrachtet, danach werden sie verglichen.
		
		Mögliche Ergebnisse s. TA 1 und 2
		
		Der Lehrer schreibt wortlos an die Tafel (= TA 3): „Gott" (s. Stundenbeschreibung).
		Ergebnisse s. TA 4

TA 1 – 4	(TA 1) Bild 1	(TA 2) Bild 2
Eindrücke	Massiv; muskulös; harte Gesichtszüge; (be)herrschend; Blick in die Weite; entschlossen; furchtlos; ernst; trotzend.	Schmerzverzerrt; leidend; kraftlos; hilflos; machtlos; schwach; am Ende; Qual; Angst; Schmerzen.
Menschenbild	(mächtiger) Herrscher	Machtloser Gequälter; Gefolterter
(TA 3 und 4) Gott	– erscheint hier als idealer Mensch. Das ist eine überzeugende Gestaltung.	– darf/kann nicht so schwach sein. Eine solche Elendsgestalt ist mit der Gottesvorstellung nicht vereinbar.

Phase 2 Untersuchung der heidnischen Kritik des Christentums	Lehrervortrag	Überleitung (Stichworte zum Inhalt) – Vorstellung von Gott als Ideal widerspricht christlichem Bekenntnis vom gekreuzigten Gott. – Dieser Widerspruch in der Sicht des spätantiken Gebildeten: Konflikt zwischen Vernunft und Unvernunft.

Unterrichtsverlauf	Methoden/Sozialformen	Kommentare und Resultate
Phase 3 (Fortsetzung)	4. a) Welchen Stellenwert haben Glauben und Wissen in unserer heutigen Gesellschaft?	Zu 4. a) – Der christliche Glauben verliert immer mehr an Gewicht. – An das, was die Kirche sagt, hält sich sowieso keiner mehr. – Neue religiöse Strömungen haben großen Zulauf. Das ist die Gegenbewegung zur „Verwissenschaftlichung unserer Welt". – Wissenschaft und Technik beherrschen das heutige Leben.
	b) In welchem Verhältnis stehen beide gegenwärtig zueinander?	Zu 4. b) – Glauben und Wissen haben nichts miteinander zu tun. – Durch die Erkenntnisse der Wissenschaft ist der Glauben überholt oder widerlegt. – Der Fortschritt in Wissenschaft und Technik läßt die existentielle Bedeutung des Glaubens um so stärker hervortreten. – Die Kirche müßte sich stärker einmischen, wenn sie Gefahren in der wissenschaftlichen oder technischen Entwicklung sieht. – Der Glauben sollte Maßstäbe für den Fortschritt setzen.

Vergabe von Referaten
für die 5./6. und 17. Stunde (s. Stundenbeschreibung!)

1. Stunde:	Glauben und Wissen
Glauben und Wissen in unserer Zeit	

Materialien und Medien:
- 4 DIN A1-Blätter
- Klebestift, Reißnägel oder Klebeband, Filzschreiber
- Bilder/Fotos zu den Bereichen Glauben und Wissen (Zahl der Bilder/Fotos = Zahl der Schüler, aber höchstens 20)

Unterrichtsverlauf	Methoden/Sozialformen	Kommentare und Resultate
Phase 1 Vorbereitung der Bild-„Meditation"	<u>Sitzen im Halbkreis</u> <u>Lehreraktion/-vortrag</u>	Diese Sitzordnung bleibt während der ganzen Stunde. – Auslegen des Bildmaterials auf dem Boden in der Mitte des Halbkreises – Aufhängen der 4 DIN A1-Blätter – Beschriften der beiden inneren Blätter *(Glauben; Wissen)*
Phase 2 Bild-„Meditation"	<u>Stilles Betrachten</u> Aufgabe: Betrachten Sie die ausgelegten Bilder in Stille. Konzentrieren Sie sich auf das, was Ihnen bei den einzelnen Bildern zum Stichwort „Glauben" oder zum Stichwort „Wissen" einfällt. Suchen Sie das Bild aus, das Sie am meisten anspricht, und überlegen Sie, was Sie zum Bild sagen wollen. <u>Schüleräußerungen zu den Bildern</u> Aufgabe: Kleben Sie das Bild Ihrer Wahl auf das Blatt *Glauben* oder das Blatt *Wissen* und nennen Sie Ihre Gedanken.	Zeit: ca. 5 Minuten <u>Zum genauen Verfahren</u> s. Stundenbeschreibung <u>Wichtig</u>: Der Lehrer notiert die Gedanken der Schüler stichwortartig auf den äußeren DIN A1-Blättern.

Phase 3
Auswertung der Ergebnisse der Bild-„Meditation"
	<u>Unterrichtsgespräch:</u>
	Fragen:
	1. Wer möchte noch Gedanken zu den aufgeklebten Bildern äußern?
	2. Sind Sie mit der Zuteilung der einzelnen Bilder einverstanden?
	3. a) Welche Formen von Glauben und Wissen sind bisher in den Beiträgen angesprochen worden?
	    b) Welche Wirklichkeitsbereiche sind Gegenstand der Bilder?
		<u>Zu 1. u. 2.:</u> Die Schüler können unabhängig vom selbstgewählten Bild weitere Eindrücke artikulieren und andere Gesichtspunkte ins Spiel bringen.
		
		<u>Mögliche Ergebnisse zu 3. u. 4.:</u>
		Zu 3. a) – Glauben als Naivität, Unwissen, Liebe, Vertrauen, Hoffnung…
		          – Wissen als Wissenschaft, Fortschritt, Macht, Ausbeutung, Berechnung, Zukunftsgestaltung, Verantwortung…
		
		Zu 3. b) Technik; Medizin; Partnerschaft; Städtebau; Heimat; Freundschaft; Natur; Kirche/Religion; Institutionen…